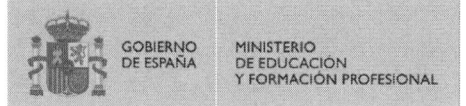

Temas: Educación Infantil y Primaria
Diseño curricular

ESCUELAS INFANTILES DE REGGIO EMILIA

La inteligencia se construye usándola

Por Escuelas Infantiles de Reggio Emilia

Traducción de
Inés Marichalar

Ediciones **Morata** S.L.
Fundada en 1920
Comunidad de Andalucía, 59. Bloque 3, 3° C
28231 Las Rozas - Madrid - ESPAÑA
morata@edmorata.es - www.edmorata.es

Obras en coedición con el Ministerio de Educación

1. Zimmermann, D.: *Observación y comunicación no verbal en la escuela infantil.*
2. Oléron, P.: *El niño: su saber y su saber hacer.*
3. Loughlin, C. y Sulna, J.: *El ambiente de aprendizaje: diseño y organización.*
4. Browne, N. y France, P.: *Hacia una educación infantil no sexista.*
5. Selmi, L. y Turrini, A.: *La escuela infantil a los tres años.*
6. Selmi, L. y Turrini, A.: *La escuela infantil a los cuatro años.*
7. Saunders, R. y Bingham-Newman, A. M.: *Perspectivas piagetianas en la educación infantil.*
8. Driver, R., Guesne, E. y Tiberghien, A.: *Ideas científicas en la infancia y la adolescencia.*
9. Harlen, W.: *Enseñanza y aprendizaje de las ciencias.*
10. Selmi, L. y Turrini, A.: *La escuela infantil a los cinco años.*
11. Bale, J.: *Didáctica de la geografía en la escuela primaria.*
12. Tann, C. S.: *Diseño y desarrollo de unidades didácticas en la escuela primaria.*
13. Willis, A. y Ricciuti, H.: *Orientaciones para la escuela infantil de 0 a 2 años.*
14. Orton, A.: *Didáctica de las matemáticas.*
15. Pimm, D.: *El lenguaje matemático en el aula.*
16. Moyles, J. R.: *El juego en la educación infantil y primaria.*
17. Arnold, P. J.: *Educación física, movimiento y currículum.*
18. Graves, D. H.: *Didáctica de la escritura.*
19. Egan, K.: *La comprensión de la realidad en la educación infantil y primaria.*
20. Hargreaves, D. J.: *Infancia y educación artística.*
21. Lancaster, J.: *Las artes en la educación primaria.*
22. Bazalgette, C.: *Los medios audiovisuales en la educación primaria.*
23. Newman, D., Griffin, P. y Cole, M.: *La zona de construcción del conocimiento.*
24. Swanwick, K.: *Música, pensamiento y educación.*
25. Wass, S.: *Salidas escolares y trabajo de campo en la escuela primaria.*
26. Cairney, T. H.: *Enseñanza de la comprensión lectora.*
27. Noble, A.: *Literatura infantil y juvenil.*
28. Pluckrose, H.: *Enseñanza y aprendizaje de la historia.*
29. Hicks, D.: *Educación para la paz.*
30. Egan, K.: *Fantasía e imaginación: su poder en la enseñanza.*
31. Escuelas Infantiles de Reggio Emilia: *La inteligencia se construye usándola.*
32. Secada, W. G., Fennema, E. y AdaJlan, L. B.: *Equidad y enseñanza de las matemáticas: nuevas tendencias.*
33. Crook, Ch.: *Ordenadores y aprendizaje colaborativo.*
34. Gardner, H., Feldman, D. H. y Krechevsky, M. (Comps.): *El Proyecto Spectrum. Tomo I: Construir sobre las capacidades infantiles.*
35. Gardner, H., Feldman, D. H. y Krechevsky, M. (Comps.): *El Proyecto Spectrum. Tomo II: Actividades de aprendizaje en la educación infantil.*
36. Gardner, H., Feldman, D. H. y Krechevsky, M. (Comps.): *El Proyecto Spectrum. Tomo III: Manual de evaluación para la educación infantil.*
37. Cooper, H.: *Didáctica de la historia en la educación infantil y primaria.*
38. Cummins, J.: *Lenguaje, poder y pedagogía.*
39. Haydon, G.: *Enseñar valores. Un nuevo enfoque.*
40. Gross, J.: *Necesidades educativas especiales en educación primaria.*
41. Beane, J. A.: *La integración del currículum.*
42. Defrance, B.: *Disciplina en la escuela.*
43. Siraj-Blatchford, J. (Comp.): *Nuevas tecnologías para la educación infantil y primaria.*
44. Peacock, A.: *Alfabetización ecológica en la educación primaria.*
45. Abdelilah-Bauer, B.: *El desafío del bilingüismo.*
46. Hargreaves, A. y Fink, D.: *El liderazgo sostenible.*
47. Lankshear, C. y Knobel, M.: *Nuevos alfabetismos. Su práctica cotidiana y el aprendizaje en el aula.*
48. Arnot, M.: *Coeducando para una ciudadanía en igualdad.*
49. Jarman, R. y McClune, B.: *El desarrollo del alfabetismo científico.*
50. Stobart, G.: *Tiempos de pruebas. Los usos y abusos de la evaluación.*
51. Sanuy, M.: *La aventura de cantar.*
52. Lockwood, M.: *Promover el placer de leer en la Educación Primaria.*
53. Cagliari, P., Castagnetti, M., Giudici, C., Rinaldi, C., Vecchi, V. y Moss, P.: *Loris Malaguzzi y las escuelas de Reggio Emilia.*
54. Stobart, G.: *El aprendizaje experto.*
55. Veraksa, N. y Sheridan, S.: *Las investigaciones actuales sobre las teorías de Vygotsky en Educación Infantil.*
56. Biesta, G.: *Redescubrir la enseñanza.*
57. Hargreaves, A. y Dennis, S. *Bienestar en la escuela*

Colección Proyectos curriculares

Aitken, J. y Milis, G.: *Tecnología creativa* (6.ª ed.).
Dadzle, S.: *Herramientas contra el racismo en las aulas.*
Suckling, A. y Temple, C.: *Herramientas contra el acoso escolar. Un enfoque integral.*
Barkley, E. F. y cols.: *Técnicas de aprendizaje colaborativo.*

ESCUELAS INFANTILES DE REGGIO EMILIA

La inteligencia se construye usándola

Séptima edición

Título original de la obra:
LE INTELLIGENCE SI TROVANO USANDOLE
ESPERENZE EDUCATIVE A REGGIO EMILIA

© 1990 Juvenilia editrice - 24100 Bergamo (Italia)
Los artículos reproducidos en este volumen se publicaron originariamente en las revistas *Zerosei* y *Bambini*.

Primera edición:	1995
Segunda edición:	1999 (reimpresión)
Tercera edición:	2002 (reimpresión)
Cuarta edición:	2005 (reimpresión)
Quinta edición:	2011 (reimpresión)
Sexta edición:	2018 (reimpresión)
Séptima edición:	2023 (reimpresión)

Cualquier forma de reproducción, distribución, comunicación pública o transformación de esta obra solo puede ser realizada con la autorización de sus titulares, salvo excepción prevista por la ley. Diríjase a CEDRO (Centro Español de Derechos Reprográficos, www.cedro.org) si necesita fotocopiar, escanear o hacer copias digitales de algún fragmento de esta obra.

Coeditan:

MINISTERIO DE EDUCACIÓN
Secretaría de Estado de Educación y Formación Profesional
Instituto de Formación del Profesorado, Investigación e Innovación Educativa
Secretaría General Técnica
Catálogo de publicaciones del Ministerio: educacion.es
Catálogo general de publicaciones oficiales: 060.es

Y

© EDICIONES MORATA, S. L. (2023)
Comunidad de Andalucía, 59. Bloque 3, 3º C
28231 Las Rozas (Madrid)
www.edmorata.es - morata@edmorata.es

Derechos reservados
ISBNpapel: 978-84-7112-3862
ISBNebook: 978-84-7112-903-1
NIPO: 176-95-211-4
Depósito legal: M-2.751-2011

Compuesto por: MyP
Printed in Spain — Impreso en España
Imprime: ELECE Industrias Gráficas, S. L. Algete (Madrid)

Imagen de la cubierta: Ilustración de la cubierta: "Affresco d'estate". Pintura realizada por Ottavia, Amalia, Luisa Stella, Andrea, Marco, Luca y Fabrizio (edades 5 a 6 años). Perteneciente a la exposición *"I'cento linguaggi del bambini"*. Reproducida con permiso del Ayuntamiento de Reggio Emilia

Contenido

Presentación 11

CAPÍTULO 1. **La escuela maternal va por buen camino.** Por Eluccia FORGHIERI y Loris MALAGUZZI.. 15
Reunión del colectivo, 16.—A. La asignación de clases a los profesores, 17.—B. El análisis cognitivo de los niños y sus familias, 17.—C. La reorganización de los ambientes y la adquisición de material, 17.—D. El conocimiento de las "necesidades" de la cocina y el comedor, 18.—E. Los horarios, turnos, cuadros logísticos del funcionamiento cotidiano, la asignación de tareas específicas al personal, las relaciones con el consejo de administración y con la coordinación pedagógica, 19.—F. La organización y preparación del patio de recreo, 20.—G. La puesta al día del archivo y los despachos, 20.—H. La programación de la progresiva incorporación de los niños a las clases y del funcionamiento de éstas durante el período del comienzo de la escuela maternal, 21.—I. Las reuniones con los trabajadores de la escuela infantil: presentación y reflexiones sobre los niños que van a iniciar en ella una nueva experiencia, 22.—J. Elaboración de estadísticas, 22.—K. Distribución del tiempo y del sábado, 23.

CAPÍTULO 2. **En la escuela maternal: primer año, primer día, primeras anotaciones.** Por la escuela maternal "Arcobaleno" de Reggio Emilia....... 25.
2 de septiembre - Paolo, 25.—*2 de septiembre - Alice*, 26.—*2 de septiembre - Silvia*, 27.—*2 de septiembre - Francesco*, 27.—*2 de septiembre - Giulia*, 28.—*2 de septiembre - Luca*, 29.—*2 de septiembre - Simona*, 30.—*2 de septiembre - Elisabetta*, 30.

CAPÍTULO 3. **El objeto transicional en la escuela maternal.** Por T. TROMELLINI CALVANO, C. CANTARELLI, L. MALAGUZZI, A. FERRARI e I. CRISTOTORI 33
Las competencias necesarias, 33.—*Los significados de la transicionalidad*, 34.—*Los errores de los adultos*, 34.—*Los objetos transicionales*, 34.—*Le-*

gitimidad de los objetos, 35.—Respeto por el pulgar, 35.—La realidad completa, 35.—La transferencia de las connotaciones, 36.—Atención y observación, 37.—Formas de intervención, 37.—La importancia del ambiente, 38.

CAPÍTULO 4. **El juego del "¿quién es?"**. Por Eluccia FORGHIERI 39

CAPÍTULO 5. **Arcilla en la escuela maternal**. Por Mirella RUOZZI 45
Taller, 48.—La arcilla, 49.—Los primeros trabajos, 52.—Escuela infantil, 56.

CAPÍTULO 6. **Títeres y marionetas**. Por Mariano DOLCI... 57
Guiñol y marionetas, 61.—El telón, 62.—Animadores-actores y espectadores, 63.—La escenografía y los decorados, 63.

CAPÍTULO 7. **Una historia de niños y familias que van a pasar a la escuela infantil**. Por Sonia CIPOLLA, Renza CRISTOTORI y Maddalena TEDESCHI 65
Características de la escuela maternal y del grupo, 65.—Las exigencias de la adaptación, 68.—Heterogeneidad de familias y de comportamientos, 68.—Hipótesis sobre la ambientación, 70.—Cómo ayudar al niño en el cambio, 71.

CAPÍTULO 8. **La escuela infantil se prepara para recibir a los niños de la maternal**. Por Paola CAGLIARI y Laura RUBIZZI 73
La importancia de la información, 73.—Algunas medidas preventivas, 74.—Cómo preparar el ambiente, 77.

CAPÍTULO 9. **Ojos vivos sobre la ciudad**. Por Simona BONILAURI y María Pia DESTETANI... 83
Ojos vivos sobre la ciudad, 84.—Características de la investigación, 86.—Método, 88.—Análisis y valoración de las respuestas, 89.—Pregunta n.º 1: ¿Qué es una ciudad?, 89.—Pregunta n.º 2a: Tú vives en una ciudad ¿Cómo se llama?, 92.—Pregunta n.º 2b: ¿Sabes el nombre de la calle en que vives?, 93.—Pregunta n.º 2c: ¿Sabes el número de tu casa?, 93.—Pregunta n.º 2d: ¿Por qué tiene un número tu casa?, 93.—Pregunta n.º 3: Tú vives en una ciudad que se llama Reggio Emilia. ¿Sabes el nombre de otras ciudades?, 94.—Pregunta n.º 4: ¿Cómo sabemos que empieza una ciudad?, 96.—Pregunta n.º 5: ¿Hay personas que no viven en la ciudad? ¿Entonces, dónde viven?, 98.—Pregunta n.º 6: ¿Por qué han construido ciudades los hombres?, 99.—Pregunta n.º 7a: ¿De quién son los edificios, las tiendas, las fábricas, las oficinas?, 100.—Pregunta n.º 7b: ¿De quién son los trenes, los tranvías?, 101.—Pregunta n.º 7c: ¿Y las iglesias?, 101.—Pregunta n.º 7d: ¿Y los bancos?, 101.—Pregunta n.º 7e: ¿De quién es esta escuela?, 101.—Pregunta n.º 8: La ciudad la gobierna un alcalde. ¿Cómo lo nombran?, 102.

© Ediciones Morata, S. L.

CAPÍTULO 10. **El taller tiene una larga historia y se incluye dentro de un proceso educativo.** Entrevista de Enzo Catini a Loris Malaguzzi 105

CAPÍTULO 11. **Las marionetas: una revisión didáctica.** Por Mariano Dolci. 115
Las marionetas como posibilidad de expresión, y comunicación, 117.—*El esquema,* 121.—*La comprensión de las funciones de comunicación,* 122.—A. Las educadoras prefieren utilizar marionetas ya hechas, 123.—B. Las educadoras prefieren comenzar con la construcción de marionetas por los niños, 125.—*Dificultades técnicas,* 126.—1. Mover las marionetas, 126.—2. Hacer hablar a las marionetas, 129.—3. Hacer hablar y moverse a las marionetas, 130.—4. Saber interpretar un papel y mantenerlo, 131.

CAPÍTULO 12. **Nuestras manos no son iguales.** Por Mariano Dolci............ 133

CAPÍTULO 13. **Una representación con los niños bajo el signo de la penumbra y la oscuridad** 135
Datos metodológicos, 137.—*La experiencia "sombra",* 138.—*La experiencia "oscuridad",* 140.—*La tercera representación,* 142.—*Conclusiones,* 146.

CAPÍTULO 14. **La experiencia de cocinar.** Por el colectivo de profesores de la escuela "Girotondo" 147
Finalidad y desarrollo del proyecto, 147.—*La palabra como utensilio,* 152.—*Los huevos en las palabras del niño,* 155.

CAPÍTULO 15. **Jugar al *Othello* a los 5 años.** Por Antonia Ferrari............ 157
Qué es el Othello, 159.—*Competencias exigidas,* 160.—*Cómo se juega,* 161.—*Preparación del juego,* 162.—*Balance de la experiencia,* 165.

CAPÍTULO 16. **La inteligencia se despierta usándola,** 169
Una reflexión desde los EE.UU., 184.—Carolyn Edwards: El constructivismo en educación, 185.—George Forman: Constructivismo en una experiencia educativa, 188.—Leila Gandini: La construcción infantil con medios simbólicos, 184.—Algunas notas de las conclusiones de Peter Pufall, 191.

CAPÍTULO 17. **¿Quién es quién?** Por Gianna Immovilli, Teresa Morlini, Nadia Agazzi y Loredana Garofoli 193
Premisas, 193.—*Descripción de la experiencia,* 195.—*Descripción del juego,* 196.—*Primera aproximación al juego: descubrimiento del contenido de la caja,* 197.—*¿Cómo podemos jugar?,* 198.—*Estrategias para las preguntas,* 199.

CAPÍTULO 18. **El descubrimiento del fascinante mundo de los signos.** Por Bárbara Vecchi y Mara Davoli 205
Planteamiento de la investigación, 205.—*Procedimiento de ejecución del trabajo,* 206.—*Resultados de la investigación,* 207.—*Conclusiones,* 217.

© Ediciones Morata, S. L.

CAPÍTULO 19. **Entre el seguro, el quizá y el imposible. El niño descubre la razón del probable.** Por Daniela CHIOFTI y Antonela SPAGGIARI 219
El porqué de la investigación, 219.—Situaciones problemáticas, 220.—Desarrollo de la investigación, 221.

CAPÍTULO 20. **¿Ciencia o magia? Sondeos de observación e investigación.** Por Marina CASTAGNETTI.. 233

CAPÍTULO 21. **Los niños fabrican papel.** Por Giuliano GIULIANI 241

CAPÍTULO 22. **¿La voz de las palabras o las palabras de la voz?** Antonia FERRARI 249
Origen de la voz, 252.—Génesis de la voz, 253.—¿Por qué tenemos voz?, 256.—¿De quién es la voz?, 256.—¿Todos tienen voz?, 256.—¿También los animales tienen voz?, 257.—¿Pero entienden nuestras palabras?, 257.—Identidad de la voz, 258.—¿Todas las voces son iguales?, 258.—¿Nuestra voz será siempre igual?, 259.—¿Podemos cambiar nuestra voz?, 259.—Autodeterminación de la voz, 260.—¿Hay alguien o algo que mande a la voz?, 260.—¿Puede salir sin que nosotros lo queramos?, 261.—¿Se ven las voces?, 261.

CAPÍTULO 23. **La "fiesta" en la esperanza y el deseo de los niños.** Realizado por los profesores de las escuelas municipales de Reggio Emilia...... 263
Premisas, 263.

CAPÍTULO 24. **Lo que cuesta confeccionar un cartel para invitar a hacer una marcha por la ciudad.** Por Carla GHERPELLI y Antonela TADDEI 269

Presentación

En unas recientes declaraciones, el filósofo turinés Norberto BOBBIO afirmaba: "El paso más difícil es siempre el de las palabras a los hechos. Es ahí donde siempre tropieza el asno, sobre todo cuando el asno *(absit iniuria)* es un intelectual".

El arraigado vicio intelectual de no conseguir conjugar las ideas con la acción se produce de forma especial en la pedagogía italiana, donde si bien es cierto que no faltan, e incluso abundan, sofisticadas y refinadas elaboraciones conceptuales, éstas, sin embargo, generalmente se encuentran aisladas, y por ello no influyen en la calidad de las vivencias educativas reales de niños y profesores.

Esta publicación, que se presenta con la modestia y la limitación de ser una colección de artículos, a modo de reseña impresa, tiene, sin embargo, la intención de presentar y documentar una serie de experiencias educativas realizadas y escritas directamente por los trabajadores (profesores y pedagogos) de escuelas maternales e infantiles* municipales de Reggio Emilia. La síntesis global que surge de estos artículos, aparecidos en la revista *Bambini* entre los años 1985 y 1990, probablemente no representa de forma óptima toda la complejidad y diversidad de las experiencias y trabajos existentes en el mundo de las instituciones infantiles de la zona (la importancia de la escuela maternal está infravalorada, no se tratan algunos de los temas fundamentales de la experiencia educativa, como, por ejemplo, la participación de los padres o la integración de los niños discapacitados, etc.).

Tal vez por ello pueda aparecer un cuadro antológico fragmentario y discontinuo, a pesar de lo cual pienso que esta miscelánea de artículos puede

---

* En la educación infantil italiana se diferencian claramente dos etapas: *asilo nido* y *scuola dell'infanzia*. El *asilo nido* abarca el período 0-3 y la *scuola dell'infanzia* engloba la etapa 3-6. Para hacer esta distinción en el texto, hemos traducido *asilo nido* por *escuela maternal* y *scuola dell'infanzia* por *escuela infantil* (N. del E.).

© Ediciones Morata, S. L.

ser una útil y fecunda colección de actividades y proyectos nacidos del interés y la inteligencia de una serie de profesores que disfrutan oyendo, hablando e investigando con los niños y que desean vencer la resignación y el desinterés provocados tantas veces por el debilitamiento de las actuaciones académicas, por lo lejano y extraño de las sugerencias didácticas preconcebidas y por la rigidez y uniformidad de los múltiples desarrollos educativos que se nos ofrecen de forma cerrada, con la etiqueta de la garantía científica.

Esta antología de artículos pretende ser un explícito "manifiesto de la didáctica", con frecuencia infravalorada y despreciada como simple y pura práctica y como fase ejecutiva, y que nosotros sin embargo presentamos como entidad de enorme fecundidad de ideas, en la que la intuición y la sensibilidad de los profesores pueden hacer conectar, positiva y coherentemente, los fines con los medios, las ideas con los hechos, la fantasía con la razón...

Esta idea de la didáctica incluye y valora una concepción de la investigación cuyos planteamientos intentan conseguir unos elementos informativos para la reflexión y la profundización, más que unos resultados generalizables para la comprobación.

Por ello, en este libro apenas se produce la distinción entre didáctica e investigación, ya que la una comprende a la otra en una sinergia unitaria de esfuerzos generadores de avances en la apropiación de nuevos conocimientos, en coherencia con la más moderna investigación científica y pedagógica, que está más interesada en el "cómo se aprende" que en el "qué se aprende" y cultiva más la duda que la certeza.

Además, en una lectura atenta, en el sentido cronológico-evolutivo, de los artículos incluidos en la obra se vislumbra un camino lento pero progresivo en una trayectoria que, simplificando, podríamos decir que va "de la programación al proyecto". Ello nos parece un evidente intento de superar una serie de vicios y distorsiones congénitas a la ortodoxia curricular, ligada a una concepción decimonónica e hiperpositivista de la ciencia (linealidad, previsibilidad, orden, determinismo) que también en pedagogía se traduce en la presunción de saber y dominarlo todo.

Progresivamente, en unos años nos estamos encontrando con que el rechazo de los modelos didácticos preconcebidos y estandarizados se produce unido a una búsqueda de desarrollos educativos y didácticos cada vez más cercanos a categorías conceptuales como libertad, complejidad, pluridimensionalidad, contingencia, imprevisibilidad, etc.

Esto significa:

a. que el niño ya no se concibe como predeterminado biológicamente y, mucho menos, predeterminable por el ambiente;

b. que su desarrollo no se concibe como encerrado en esquemas de estadios lineales o de acumulación continua;
e. que los procesos de aprendizaje, aunque pensados intencionadamente, no deben ligarse a modelos preestablecidos, sino potenciar el protagonismo constructivista de los sujetos implicados;
d. que el conocimiento avanza a través del conflicto cognitivo y la contradicción, el error y la incertidumbre, la imprevisibiidad y la variación.

La aceptación de esta lógica "posprogramatoria" proporciona una gran responsabilidad al profesor y a la vez una gran libertad, cuyo peso podrá soportar mediante una valiente apuesta por las posibilidades del niño.

El poeta francés André Gide siempre decía que "el buen escritor no debe infravalorar la inteligencia del lector". El buen educador debe hacer otro tanto con la inteligencia del alumno.

La relación educativa adulto-niño debe ser de enorme respeto mutuo y de gran reciprocidad; en esta relación el niño y el profesor se viven, recíprocamente, como fuente de riquezas y recursos.

Con tal planteamiento, la educación aparece como una constante interacción, como relación no con un sentido único, sino doble o triple, que se lleva a cabo en una constante actividad de intercambio, contaminación, integración que va del profesor a los niños, de unos niños a otros y de éstos al profesor.

La propia escuela se configura, por tanto, como una comunidad educativa en la que "nos educamos" más que "se educa", en la que todos los sujetos implicados (niños, profesores, padres, etc.) son a la vez educadores y educados, y donde la inteligencia, la fantasía, los sentimientos de unos son interdependientes de la inteligencia, la fantasía y los sentimientos de los otros.

Éste sería, en síntesis, el mensaje más eficaz que podría extraerse de la lectura de este volumen, que en cada una de sus páginas quiere ofrecer un testimonio de la enorme importancia de la fuerza y capacidad de los niños y de sus profesores.

Sergio SPAGGIARI

© Ediciones Morata, S. L.

CAPÍTULO

1

La escuela maternal va por buen camino

Por Eluccia Forghieri y Loris Malaguzzi

Lo que se puede y se debe hacer para que la preparación de una experiencia (siempre delicada y difícil) sea eficaz, adecuada y favorezca la adaptación e integración del niño.

Comenzamos nuestro trabajo con unos diez días de preparación del centro para los más pequeños, que se incorporan por primera vez, y para los que continúan en él sus experiencias. Es el tiempo que se dedica a ordenar y reorganizar ideas y materiales. Una especie de regeneración que se produce cada año, reflexionando y trabajando *sobre las novedades* en el colegio y en los que colaboran en él, la asignación de las aulas, la organización de los niños, la preparación y distribución de los espacios, la atención a las familias y a sus expectativas, etc. Son muchas cuestiones y todas ellas importantes.

Aprovechar bien estos diez días es una garantía de mejor funcionamiento de la escuela maternal y también de una mejor acogida de los niños: la imagen que se ofrece al comienzo del curso es decisiva para todos, principalmente para las familias que acuden por primera vez, pero también para las que esperan ver confirmadas sus expectativas.

Vamos a intentar exponer las actividades que desarrollaremos en estos diez días.

Escuela maternal: ideas y proyectos [*Bambini,* septiembre de 1985]

Reunión del colectivo

Ésta es la primera actividad. Nos reunimos después de las vacaciones de verano y conocemos a nuestros nuevos compañeros. Es una reunión de todos: educadores, cocinero, auxilares. Para que funcione bien y sea productiva, es aconsejable que la reunión esté bien preparada, con un orden del día elaborado previamente por un pequeño grupo de trabajadores. Para ello aconsejamos que la reunión se celebre el tercero y cuarto día.

Los temas que se analizarán, seleccionados con anterioridad, serán los propios de estas situaciones. Lo importante es que en los debates se tomen siempre las mejores decisiones, aclarando sobre todo los términos operativos: *qué hacer, cómo hacerlo, de quién es la responsabilidad.*

Entre los temas que deben tratarse necesariamente están:

a. La asignación de clases a los profesores.
b. El análisis cognitivo de los niños y sus familias.
c. La reorganización de los ambientes y la adquisición de material.
d. El conocimiento de las "necesidades" de la cocina y el comedor.
e. Los horarios, turnos y cuadros logísticos del funcionamiento cotidiano, la asignación de tareas específicas al personal, las relaciones con el consejo de administración y con la coordinación pedagógica.
f. La organización y preparación del patio de recreo.
g. La puesta al día del archivo y los despachos.
h. La programación de la progresiva incorporación de los niños a las clases y del funcionamiento de éstas durante el período del comienzo de la escuela maternal.
i. Las reuniones con los trabajadores de la escuela infantil: presentación y reflexiones sobre los niños que van a iniciar en ella una nueva experiencia.

© Ediciones Morata, S. L.

j) Elaboración de estadísticas.
k) Distribución del tiempo y del sábado.

A. La asignación de clases a los profesores

Se debe hacer de forma que asegure el máximo de continuidad de experiencias entre adultos y niños, y teniendo previsto que el personal de nueva incorporación o procedente de otras escuelas maternales esté apoyado por compañeros experimentados.

B. El análisis cognitivo de los niños y sus familias

Los elementos de que disponemos para ello son: en el caso de los niños de nueva incorporación, el cuestionario cumplimentado por los familiares al hacer su inscripción, la posible información procedente del sector de Maternidad e Infancia de la USL (Unidad Sanitaria Local), las reuniones individuales con las familias (que están programadas para que se les dedique al menos dos días y medio) basadas en un protocolo expresamente preparado para este efecto, las reuniones complementarias a petición de las propias familias y, por último, la asamblea con todas éstas, prevista para antes de la apertura de la escuela maternal.

La pareja o trío de profesores de cada clase deberán profundizar y debatir sobre todo el material informativo.

Una carpeta, preparada para este propósito, guardará desde ese momento (hasta la salida de la escuela maternal) la "historia" de cada niño y estará incluida en un archivador destinado a este fin.

C. La reorganización de los ambientes y la adquisición de material

El ambiente de los niños (el de las aulas y zonas comunes) *el ambiente de los trabajadores* (despachos, vestuarios, distintos servicios) *el ambiente de la familia* (zonas de espera, de asambleas de pequeño y gran grupo, de trabajo para el consejo de administración) son los tres sectores implicados.

Cada clase deberá tener unas características internas según la edad de los alumnos y las necesidades de éstos y de los adultos. Deberemos prestar gran atención a las zonas de tertulia y de juego, de comer, de dormir y de servicios higiénicos.

Cada espacio debe ser *habitable* en sus distintas formas y adecuado, ofreciendo un máximo de seguridad. Debe estar preparado de forma funcional. Permitir a los niños hacer sus aproximaciones a juegos y otras actividades, entre ellas las de relación. Debe tener previsto que cada niño tenga su propia taquilla y estar bien dotado de juguetes, material didáctico, de consumo, de trabajo, de libros de imágenes, de un buen repertorio iconográfico, de murales y estanterías para recoger y guardar los trabajos infantiles; tres o cuatro murales (por cada clase) servirán para ofrecer información, datos, documentos y observaciones sobre las actividades que se están realizando. Los servicios higiénicos deben ser confortables, estar habilitados para cumplir múltiples funciones, con un mobiliario agradable y alegre. En cada clase debe haber un mural en el que se muestre una foto de cada niño y, a ser posible, de sus padres.

Estaría bien que en la puerta de cada aula se pusieran los nombres de los niños y de las personas que trabajan con ellos.

Las camitas y hamacas deberán ser reconocibles por un signo personal de cada niño; este signo se repetirá en los vestuarios.

El vestíbulo debe estar muy cuidado. Es el lugar que ofrece más información a las familias: fotografías y nombres de todos los padres, informaciones urgentes, distribución de los horarios, reproducción del menú, datos nominales de los niños, documentación fotográfica, iniciativas culturales y sociales, resúmenes de temas tratados verbalmente y sugerencias al consejo de administración.

D. El conocimiento de las "necesidades" de la cocina y el comedor

Es importante que no olvidemos señalar la trascendencia que tienen la cocina, el comedor, el cocinero y el "comer bien" para los niños y los trabajadores de la escuela maternal.

Todos sabemos, y es comprensible, que las familias generalmente dan una gran importancia a que sus pequeños coman bien en la escuela maternal, y que buscan con insistencia una "buena imagen" de la cocina, de la que depende, en gran parte, su juicio valorativo del funcionamiento general del centro.

Un reconocimiento cuidadoso de la cocina, de sus utensilios, de las dietas y el menú, de su buena presentación, de la puntualidad en los horarios (en las dietas diferenciadas de los lactantes), la perfecta organización de las mesas, que al menos al principio, serán dos o tres, el respeto de los ritmos de comida de los niños.

Es conveniente la distribución de copias del menú entre los padres, pues esto permite una correcta coordinación de la alimentación en el centro y en casa, también es conveniente la programación de reuniones entre el cocinero, los profesores y las familias para el intercambio de noticias y consejos.

E. Los horarios, turnos, cuadros logísticos del funcionamiento cotidiano, la asignación de tareas específicas al personal, las relaciones con el consejo de administración y con la coordinación pedagógica

La vida de una escuela maternal, de la mañana a la tarde, es muy delicada y compleja. Una comunidad de 40/60 niños y de 10/15 adultos, tiene muchas exigencias.

Es absolutamente imprescindible una distribución ordenada e interrelacionada del tiempo, de las fases funcionales, de la alternancia de los distintos momentos dedicados a organización, del orden y la flexibilidad de las consignas que constituyen el "marco de la vida" de una jornada. Las cosas, las actividades, los trabajadores, los niños, todos tienen necesidad "de vivir bien" en este ambiente organizado. Los trabajadores deben sincronizar cuidadosamente su tiempo de trabajo, de funciones, de turnos. Deben comprobar a menudo su capacidad de convivir, de llevar a cabo de la mejor forma posible sus funciones, de adecuarlas a las exigencias reales de los niños, de cada uno en particular. Es indispensable un control semanal de todo ello, al menos durante el primer mes.

De todo lo anterior se deduce que el colectivo debe descomponerse y recomponerse.

Descomponerse significa pensar y realizar la distribución de una serie de funciones que van más allá del simple estar con los niños. Una escuela maternal es una institución multiforme que siempre se puede perfeccionar y coordinar. Es necesario que funcione una secretaria; que haya unos trabajadores que se ocupen de activar las relaciones con la Administración, el economato y otras instituciones; otros dedicados al mantenimiento y las compras de material o que sean responsables de los instrumentos y formas de comunicación con las familias y los pedíatras y sectores competentes de la USL, sobre todo si en el centro hay niños con dificultades y problemas y con el consejo de administración y la coordinación pedagógica. Antes de que la escuela maternal inicie sus actividades, los trabajadores se reunirán con estas dos últimas instituciones para planificar globalmente los problemas y, luego, para programar la periodicidad de las reuniones y definir, paso a paso, los objetivos que conseguir.

Es toda una materia que debe recomponerse y coordinarse: un proceso que exige, sobre todo, cooperación.

F. LA ORGANIZACIÓN Y PREPARACIÓN DEL PATIO DE RECREO

El patio es una continuación y extensión del ambiente interior del centro. Los niños viven en él una parte importante de su tiempo y de sus experiencias: son, de cualquier modo, vivencias distintas a las que se realizan dentro del edificio. Continuidad y discontinuidad serán aspectos que deberemos tener siempre en cuenta.

El patio debe dividirse según sus características naturales: zonas sombreadas, soleadas, zonas de suelo irregular, de terreno uniforme, zonas cercanas a la fuente, otras en las que haya aparatos para jugar, las que permiten realizar unas actividades determinadas, la zona de la caseta para guardar juguetes e instrumentos.

Lo importante es que el patio se conciba de forma unitaria y estable y que, por tanto, se organice siguiendo un proyecto de conjunto, ya que se trata de un tema que generalmente se tiene poco en cuenta, infravalorando la importancia que debe tener el espacio exterior.

G. LA PUESTA AL DÍA DEL ARCHIVO Y LOS DESPACHOS

No es casual el hecho de que hablemos a la vez del archivo y los despachos. Es muy frecuente que este binomio, que tiene sus connotaciones pertinentes, deba responder a múltiples funciones, y no sólo de tipo burocrático, con lo cual frecuentemente está lleno y desordenado. El archivo es un lugar en el que se conservan y clasifican cosas importantes: es allí donde se guarda la "memoria" del centro, en el que se pueden encontrar noticias, documentos, experiencias a las que recurrir para dar continuidad al trabajo.

Muchas escuelas maternales no tenían previsto un espacio para el archivo y siguen sin tenerlo. Es una deficiencia que se hace sentir, ¡Y mucho!

H. La programación de la progresiva incorporación de los niños a las clases y del funcionamiento de éstas durante el período del comienzo de la escuela maternal

A la escuela maternal no pueden incorporarse todos los niños a la vez, como ocurre en la primaria.

No es necesario señalar los motivos. Durante los últimos años se ha corregido y perfeccionado la manera de efectuar esta incorporación, con frecuencia respondiendo a exigencias propias relacionadas con las particularidades del centro.

Veamos cómo se divide en fases el ingreso de los niños. Su escalonamiento (primero los lactantes y los medianos, luego los pequeños y los mayores, por ejemplo) facilita los problemas de adaptación entre los niños, las familias y los propios trabajadores. Los primeros días son más difíciles: controlar mejor, con menos niños y más personal, da lugar (o al menos es probable que así ocurra) a ambientes y situaciones más distendidas.

El escalonamiento en fases se refiere también al tiempo de estancia en el centro. Durante algunos días los niños permanecen sólo por la mañana, con la comida incluida. La prolongación del tiempo de estancia se va ordenando en progresión. Toda solución común debe tener como correspondencia una reserva de flexibilidad dependiendo de las circunstancias.

Generalmente, la "normalización", es decir, el funcionamiento normal de la escuela maternal, se consigue en diez o quince días. En realidad la libertad de elección es sólo parcial, ya que las familias tienen unas necesidades objetivas.

No nos hagamos ilusiones: el comienzo de la escuela maternal es siempre una operación delicada que somete a todos a una dura prueba. Lo que se haya hecho, previsto y preparado antes tiene una gran importancia. Pero lo fundamental se juega sobre el terreno.

© Ediciones Morata, S. L.

I. Las reuniones con los trabajadores de la escuela infantil: presentación y reflexiones sobre los niños que van a iniciar en ella una nueva experiencia

Una parte de los niños abandona la escuela maternal e ingresan en la infantil.

Es un paso sobre el que no se debe dramatizar, pero tampoco quitarle importancia.

Hay un hecho cierto: las relaciones entre las dos instituciones son pobres e insuficientes. Cuando éstas se cultivan, enseguida se percibe que las familias están más tranquilas. Cuando las cosas están bien encaminadas todo marcha.

Durante el curso los niños hacen visitas a la escuela, se celebran reuniones entre los profesores de ambos centros o entre los docentes de la escuela infantil y los vadres de los niños que van a dar el "salto". Se pueden hacer presentaciones escritas para intercambiar entre la escuela maternal y la infantil que, si no se dan de forma aislada, pueden servir como elemento de integración y profundización (ya que en ellas se habla de los niños en términos más ricos y directos) en las reuniones entre los trabajadores de las dos instituciones.

Ésta es una experiencia que se va a promocionar y ampliar ya que es enormemente positiva no sólo desde el punto de vista psicológico sino porque responde a unos derechos de los niños y de sus familias, derechos por los que las instituciones deben velar.

J. Elaboración de estadísticas

La experiencia confirma que es muy interesante a comienzo de curso elaborar los datos estadísticos referente a la nueva situación. Se trabajará partiendo, sobre todo, del protocolo de la entrevista individual con las familias, dando mayor importancia a determinados datos: la profesión del padre y la madre, titulación académica, edad, la composición del núcleo familiar (personas que conviven con la familia, abuelos, hermanos del niño) y su procedencia, etc.

Se obtendrán así unos cuadros-resumen de las distintas clases y un cuadro general, que se ofrecerán para su lectura pública en la primera reunión con las familias. Se trata de una información orientativa de no poco interés, sobre todo si se realiza un estudio comparativo con los datos y fenómenos de los años anteriores.

Las fotografías han sido cedidas amablemente por la Gonzagarredi de Gonzaga (Mn).

K. Distribución del tiempo y del sábado

Durante el período de tiempo dedicado a preparar el comienzo de la escuela maternal se recogerán las peticiones de las familias para prolongar el tiempo de permanencia de los niños más allá de las dieciséis horas de funcionamiento del servicio, incluso en la mañana del sábado, así como las peticiones para que el niño pueda abandonarla entre las 12.30 y la 1 inmediatamente después de comer.

Todo ello servirá, obviamente, para definir las pautas de organización.

© Ediciones Morata, S. L.

CAPÍTULO

2

En la escuela maternal: primer año, primer día, primeras anotaciones

Por la escuela maternal "Arcobaleno" de Reggio Emilia

Niños de un año en su primer día de escuela maternal. Un momento del que se habla mucho, pero que exige, de los niños, las familias y los profesores sobre todo, serenidad y confianza.

Saber lo que esto representa (más allá de cualquier teoría extremista, en uno u otro sentido) es lo que garantiza el éxito de la experiencia. ¿Qué les pasa a los niños de un año en su primer día en el centro? Es muy interesante anotarlo, escribirlo en un cuaderno de notas.

Se trata de simples apuntes (tomados por los profesores en el escaso tiempo que dura la situación) para elaborar una historia del niño y, lo que es más importante todavía, para recordarlo, reflexionar sobre ello y comprenderlo mejor.

Éstas son las notas tomadas el 2 de septiembre de 1986, el primer día de la escuela maternal, por las profesoras Eluccia Forghieri y Gloria Mariani.

2 de septiembre - Paolo

Ha sido el primero en llegar. Enseguida ha empezado, con gran entusiasmo, a descubrirlo todo, sin preocuparse demasiado de nuestra presencia ni

Escuela maternal: ideas y proyectos   *[Bambini*, octubre de 1987]

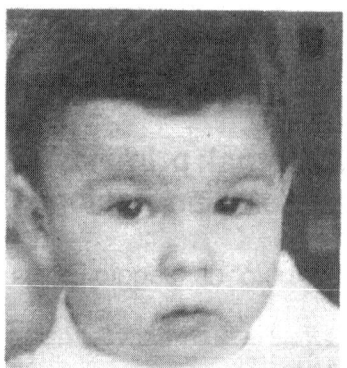 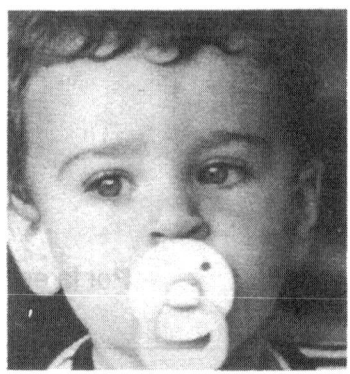

de la de sus padres, que lo habían acompañado. A pesar de ello, la mamá se ha quedado con él toda la mañana y le ha sacado de varias situaciones conflictivas con las que él, decidido, se enfrentaba para conseguir lo que le interesaba. Quizá la confusión de la clase ha hecho que Paolo cambiase de humor progresivamente y buscase con mayor frecuencia a su madre entre los adultos asistentes. No ha dormido durante la mañana, y esto ha contribuido a ponerle un poco nervioso y molesto, sobre todo hacia la hora de la comida.

Sólo se ha alejado un poco de la clase con Eluccia, llorando un poquito al no ver a su madre, pero se ha tranquilizado viendo el tiovivo en el patio. Ha vuelto a llorar cuando, de nuevo en la clase, ha visto a su madre detrás de los cristales, queriendo que lo cogiera enseguida en brazos. Ha comido con ella, distraído con un juego, pero sólo la sopa, no parecía gustarle mucho el segundo plato.

2 de septiembre - Alice

Ha llegado acompañada de su madre y enseguida, muy tranquila, ha empezado a jugar sonriendo a todo el mundo. Pronto se ha entusiasmado con las escaleritas, donde ha permanecido largo rato teniendo a su madre cerca. Cuando ésta ha salido, para fumarse un cigarro, no ha notado su ausencia, sólo un momento, volviéndose hacia Gloria, ha dicho "mamá" después, alargando las manos, "pu", y ha vuelto a jugar con las bolitas, tan tranquila que su madre, en vista de la situación, se ha ido, volviendo a la hora de comer. En la sala de juegos se ha hecho balancear en el columpio y deslizar por el tobogán durante un tiempo parecido. Antes de comer Ivetta la ha cambiado sin que su tranquilidad se viese turbada, aunque, al volver su madre, la seguía, mirándola a través del cristal. En la mesa, con ella, se lo ha comido todo, incluso sola, aceptando algunos bocaditos de Silvana, que estaba sentada a su lado.

2 de septiembre - Silvia

Su madre se ha quedado toda la mañana con nosotras, y Silvia ha jugado tranquila sobre todo en la clase. Sólo ha hecho una escapadita al salón, siempre con su madre, donde ha encontrado una enorme muñeca que le ha encantado y se la ha llevado a clase; se ha mostrado muy interesada por las escaleritas de la tarima, donde ha estado un rato con Gloria.

Después de comer su madre la ha cambiado, porque empezaba a dar señales de estar molesta, y no ha dormido durante la mañana. En la comida ha probado el puré, luego se ha negado a tomar incluso el batido, que normalmente le gusta. Después de la comida se ha entretenido un rato jugando con unas gruesas cuentas de colores para ensartar, antes de despedirse para volver a su casa.

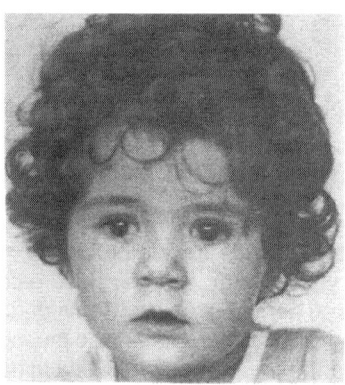
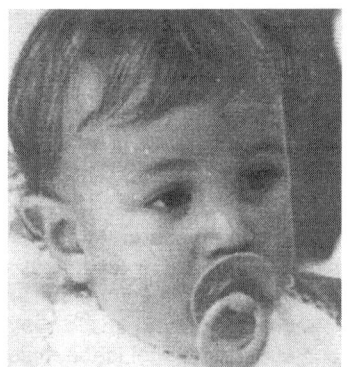

2 de septiembre - Francesco

Ha llegado con su padre con el que se ha sentado en la alfombra en medio de los cestos de los juegos, muy interesado por todo lo que tenía alrededor. Con frecuencia se volvía hacia él para cerciorarse de su presencia o para enseñarle un juego. Al cabo de un rato parecía más relajado, buscaba menos a su padre, pidiendo incluso a los demás adultos que le ayudaran a conseguir lo que quería; lo que más le ha entusiasmado ha sido la jaula de los pajaritos. Ha estado mucho rato jugando con Ivetta en la alfombra y ha dejado que se le cambiara tranquilo. También el cuarto de baño, donde había jugado con su padre nada más llegar, le ha resultado muy interesante, sobre todo los grifos. Y hacia allí ha llevado Francesco a Eluccia al final de la mañana recordando bien el camino. A la hora de comer, tranquilo, con su padre aliado, ha tomado él solo el puré con la carne dentro, pero ha jugado un poco con el segundo.

2 de septiembre - Giulia

Ha venido acompañándola su madre y dos hermanos, pero sólo el mayor, Cristian, se ha quedado con ella toda la mañana. Cristian prácticamente ha seguido a Giulia porque, de repente, ha empezado a correr mirando y tocando todo lo que se le ponía a tiro, subiendo y bajando constantemente de la escalera a la alfombra, a la tarima, no perdiéndose nada de lo que tenía alrededor. No se ha planteado ningún problema, ni siquiera para coger los juegos que otros niños tenían ya en las manos, e incluso ésto lo hacía de forma autónoma, sin pedir apoyo o ayuda a su hermano. Cristian le ha dado de comer, y parecía que le gustaba todo, ha bebido en el biberón, pero ha jugado mucho con el vaso, que golpeaba ruidosamente contra la mesa. Después de comer Ivetta la ha cambiado aunque ha refunfuñado un poco y se movía al ponerle el pañal, quizá por cansancio. Después, Cristian la ha llevado a la cama y se ha dormido hasta las 3 cuando su madre ha llegado a recogerla.

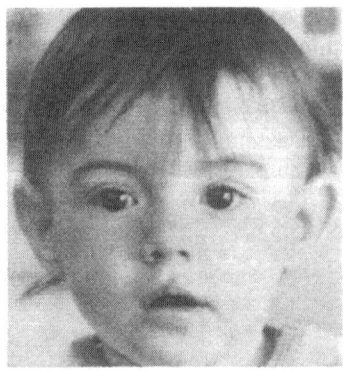
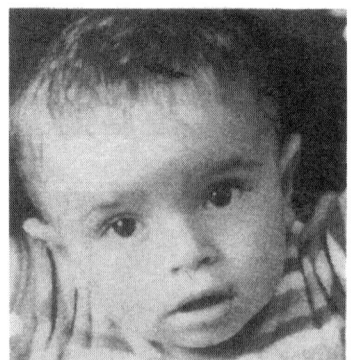

2 de septiembre - Luca

Ha sido de los últimos en llegar esta mañana, se ha asomado a la puerta de la clase y después, quizá porque no le ha gustado el movimiento que había en la habitación, ha preferido quedarse en la tarima y en el salón. Estaban con él su madre y su hermana Martina, que le han acompañado en los primeros momentos. Al cabo de una media hora, al verlo tranquilo, han decidido marcharse hasta la hora de comer sin despedirse, aprovechando su interés por el caballo-balancín. Una vez pasado el interés Luca se ha vuelto y, al no ver a su madre, ha ido a buscarla a la tarima; al no encontrarla se ha puesto a llorar. Gloria lo ha cogido en brazos y le ha dado una vuelta por la escuela, para distraerlo. Su llanto ha durado cerca de un cuarto de hora, interrumpido a veces por las cosas que veía, como en la cocina, por ejemplo, donde, además de mirar las ollas del puré, invitado por Tiziana, "ha metido" las patatas en el agua. De vuelta a la tarima ha estado un ratito en brazos con su chupete y luego, solo, se ha acercado a jugar con otros niños. Ya tranquilo se ha quedado en la clase, donde su madre lo ha encontrado con algunos cestos como botín. Eluccia lo ha cambiado y lavado, sin que su tranquilidad desapareciese, y al final del cambio Luca la ha abrazado cariñosamente. En la comida, con su madre, se lo ha tomado todo él solo, parecía que le gustaba la cocina de Deanna.

> *Sobre el método de observación en la escuela maternal se han escrito muchas páginas, que han intentado marcarnos a fuego con los criterios fundamentales para "hacer ciencia", incluso en un discurso de mediación de la actividad cotidiana de los educadores. Pues bien, pienso que el resultado más positivo de ese largo trabajo está representado por páginas como éstas, que están muy lejos de las casillas y las fichas kilométricas, y que parten de un trabajo paciente y riguroso de ejercicio y comprobación, con instrumentos con los que se ha podido dar un salto cualitativo hacia una dimensión humanizada del observador. Las páginas del diario personalizado, sobre todo las que se refieren a los primeros días de escuela maternal, son un instrumento precioso porque dan lugar a la historia, única y compartida, de cada niño y sus educadores, marcando el comienzo de un trayecto en común, que se cubrirá mediante relaciones recíprocas. Es éste un poderoso correctivo contra la rutina y el peligro de tener en cuenta al grupito de niños sin ver a Paolo, Alice, Silvia ... y a cada uno de los demás, distinto entre todos.*
>
> *r.g.*

2 de septiembre - Simona

Simona ha llegado con su madre y su hermana, que la ha invitado a jugar en la mesa con las piezas encajables que luego, a lo largo del día, ha cogido ella sola directamente de la cesta de la estantería. Poco después la han saludado y Simona, por primera vez, ha devuelto el saludo. Su hermana se ha alejado unos minutos después que la madre, pero Simona parece no haberlo notado, continuando con la manipulación de las piezas.

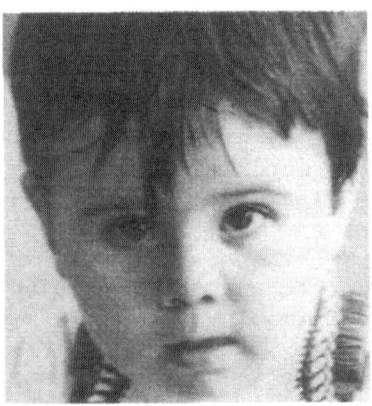

Como ya nos había dicho su madre en la charla inicial, si Simona se sienta no vuelve a levantarse. Esta mañana, después de estar sentada ha puesto una rodilla en el suelo para gatear. Después de observarla unos instantes para seguirla en sus intentos, Silvana la ha ayudado a levantarse y se ha dirigido a la escalerita.

En estos días no parece estar muy molesta, pero a veces se muestra un poquito incómoda, deseosa de que se la tenga en cuenta y gratifique, se la dé seguridad: nuestras sonrisas o nuestros "bravo", enseguida le hacen recuperar el "valor" para nuevas exploraciones. Dice el sí y el no, y con frecuencia mira al adulto para buscar su apoyo sobre algo que ha hecho o está a punto de hacer.

Parecen superados los problemas que había en el momento del cambio de pañales, al que ahora se enfrenta con serenidad.

2 de septiembre - Elisabetta

Elisabetta, bajo la mirada de sus padres que la han acompañado, ha subido y bajado (aunque con algún tropezón) los peldaños de la escalera, mostrando su reciente conquista. Cuando los otros padres la han saludado, Elisabetta se ha dirigido a su madre (su papá se ha mostrado un poco preocupado) que le ha dado un beso, acompañándola de nuevo a la alfombra con sus compañeros, donde se ha dejado seducir enseguida por las construcciones y las pompas de jabón.

Se deja lavar y cambiar por todos, mostrándose aún cauta a la hora de repartir sus sonrisas, chapurrea a veces pequeños grupos de sílabas.

Llega cansada a la comida (incluso hoy), después de moverse continuamente, en constante actividad durante toda la mañana, y organiza alguna pequeña rabieta, necesitando juguetes que la distraigan, aunque cada vez menos.

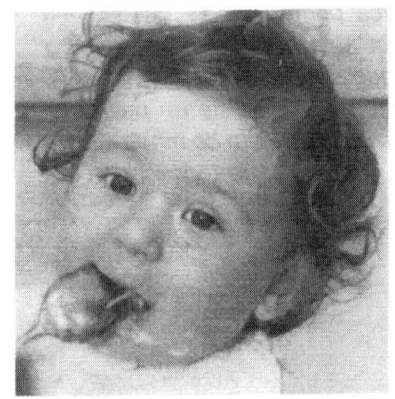

Ha pasado toda la mañana en el patio, mostrando hacia las 10.15 las primeras señales de estar molesta. La semana próxima intentaremos que haga algún "pipí".

CAPÍTULO

3

El objeto transicional en la escuela maternal

¿Que podemos hacer con los "Lino"* de la escuela maternal?

Por P. Tromelllni Calvano, C. Cantarelli, L. Malaguzzi,
A. Ferrari e I. Cristofori

Las competencias necesarias

Siempre es importante, tanto en éste como en otros campos de intervención, tener un buen conocimiento de las diversas teorías, hipótesis, que los estudiosos, los investigadores y las diversas corrientes de pensamiento han acumulado sobre el tema.

Y poseer, además, una fina sensibilidad crítica y un buen autocontrol para eliminar o reducir el riesgo de decisiones o elecciones no ponderadas, suficientemente, como interpretación unívoca o esquemática de modelos aprendidos.

---

* Los autores se refieren a "Lino", un personaje de cómic creado por el norteamericano Charles M. Schulz en la década de los cincuenta, perteneciente a la célebre serie *"Peanuts",* integrado por la familia de "Carlitos" y 'Snoopy". Se trata de un niño un tanto neurótico que va por la vida pegado a su mantita para consolarse *(N. del R.)*

[1] Escuela infantil municipal de Reggio Emilio.
Las fotografías de Alba Ferrari, trabajadora de la escuela maternal "Panda" de Reggio Emilia.

Dossier *[Bambini,* enero de 1989]

© Ediciones Morata, S. L.

Los significados de la transicionalidad

Es inútil subrayar la importancia y delicadeza de los movimientos y procesos que mantienen y dirigen la *fransicionalidad* (a través de los objetos transicionales) *del niño* desde una forma de adhesión exclusiva a una más *diferenciada* y abierta, pluralista, de adhesión y relación: pero este conocimiento tendría poca importancia si, además de los trabajadores de la escuela maternal, no lo adquiriese también la familia.

Los errores de los adultos

En realidad la cultura familiar, el sentido común, la opinión popular, en su forma de enfrentarse con los objetos transicionales o, mejor dicho, con los *niños que los utilizan,* muestran actitudes de tolerancia oportunista y de indiferencia o fastidio, de rechazo y, en no pocas ocasiones, de negación y prohibición.

"Es una costumbre que surge sola, es una mala costumbre con la que nos encontramos de repente, es un vicio que hay que quitar", son expresiones frecuentes.

Así, en general se recurre a actitudes contradictorias y ambivalentes, a veces, directamente de burla. Todo ello está muy lejos de la realidad que alimenta el fenómeno. del verdadero conocimiento de los *momentos de* extrema, *íntima* y *sutil relevancia psicológica* por los que está atravesando el niño. Esta actitud es muy peligrosa y puede favorecer auténticos fenómenos de sufrimiento y de regresión.

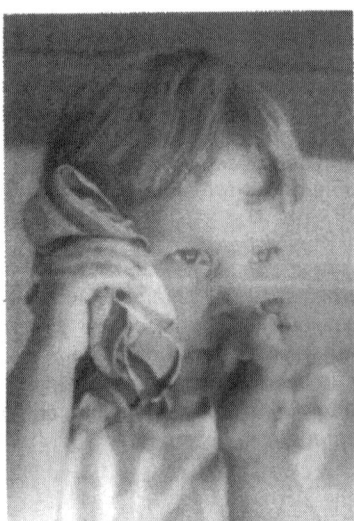

Los objetos transicionales

Se debe luchar contra las actitudes que infravaloran y reducen la importancia del fenómeno, pero también contra aquellas que muestran un exceso de preocupación, ya que con ellas el recurso de los niños al *objeto transicional* se puede reforzar y cargarse de otros significados, sobre todo al incorporarse a la escuela maternal (o a la infantil). Incorporación que provoca un alejamiento de la madre, del padre, de la casa, del patio, de los lugares habituales y familiares, imponiendo una *reconversión* cualitativa y cuantitativa de *referencias relacionales,* una operación que carga de tensión y de problemas a los niños y, a su vez, a los adultos (padres o trabajadores del centro).

Legitimidad de los objetos

Prácticamente se puede decir que los objetos transicionales, al ser esencialmente los signos concretos, naturales, normales, de una importante fase de maduración y progreso del niño, tienen plena legitimidad y carta de naturaleza tanto en casa como en la escuela maternal.

Debemos decir que nuestra experiencia nos aconseja *permitir,* en las primeras semanas de adaptación al centro, que el niño que desee llevarse de la escuela a casa y de casa a la escuela objetos de su propiedad o no, en todas sus formas y especies, lo haga.

Respeto por el pulgar

Se debe tener un gran respeto al pulgar, a las mantitas, etc., por la simbiosis que el niño crea con ellos. Es innecesario decir que la escuela maternal debe estar dotada de objetos, ositos, muñecas, animalitos blandos y cálidos.

Otro tanto debemos decir de ese pequeño *rastrillo* que el niño lleva tras de sí en casa (son muy importantes los bolsillos), hechos de cositas sin importancia (figuritas, chapas, cromos, llaveros) pero que tienen un gran valor para el desarrollo afectivo y simbólico de los niños.

La realidad completa

Queremos insistir una vez más sobre el concepto tan completo y decisivo de *imagen unitaria,* de *estructura no descomponible,* de *realidad completa* constituida por el niño y su (sus) objeto/s transicional/es.

© Ediciones Morata, S. L.

Con ello queremos señalar que el fenómeno del que estamos hablando no es sólo una entidad conceptual, sino una entidad *física y psicológica.* Y en cuanto tal tiene sensibilidad, capacidad de reacción, vulnerabilidad y conducta unívoca.

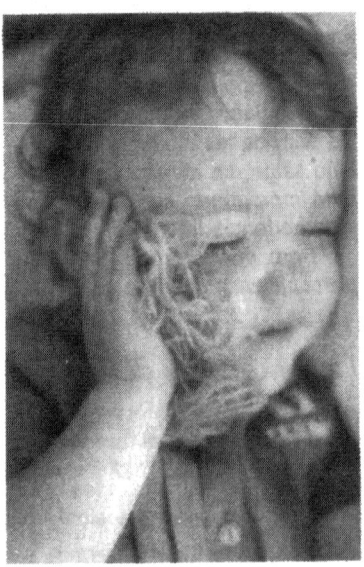

El rechazo, la falta de atención, el desprecio al *objeto amado* (éstas son conductas, intencionales o no, bastante frecuentes en la familia y en la escuela maternal, repetimos, por una infravaloración del hecho) provocan sufrimiento en el niño. Sufrimiento incluso físico.

¿Cuáles son las situaciones más frecuentes?

Tocar con desprecio el objeto, dejarlo caer, tratarlo sin cuidado, mirarlo como si fuese algo feo, fingir tirarlo, esconderlo para hacer que se ha perdido, regañarlo dirigiéndose a él como si fuese el niño, ofenderlo con nombres desagradables, etc... Si tenemos en cuenta que niñoobjeto transicional son una *realidad completa,* veremos con claridad la profunda consistencia de la situación y actuaremos con el debido conocimiento y la cautela necesaria.

La transferencia de las connotaciones

El aspecto positivo del *transcurso de la experiencia transicional* está en su lenta, fisiológica, natural superación, que poco a poco se va produciendo en el niño, *alejándose de los contenidos simbólicos* del objeto amado y de las prácticas que ello implicaba (sustituidas por la *Gestalt* madre-padre-casa, etc., por instrumentos de defensa o seguridad, por momentos de búsqueda y goce de placer físico o por medios como el "bastón" que permite coger cosas alejadas y explorar mejor el mundo del espacio y las cosas, *transfiriendo sus contenidos* pulsionales, afectivos, cognitivos a zonas más amplias, enriqueciendo y diversificando el tipo de relaciones.

© Ediciones Morata, S. L.

Atención y observación

Por tanto es necesario que las personas que trabajan en la escuela maternal presten *mucha atención* y *observen cuidadosamente* a los niños y los objetos con los que recorren su *experiencia de transición.*

Las relaciones entre niños y objetos pueden tener oscilaciones imprevisibles: pueden ser de fijación obsesiva, de fijación caprichosa y alterna, de abandono intencional o distraído y de pánico repentino si el objeto no está, si él no lo encuentra, si piensa que se ha perdido o pasado a las manos de cualquier otro niño.

Casi siempre estas reacciones variables provocan perturbaciones, dificultades imprevistas con el ambiente que pueden también desencadenar pérdidas súbitas de memoria y pesadillas capaces de romper el equilibrio interno y externo del niño.

Formas de intervención

En suma, no es tanto el *síntoma* (el acto habitual, simbiótico del niño) lo que más nos interesa, sino los mensajes y significados profundos y personales que *el niño proyecta en él.*

Es cierto que las invitaciones a *hacer,* el ofrecer situaciones de colaboración lúdica y manipulativa o situaciones de interés, el adherirse a esa inagotable disponibilidad a las actividades motrices (el "placer deportivo" de GESELL), así como el favorecer que el niño salga del *abrazo voluptuoso con el objeto amado y los significados con que éste está impregnado,* son una buena estrategia no distorsionante, sino dirigida a favorecer la experiencia interpersonal y de exploración.

Pero cualquier estrategia debe desarrollarse con suavidad, a su debido tiempo, *personalizando* al máximo la relación con el niño, respetando sus ritmos y sus tiempos.

© Ediciones Morata, S. L.

La importancia del ambiente

Pero el elemento más importante, auténtico y decisivo siempre está consituido por el ambiente, las relaciones de confianza, serenidad y seguridad que el centro debe saber "ofrecer" *al niño,* a *los niños,* pidiendo a las familias que cooperen en ello con los adultos que, por su elección profesional, trabajan en estas instituciones.

CAPÍTULO 4

El juego del "¿quién es?"*

Por Eluccia Forghieri

Es una trasposición de la lotería, el vieja juego de nuestras abuelas, que encanta a los niños y les ayuda a "buscar", a reconocerse a sí mismos y a los otros.

Todos los niños que acuden a la escuela maternal desde hace cinco meses, y los que van a cumplir pronto 2 años, poco antes de comenzar las "actividades" programadas, dedican cada mañana unos minutos al "juego del ¿quién es?", es un rito que les acompañará durante toda su estancia en la escuela maternal: ello les ayuda a conocerse y a reconocerse, por el nombre y no sólo por la imagen, a comprobar quién está en el centro, quién está enfermo, a realizar pequeñas operaciones de ordenación (ausentes, presentes, etc.) y de memorización (por ej., "Andrea no está, está enfermo todavía. ¿Estuvo aquí ayer? ¿Recordáis por qué no pudo venir?").

Globalmente podemos decir que la integración de los niños es completa; su relación con los adultos de la clase pensamos que es buena y de mutua confianza. También creemos que es buena la relación de conocimiento y convivencia entre los niños, que comienzan a tener momentos de intercambio y de juego con la mayor tranquilidad y empiezan también a sentirse satisfechos de encontrarse codo con codo realizando juntos las actividades, los descubrimientos, incluso algunos se arriesgan a organizarse autónoma y espontáneamente en grupos de dos o tres.

Escuela maternal: ideas y proyectos *[Bambini,* febrero-marzo de 1985]

Sólo Mateo (18 meses y medio) sigue sintiendo por la mañana algún momento de rechazo por la vida de la colectividad. La familia recibe constante información de sus "mejoras", "recaídas", de los buenos momentos que Mateo vive en la escuela maternal y que nos permiten pensar que en el futuro se encontrará bien en ella.

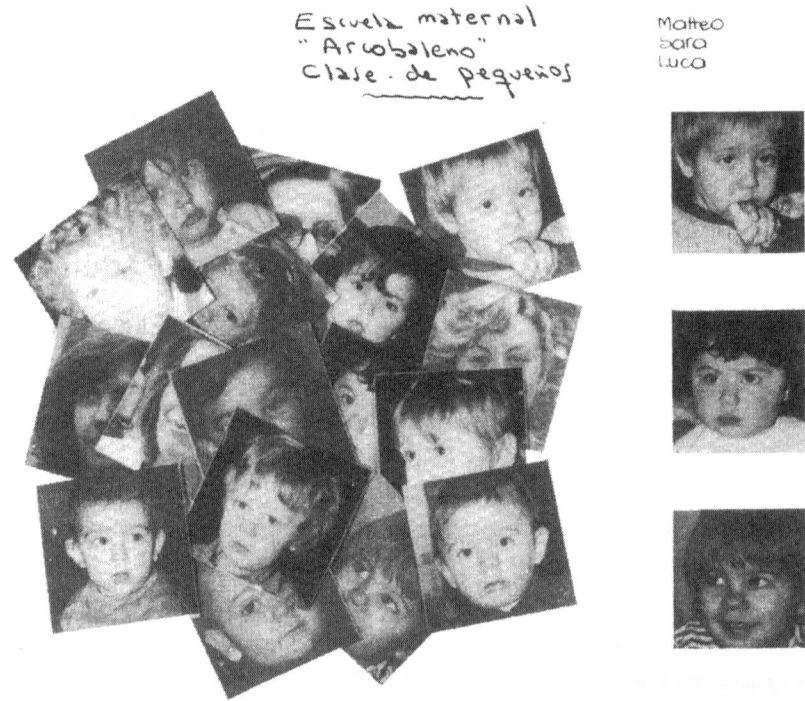

Febrero de 1984: clase de pequeños.

Su negación a participar en el juego antes citado (que consiste en que cada jornada un niño distinto al del día anterior reparte una galleta o un caramelo a sus compañeros para poder anotar, como decíamos antes, quién está presente o ausente ese día) o a ser protagonista de situaciones en las que a veces ha mostrado su entusiasmo (ir al taller a pintar con témperas en el caballete, hacer pompas de jabón, jugar con los "encajables", o con los *puzzles*, seguir la "lectura" de un libro...) nos hace pensar en la necesidad de un instrumento que permita a Mateo revivir, en su casa, con sus familiares, los momentos vividos de forma positiva en la escuela maternal. De hecho no parece haber en Mateo un rechazo global hacia ésta: busca ávidamente la seguridad que pueden ofrecerle alguna de las profesoras, comenzando a llorar en cuanto ella presta atención a otro, adulto o niño. Esta necesidad de una vinculación exclusiva, determinada por una relación muy estrecha y excesivamente atenta con sus padres y abuelos maternos, con los que pasa muchas horas, cuando puede ser trasladada a la escuela maternal, nos muestra un Mateo muy atento a todo cuanto sucede a su alrededor, pendiente de cualquiera de nuestras proposiciones: por eso pensamos que es posible su buena integración en el centro.

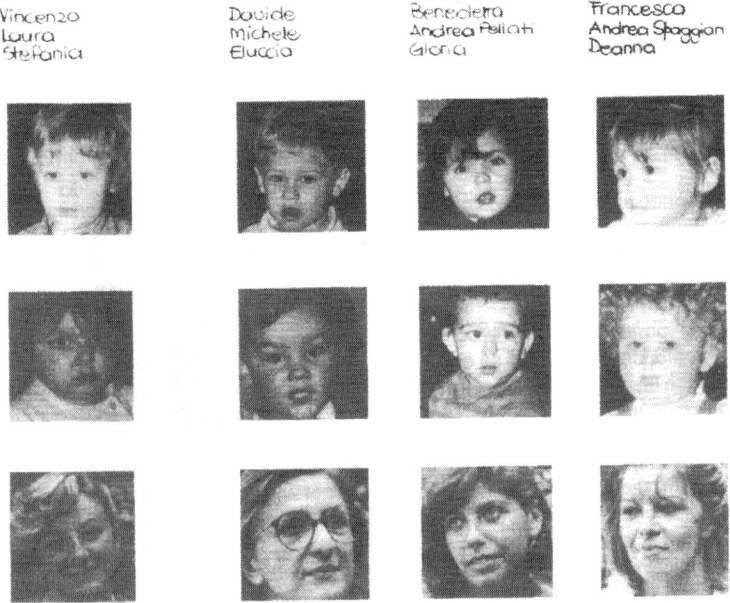

Trece inscritos cuya edad oscila entre los 17 y los 22 meses.

Para ayudarle se nos ocurrió la idea de una lotería (itinerante entre la escuela y la casa) que recoja los retratos de todos los componentes de la clase de pequeños, niños y trabajadores, y ofrezca así a Mateo unos elementos para "hablar" con sus padres y familiares de los amigos y de todo lo que ocurra en el centro.

Algunas reflexiones nos llevaron a hacer extensiva esta lotería a todos los niños de la clase.

1. también para los demás niños puede ser importante hablar y ver a los "amigos" tanto en la escuela maternal como en casa, con sus padres, para conservar la memoria de lo vivido;
2. nos parece positivo el hecho de que los padres conozcan a todos los "amigos" de su hijo, por el nombre y por la imagen, para poner un rostro a los nombres de los compañeros de los que el niño, frecuentemente, habla en casa. No todos los padres conocen a todos los niños, ya que los horarios de llegada por la mañana y de recogida

© Ediciones Morata, S. L.

están muy diversificados, y los niños no están presentes todos a la vez en esos momentos. Todavía no se ha puesto en marcha la experiencia del *día del padre,* que prevé que cada día uno de los padres entre y viva una jornada completa con los niños de la clase, lo que le permitirá conocer y palpar la vida del centro (la experiencia del "día del padre" está programada para el mes de marzo);

3. el juego del "¿quién es?" puede permitir al niño reconocerse y situarse (nominalmente y por la imagen) entre los compañeros y los adultos, buscarse en un momento en el que es especialmente intensa la curiosidad y el interés por conocerse a sí mismo y a los de la misma edad, dentro del largo proceso de construcción el yo y de identificación del yo entre los otros y por los otros.

Pensando en ello hicimos lo que nosotros llamamos *la lotería del ¿quién es?* Se trata de un cartel de alrededor de 45 x 20 cm, plegado en tres partes, en dos de las cuales aparecen las fotografías y los nombres de los trece niños de la clase, de los profesores y también de la cocinera y la auxiliar que se ocupa de la clase durante todo el año.

En la parte de la izquierda hay una especie de sobre, de material plástico transparente, dentro del cual se encuentran las tarjetas correspondientes, con el mismo tamaño que las pegadas en las otras dos partes del juego. Como en la lotería tradicional, un número o una ilustración corresponde a otra idéntica.

Estas tarjetas pueden permitir juegos de aproximación afectiva, además del juego de búsqueda y superposición característico de la lotería que todos conocemos. Las fotografías y tarjetas correspondientes miden, aproximadamente, 4 x 4 cm.

Hicimos quince loterías, dos de ellas para conservarlas en el archivo de la escuela maternal y las otras trece para distribuirlas entre las familias durante una reunión de clase, explicando los motivos que nos llevaron a pensarlas y a hacerlas.

Al cabo de unos días de jugar en casa con los padres (con lo que éstos se han mostrado entusiasmados, por tener algo concreto que permita a los niños recordar la escuela en casa), propusimos jugar también en el centro, de vez en cuando, a pequeños grupos de niños. Todos reconocían el juego de inmediato y algunos hacían espontáneamente juegos de búsqueda de fotos de niños de los que sabían pronunciar el nombre, casi en una forma de desdoblamiento de sí mismo, mediante los cuales se convierten en protagonistas de un diálogo en el que son a la vez *emisor* y *receptor;* otros cogían una tarjeta, y después de mirarla y manipularla detenidamente, la colocaban en el lugar apropiado, o se volvían al adulto que en ese momento estaba trabajando con ellos para que les hiciera una propuesta concreta ("busca la

© Ediciones Morata, S. L.

figura igual", por ejemplo), otros pronunciaban su propio nombre y buscaban su imagen.

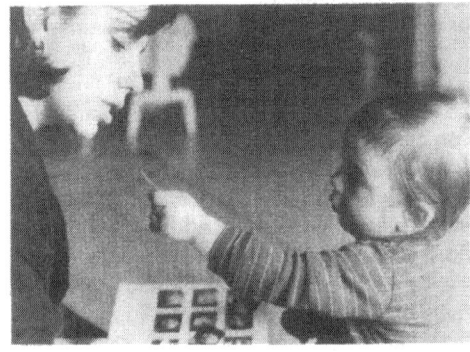

Queremos recoger aquí la observación de una madre, Lucia: "Durante una de las breves, pero frecuentes, enfermedades del pequeño Luca, me encontré con dificultades: ya no sabía cómo distraerlo y divertirlo; Luca había agotado mi fantasía y creatividad. Pero vino en mi ayuda la lotería, tan distinta de las otras, que me habían regalado las educadoras del centro al que asiste mi hijo".

"La lotería consistía en una serie de fotografías pegadas en una cartulina blanca, además se encontraban, representaciones de los mismos personajes en una funda transparente, pegadas a un cartoncito, y separadas una de otra".

"El juego, como me habían enseñado, se desarrollaba cogiendo fotos del sobre, de una en una, mirándolas y colocándolas sobre la cartulina en su lugar correspondiente". Luca se divirtió muchísimo; reconocía enseguida a sus amiguitos, no sólo por los rasgos de su rostro, sino también por sus nombres, y lo mismo ocurrió con las educadoras. "Sólo hubo un momento de desconcierto, al confundir a la cocinera con la auxiliar, justificado por el hecho de que ambas trabajan en la cocina del centro y de que, aunque la relación con los niños es cotidiana, es de menos duración que la que mantienen con las "educadoras".

Debo añadir que mientras duró este juego tan sencillo, Luca nombraba espotáneamente, en su lenguaje incompleto y de palabras aisladas, algunos comportamientos "rituales" de sus compañeros, como confirmaron Gloria y Eluccia, por ejemplo el llanto matutino de Mateo, las imitaciones de la rana y el león de Andrea, etc.

"Este comportamiento me ha asombrado y encantado porque implica no sólo una buena capacidad de observación, sino también el comienzo de una actividad simbólica fundamental para los niños ya que, a partir de ella, construirán las sucesivas formas de juego. Por ello pienso que es un entretenimiento muy importante para ellos, adecuado para reforzar su propia identificación, la de los otros y sirve también a los profesores como instrumento de 'valoración' del grado de integración Y socialización del niño en el grupo y el ambiente de la escuela maternal".

La experiencia a la que nos hemos estado refiriendo se realizó en la escuela moderna "Arcabaleno" de Reggio Emilia durante el curso 83-84.

CAPÍTULO

5

Arcilla en la escuela maternal

Experiencia realizada durante dos años

Por Mirella Ruozzi

En el Congreso Nacional de Escuelas maternales de Ancona se presentó un documental realizado en ellas y en las escuelas infantiles de Reggio Emilia, sobre las actitudes de los niños ante la arcilla y la actividad de modelado. En este capítulo presentamos el texto y parte de las imágenes.

El documental narra cómo los niños de 3 años juegan y trabajan con la arcilla, uno de los materiales más atrayentes y productivos que puede ofrecerse a los pequeños.

La arcilla es uno de los materiales naturales que pertenece a la historia antigua de la humanidad, es de tacto suave, infinitamente dúctil, muy sensible a la manipulación, y admite todos los juegos de la mano y de la imaginación infantil.

Pero, vamos a ver de forma más concreta las características fundamentales de la arcilla, para analizar no sólo sus aspectos físicos, sino también la importancia de este material desde el punto de vista psicológico e, incluso, simbólico.

1. Es una materia blanda, buena, con unas sensaciones térmicas precisas.

Escuela infantil: experiencias [*Bambini,* noviembre de 1988]

© Ediciones Morata, S. L.

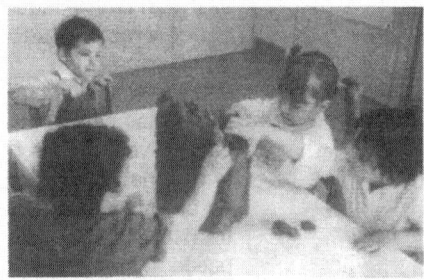

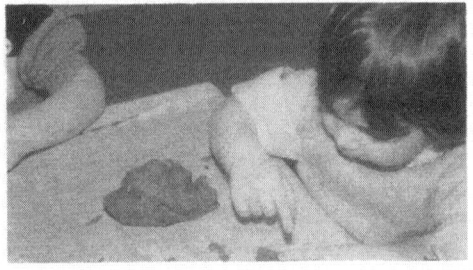

El primer encuentro con un bloque de arcilla es ruidoso: se aplasta y se golpea la arcilla, se alisa, se despedaza, se prueba.

2. No obstruye los poros de la piel, manteniendo la plena sensibilidad táctil.
3. Toma todas las formas posibles y puede recuperar la suya inicial, las formas se pueden ajustar y corregir fácilmente.
4. Permite al niño múltiples coordinaciones de mano, ojo, oído, olfato.
5. Permite un progresivo control de la habilidad de la mano a través de movimientos amplios y finos junto con sutiles juegos de presión y direccionalidad muscular.
6. Permite al niño moldear formas tridimensionales y formas elevadas en verticalidad.
7. El modelado con arcilla tiene implicaciones de tipo afectivo, sensorial, creativo, imaginativo, con variaciones e interferencias.
8. El trabajo con la arcilla favorece (de forma muy especial) posibilidades de ir acompañado de actividades lingüísticas y de socialización.

Este texto, como veremos, presenta una serie de consideraciones sobre la conducta de los niños pequeños, que nos permiten mantener la tesis de que los niños tienen cualidades, fuerza y recursos, con frecuencia no reconocidos ni respetados, que permiten nuevas orientaciones de la acción pedagógica y de sus valores didácticos y metodológicos. Estas consideraciones demuestran que los niños tienen:

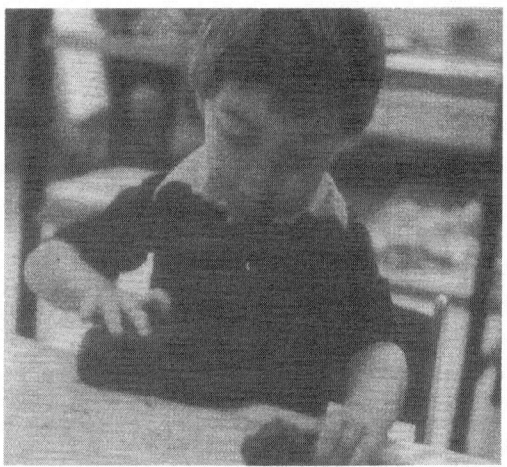

a. Capacidad para participar en las situaciones de forma atenta, curiosa e interesada;
b. una gran capacidad de concentración (unos 30-40 minutos);
c. una penetración cognitiva en las características y leyes propias de la materia (la arcilla) y en el tratamiento y las transformaciones que puede admitir y sugerir;
d. unas capacidades exploratorias y creativas que a veces se anticipan a la acción y son capaces de aprovechar las fluctuaciones de la experiencia;
e. se adaptan con flexibilidad y rapidez a las situaciones y al cambio de las mismas;
f. tienen una sorprendente capacidad para coordi-

El trabajo con la arcilla va acompañado de comentarios verbales de distinto tipo, como en el caso de Lucas, que improvisa, ayudándose de la mímica, una historia muy subjetiva y fabulatoria con un lobo de arcilla.

© Ediciones Morata, S. L.

nar y acomodar las actitudes y posibilidades del cuerpo, de los gestos, de los ojos, de la fuerza muscular a las diversas posibilidades y exigencias de ejecución.

Por último, este texto debe ser apreciado por lo que es. Se trata de un relato selectivo que entra y sale en los procesos y los resultados, para mostrar secuencias de conductas progresivas de los niños a través de la acción sobre un *medio,* la arcilla.

En un sentido amplio, se dan unas relaciones de coherencia entre teorías y métodos de aproximación (compartimos las tesis constructivistas e interaccionistas, PIAGETBRUNER), ya que los procesos de desarrollo del niño se organizan tanto por la competencia del organismo como por la influencia del ambiente.

De vez en cuando aparecerán intervenciones de extrañeza de los adultos que exigirán a los niños la adopción de nuevas estrategias de adecuación y comunicación. El adulto debe procurar intervenir sólo cuando parezca probable la saturación de los niños y la adquisición de unas habilidades comprobables: entonces se les ofrecerán cambios de situación en la línea de estos dos fenómenos, procurando que sean lo más secuenciales y coherentes posible.

Hipótesis, desdoblamiento, abstracción, imaginación, salida y vuelta a la situación, son elementos que unidos a la pericia constructiva, expresiva e inteligente con la arcilla, demuestran la confluencia e intencionalidad de procesos expresivos y cognitivos de los niños.

Taller

Las diapositivas se centran en el trabajo específico del taller.

Cada escuela y cada centro maternal están dotados de un taller-laboratorio para actividades expresivas, perceptivas, gráficas, pictóricas y plásticas. En él trabaja un profesor especializado, con dedicación plena en la escuela y un día a la semana en la escuela maternal.

El taller acerca a los niños a nuevos procedimientos y situaciones en relación con su experiencia familiar, en la que no se dan los materiales, las técnicas ni los conocimientos apropiados, y sí mucha preocupación por las actividades que ensucian.

Queremos hacer la observación de que para la mayoría de los niños la iniciación en la pintura es una aproximación festiva que se caracteriza por el deseo de comenzar rápidamente, superando temores, incompetencias,

© Ediciones Morata, S. L.

descubrimientos técnicos y de comportamiento necesarios para esta actividad.

La arcilla

Vamos a hacer un relato detallado de una primera experiencia de los niños con la arcilla, un extraordinario material, como ya habíamos comentado al describirlo. La primera aproximación al bloque de arcilla colocado en el centro de la mesa provoca en los niños una divertida rivalidad para hacerse con él:

- Lo consiguen por medio de operaciones con las manos, utilizando sobre todo las uñas, que usan como herramientas;
- el juego es tan agradable que anima a algunos niños a probar la arcilla, como si fuera un dulce.

¿Qué pasa si la arcilla se encuentra con un vulgar mondadientes? Valentina - Tiziana - Laura (de la clase de medianos).

Este primer encuentro es, sobre todo, ruidoso, en el que se expresa el entusiasmo mediante movimientos violentos, aplastando y golpeando la arcilla. Se trata de un desafío de fuerza entre la arcilla y el niño.

© Ediciones Morata, S. L.

Los pequeños de la escuela maternal alternan estas actitudes con otras delicadas y tiernas, para realizar pequeñas figuras.

Las actividades de aplastar, desmenuzar, alisar se repiten una y otra vez, y casi siempre van acompañadas de comentarios verbales muy variados.

1. Las palabras pueden estar relacionadas con la acción que se está realizando;
2. pueden ser interiores;
3. pueden dirigirse a los compañeros de trabajo;
4. pueden dirigirse al adulto;
5. pueden ser instrumento de control o punto de partida para posibles fabulaciones.

Es decir, que con una mesa, un bloque de arcilla y tres o cuatro niños se puede crear un auténtico laboratorio en el que se trabaja, se ríe, se habla, se inventa, se encuentran soluciones, se entrecruzan imitaciones, intuiciones y aprendizajes. Un laboratorio de investigación en el que la acción se convierte en palabra e ideas y en el que ambas se trasforman en acción.

A esta edad los niños saben convivir con mucha gracia y tolerancia. Es un placer verles jugar juntos, estar al acecho de todo cuanto ocurre, hacer imitaciones, recoger sugerencias, alinear y distanciar sus ritmos de concentración y sus modelos de manipulación. Queremos subrayar que el trabajo en pequeño grupo es una experiencia muy favorable y enriquecedora, que exige unos criterios de valoración y unas implicaciones metodológicas propias y originales.

© Ediciones Morata, S. L.

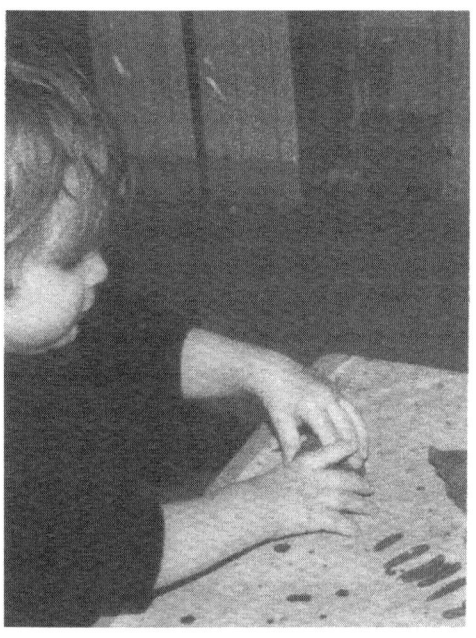

Las primeras invenciones formales de los niños son las lombrices.
El bloque de arcilla que el adulto le ofrece junto con la barbotina (arcilla líquida que funciona como pegamento) favorece en los niños la realización de múltiples variantes.

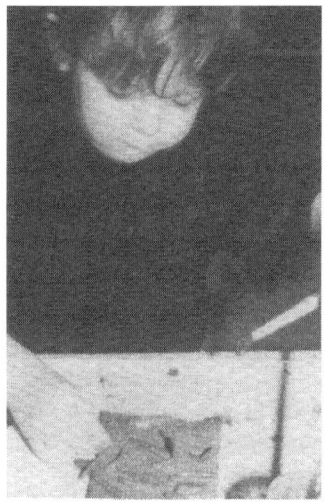

De vez en cuando el grupo se rompe y alguno decide seguir, temporalmente, un camino distinto. Como en el caso de Lucas (2;9 años)* que improvisa una conducta muy sugestiva y fabulatoria nada más descubrir (y este descubrimiento es muy importante), que en el bloque de arcilla podía verse un lobo (la mímica de Lucas ayuda a dar más fuerza a la del lobo).

Para que haya una historia son necesarios al menos dos protagonistas, por ello Lucas con un poco de arcilla hace una ovejita y el niño, como Dios creador, casi le infunde vida, y a partir de ese momento la historia ya se puede desarrollar rápidamente.

---

* Transcribimos la edad cronológica en años;meses. En este caso son: dos años y nueve meses *(N. del E)*

Lucas la recita perfectamente, la arcilla-lobo se abate sobre la arcilla-ovejita y en un instante la devora.

Lucas exterioriza entonces su felicidad, como si fuese el complemento del éxito de la historia y como si quisiese expresar su agradecimiento a la arcilla que le ha permitido, de una manera tan agradable, dar cuerpo a sus fantasías.

En este momento (por las razones que citábamos antes) pensamos que es oportuno introducir cambios en la situación.

Ofrecemos entonces a los niños, sin hacer ningún comentario, una serie de objetos: *palillos, tapones, horquillas, cucharas, chapas.* Queremos ver si se sienten estimulados por ellos y modifican su relación con la arcilla descubriendo nuevas ideas y nuevas posibilidades de uso.

La hipótesis se confirma, y los niños se lanzan a toda una nueva tipología de experiencias.

Los primeros trabajos

Las primeras creaciones de los niños son las *lombricillas* que hacen con movimientos hacia delante y hacia atrás de las palmas de la mano.

Después los niños realizan una serie de operaciones de gran sensibilidad e inteligencia para que las "lombrices" sean más finas, utilizando incluso la presión, mucho más delicada, de los dedos.

Es éste un progreso técnico de gran importancia que demuestra que los niños pequeños saben establecer transferencias de orden sensitivo y fisiológico.

La segunda operación que realizan los niños es la formación de una especie de *muros* (muy parecidos a los que hacen los campesinos para marcar los límites de su propiedad) que demuestran su capacidad para realizar una construcción ordenada y acabada. En estas operaciones los niños descubren con la vista y las manos la materialidad tridimensional que se alza en el espacio.

Esta percepción modifica los esquemas anteriores y se configura como la adquisición de una nueva propiedad de la arcilla y de su trabajo con ella.

Después los niños vuelven a la elaboración de las lombrices, casi todas iguales.

Pero su intención es más marcada, y las lombrices sufren presiones que las modifican.

Así surgen anillos, entretejidos, añadidos: una especie de primer abecedario; es evidente que la habilidad crece, y con ella aumenta también la imaginación del niño.

© Ediciones Morata, S. L.

Hay unas analogías evolutivas bastante marcadas entre las operaciones y los productos plásticos, y las operaciones y los productos gráficos de los niños.

Este problema, que es de gran importancia, nos interesa especialmente. Todo el que conozca los trabajos de Rhoda KELLOG encontrará una *"afinidad significativa entre las formas evolutivas de la arcilla y las formas evolutivas gráficas de los niños".*

En las 104 reproducciones en arcilla encontraremos los signos sencillos y múltiples, las posiciones, las composiciones formales, los agregados estructurales..., etc.

Si el adulto sabe registrar estas complicadas operaciones del niño, sabrá determinar el momento justo en que puede preparar una estructura o *bloque de arcilla* que pueda contener en forma más circunscrita y ordenada los trabajos posteriores de los niños, una estrategia distinta que favorezca en ellos un salto de cualidad en su trabajo.

El ofrecimiento de la barbotina, que actúa como pegamento, permite a los niños la elaboración de objetos planos y en vertical, garantizando su estabilidad.

La inclusión de la barbotina tiene un significado distinto al del ofrecimiento de palillos, cucharas, tapones y chapas realizado anteriormente. La barbotina es un ofrecimiento de amistad y solidaridad en la relación con la arcilla, frente al ofrecimiento de objetos como los palillos, tapones, cucharas y chapas, que son, en realidad, instrumentos de agresividad y tortura para la arcilla.

Las *variaciones constructivas* que los niños dominan en este momento, junto a una habilidad cada vez más fina de la mano, dan lugar a imágenes muy complejas en las que entran en juego relaciones espaciales tipológicas entre la superficie del bloque de arcilla y los elementos que se le superponen.

En un niño surge la estupenda idea de hacer *"la montaña del tesoro"*, que enseguida es recogida por sus amigos, ya partir de ese momento el trabajo es febril, la fantasía se multiplica y la montaña crece con adornos de trocitos de papel de plata, de espejitos, de bolitas y abalorios. Una imagen que está dentro de la fábula.

Son muy importantes las *situaciones de trabajo.*

Sobre la mesa, con los objetos, está la barbotina.

Cerca se encuentra el *gran espejo* de la clase, en el que se refleja y se multiplica todo lo que se hace. El espejo ofrece novísimas sensaciones de alargamientos, reproducciones, simetría.

El fascinante juego continúa con *pequeños espejos* que invitan a los niños a encontrar los objetos, descubriendo los distintos puntos de vista, mediante la acomodación del cuerpo.

© Ediciones Morata, S. L.

¡Cuando el bloque de arcilla es grande surgen grandes paisajes!
Betty - Valentina - Fabio y Lucas son los autores del trabajo. (Clase de los mayores.)

En el suelo se encuentra una montaña de arcilla que se puede intentar levantar, relacionando el peso de la arcilla con la fuerza del niño.

Entonces se produce un hecho absolutamente inesperado.

"¿Jugamos al ping-pong?" dice Fabio (2;6 años) a Lorenzo (2;8 años), la proposición es casi increíble, porque sólo puede surgir de una capacidad de distanciamiento de la situación concreta y transferirla a un plano totalmente imaginativo, respetando sin embargo, lo cual resulta increíble, un proceso de abstracción y simbolización que dice mucho (mucho más de lo que preveía el mismo PIAGET) sobre la capacidad de los niños para poder pensar en dos cosas a la vez.

Los niños hacen mimo durante largo rato, con raquetas y pelotas inexistentes, realizando una serie de figuras de gran armonía y vivacidad.

La introducción de una plancha de madera permite a los niños una nueva forma de realizar sus trabajos que aparecen alineados y, por ello, se pueden percibir más fácilmente como unidad y como conjunto.

Un *puente de cartón* crea a los niños una serie de problemas: (se trata de las leyes propias de una superficie curva y en descenso y de las leyes que deben regular las formas redondas de la arcilla para que puedan rodar). En lenguaje científico podríamos decir que los niños tendrán que descubrir la relación entre las leyes de quietud, de inercia, de resistencia, de movimiento, de velocidad y de gravedad. El bloque de arcilla puede variar de dimensiones y de forma, puede ser cuadrado o redondo, grande o pequeño...

Luca (2;10 años) descubre casualmente una *forma redonda:* "Mira, he hecho una tarta", dice al profesor. Éste le pregunta a Luca si puede hacerla con forma más perfecta. El niño responde intentado mejorarla; el profesor propone a Luca que busque en la escuela maternal un objeto que pueda ayudarlo a hacerlo mejor.

© Ediciones Morata, S. L.

Comienza la búsqueda, pero Luca no encuentra nada que pueda servirle, pero basta una indicación del profesor para que Luca comprenda que el plato vuelto puede resolver su problema, incluso recurre a un punzón.

¿Es capaz de *manejar un compás* un niño tan pequeño? La operación requiere un aprendizaje y, sobre todo, una variación diferenciada de fuerzas de presión entre la mano derecha y la izquierda.

La prueba ha sido superada.

Aquí vemos a los niños trabajando sobre formas redondas:

Con la arcilla se puede trabajar de muchas formas y en muchos lugares, incluso en el suelo, y mucho mejor si se está cerca del gran espejo de la clase, con el que se hacen intercambios y se encuentran sorpresas.

— Luca actúa sobre su bloque de arcilla cogiendo sólo pedacitos uniformes.
— Antonio es más hábil, hace lombrices que luego curva. Antonio se da cuenta de que todo lo que está haciendo Luca es igual e interviene: "¿Por qué Luca no hace lombricitas como yo? ¡Mira, se hace así!"
— Luca acepta con entusiasmo la sugerencia de su amigo y se apropia de sus modelos.
— Antonio continúa: "Ahora mira lo que sé hacer", y pone de pie su lombriz.

Partida de ping-pong (Fabio 2;6 años y Lorenzo 2;8). Es una bonita escena para una buena fotografía. Fabio y Lorenzo, invitados por la forma de pala de la arcilla, crean una ficción de partida de ping-pong. Debemos fijarnos en la perfección estilística y funcional de las posturas y los movimientos.

— Luca sigue atentamente el proceso y se arriesga a hacerlo él también con un trozo de arcilla.
— Ahora nos encontramos ante una nueva experiencia. El profesor ofrece un *gran bloque* de arcilla sobre el que hacer paisajes en total libertad.

El paisaje de Fabio, Valentina, Betty y Lucas es una construcción asociada en la que cada uno puede incluir lo que quiera. Fabio h,ace un túnel, Betty un tren para ponerlo debajo del túnel, Valentina una niña que "va al campo con su abuela" y añade un árbol. El juego continúa y el pueblo se llena de descubrimientos e invenciones respetando una congruencia de situaciones, distancias, finalidad.

Debemos señalar que la propuesta de hacer un paisaje, con sus innumerables variables, permite un juego ordenado con una rica producción de gestos y lenguaje.

Este es uno de los maravillosos paisajes nacidos de las manos y el lenguaje de los niños.

Escuela infantil

Aunque este relato ha tenido como protagonistas a los niños más pequeños y a los mayores de la escuela maternal, la experiencia con la arcilla continuará a través de otros estadios de habilidad y competencia del niño.

CAPÍTULO

6

Títeres y marionetas

Los niños de escuela maternal y los símbolos del teatro de animación

Por Mariano DOLCI*

Para entender el mundo, los niños hacen espontáneamente teatro que nace de la imitación. Hacen teatro tanto de actores como de marionetas. La imitación, inicialmente simple reflejo, se organiza muy rápidamente para acortar la distancia con el modelo y reducir el tiempo. En nuestros días, niños de meses muestran un gran interés por los movimientos que provocan en los objetos mediante gestos. Sorprendidos al principio, se disponen rápidamente a repetirlos si han conseguido un resultado interesante. Así se forman ciclos repetitivos (las conductas circulares), pero rápidamente las variaciones de cada elemento se imponen a la simple repetición: el pequeño ya no se contenta con unos resultados adquiridos y varía intencionalmente los gestos para analizar los resultados de estos cambios. PIAGET define estos ejercicios de repetición y variación como conductas experimentales; en efecto, repetición y variación son los principios en los que se basa la ciencia. Realmente, en estos momentos el niño es un científico explorador y experimentador, pero, a la vez, es un artista actor-marionetista-espectador, y estas

_____
* Trabaja con su guiñol en las escuelas municipales, maternales e infantiles de Reggio Emilia.

El niño y los símbolos *[Bambini,* noviembre de 1988]

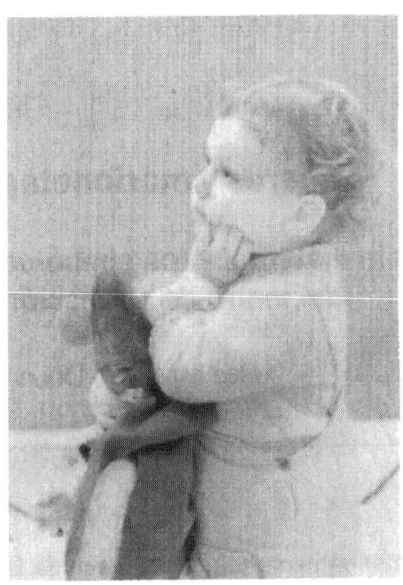

dos actitudes se darán unidas durante mucho tiempo.

El conocido juego del *carrete* observado por FREUD es una experimentación sobre la trayectoria de los pesos y, a la vez, la actuación de un marionetista que, a través de sus hilos, reproduce o inventa la realidad para conocerla, controlarla y transmitirla (en este caso a sí mismo). Más tarde un pequeño puede sorprenderse (y asustarse) ante la boca del lobo cuya apertura ha provocado con un movimiento de su mano. Surge así la curiosidad. Él se dará cuenta de la relación causa efecto y repetirá el acto para asegurarse de que el mismo gesto dará igual resultado. Enseguida, para lograr siempre un mejor conocimiento, hará variar los efectos cambiando las causas. Ampliará, perfeccionará y modificará los gestos. Cuando el niño se haya familiarizado con su marioneta comenzará a jugar con ella y, del inicial observador espectador, se transformará en actor animador. Aparentemente nada ha cambiado. Al ser repetición y variación a la vez la esencia de la experimentación y del teatro, él seguirá moviendo su lobo, pero la intención ya no será la misma: en lugar de colmar su curiosidad estará satisfaciendo su placer. Superadas las primeras inquietudes, intentará provocarlas en otros, agitando su marioneta para sentir de nuevo el placer de haberlas vencido. Así pues, podremos considerar la repetición (y la imitación), acompañada de variaciones, como una definición del teatro de guiñol y marionetas. Se plantea aquí un tema difícil pero lleno de interés. La forma de las experimentaciones y animaciones con los títeres dependerá, evidentemente, de las vivencias del niño, pero su dirección estará muy influida (por un proceso de retroacción) por las características de los personajes y de las técnicas con que se les dará animación. No es lo mismo ponerse una máscara que mover los hilos de una marioneta o manejar un muñeco de guiñol y los procesos de identificación y de proyección que surjan dependerán de las distintas modalidades.

Pero, volviendo a la definición, cada vez que se aísla y se da cuerpo a un aspecto de la realidad para representarla, surge el teatro de marionetas. Recordemos que marionetas y títeres pueden representar la realidad con una libertad infinita, que no se da cuando el actor aparece en carne y hueso, ya que éste no puede desprenderse de su humanidad. En el teatro de marionetas se pueden materializar y convertir en protagonistas no sólo los seres vivientes, sino también las estaciones del año, los sentimientos, las canciones, determi-

© Ediciones Morata, S. L.

nados conceptos abstractos, etc. Puede haber personajes con cuatro brazos, una cabeza que sigue hablando después de cortada, etc. Espacio y tiempo sufrirán distorsiones impensables en el teatro de actores. El teatro de animación puede describir de forma extraordinariamente eficaz la realidad incluso cuando renuncia a copiarla. (El borracho cuya cabeza es una botella medio llena de vino.) Esta forma de teatro repite ciertos aspectos y cambia otros que hacen que tenga sentido.

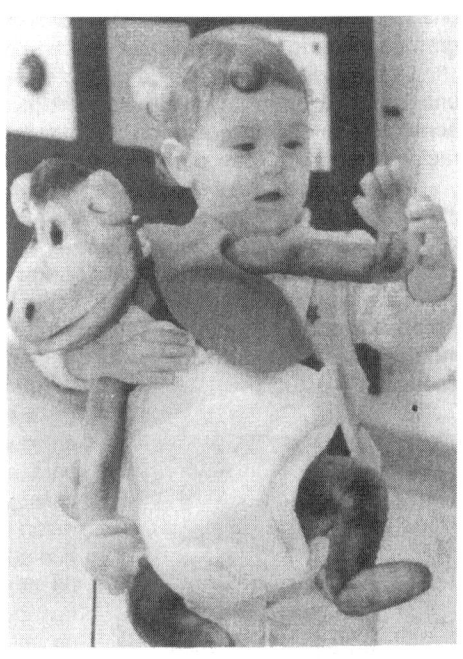

¿El niño que juega con muñecos de guiñol, maquinistas o, incluso, con bloques lógicos (¿qué representarán para ellos?) es un científico o un artista que describe su ambiente? Obviamente no hay distinción.

Entre las diversas formas de teatro, el de objetos parece especialmente adecuado para los niños. Por ello no es tan necesario estimular el teatro de guiñol o marionetas en los niños, porque éste ya está en sus juegos, lo que sí debemos hacer es procurar que esta tendencia se prolongue, socializar a los niños para que aprendan a utilizarlo como elemento para desarrollar formas de expresión y comunicación más ricas. Pero ¿en qué sentido estamos hablando de teatro de guiñol y marionetas? Al contrario de lo que se piensa normalmente, el teatro no es universal y sus convenciones varían significativamente de una cultura a otra, casi como las lenguas. El teatro de una cultura lejana puede resultar incomprensible, como su lengua, pero también, como ocurre con su idioma, podemos estudiarlo.

Aunque las recientes investigaciones sobre teatro de animación le han conquistado un público cada vez más numeroso, sin embargo no se puede decir que hayan servido para cambiar la opinión generalizada de que guiñol y marionetas son, necesariamente, una forma de entretenimiento infantil. Así, puesto que el niño *crece* cada vez más deprisa, el guiñol, casi desaparecido de la escuela primaria (aunque aparezca mencionado en los programas ministeriales), pierde terreno también en las escuelas infantiles para refugiarse en la escuela maternal. Por una parte el público adulto y los críticos descubren en el guiñol y las marionetas una forma de hacer teatro libre, llena de sentido, susceptible de llevar a cabo audaces experiencias y, a la vez, se produce la decadencia del género, que se perpetúa, cada vez más, como una forma de teatro destinada a los niños. Estos problemas culturales no son indiferentes para el tema que estamos tratando, puesto que influyen en los adultos destinados a ocuparse de los pequeños. Paradójicamente es la propia idea de que guiñol y marionetas son cosa de niños lo que inhibe en el adulto cualquier tipo de estímulo dirigido a una utilización más rica. Y los niños son la primera víctima de una idea que, aparentemente, debería haberlos favorecido. A una imagen pobre del niño se asocia una imagen pobre de las marionetas y, de hecho, a los que se da poco, poco se les puede pedir. Guiñol y marionetas se ofrecen al niño sin más preocupación por parte del adulto o, por el contrario, se intentan organizar de un día para otro grupos de niños para unas formas de espectáculo llenas de convencionalismos y sin ninguna espontaneidad (la "escenita" que se representa ante un telón, por ejemplo).

Cualquiera que vea a un niño jugar con un pincel o una flauta sabe (de forma más o menos consciente) que ese mismo instrumento en manos de un artista podría dar lugar a obras de arte. Nada parecido se piensa cuando un niño juega con una marioneta, que adquiere sentido únicamente como juguete. En torno a los otros instrumentos surgen reflexiones pedagógicas, psicológicas, psicoanalíticas, didácticas, etc., y, sobre todo, una valoración de los primeros resultados obtenidos por los niños. Todo ello falta, en gran parte, en lo que se refiere a los instrumentos del teatro de animación.

La trasposición a un campo gráfico de vivencias y emociones es bien conocida: es una actividad rutinaria en psicología y psicoanálisis infantiles, y también está muy acreditada en el ámbito escolar. La trasposición teatral no goza de la misma consideración como posibilidad de interpretación personal de un aspecto de la realidad.

Además de estos obstáculos de tipo cultural existen otros más objetivos. Guiñol y marionetas presuponen expresamente la presencia de muchos otros elementos: es necesaria la existencia de un grupo o al menos dos personas (un operador y un espectador, que puede ser imaginario). Por otra parte, una vez terminado el momento expresivo gráfico-plástico, queda un producto tangible, susceptible, para el niño o para los adultos que se ocupan de él o que lo estudian, de poder conservarse y reforzar la memoria, esto no ocurre con los juegos teatrales, por ello resultarían más difíciles de encuadrar y estudiar.

Es un hecho que el que uno o varios niños se coloquen detrás de un telón con sus marionetas para actuar ante otros, es algo muy difícil de conseguir antes de los 4 años. Pero, ¿es

© Ediciones Morata, S. L.

ésa una razón para considerar carente de interés todo lo que se ha dado antes? Lo que ocurre es que se da mayor importancia a determinadas convenciones, porque esto sería lo mismo que considerar no interesantes los garabatos de los niños porque no son cuadros para colgar en la pared. Sin embargo sabemos que esos garabatos tienen un gran valor, por ello, en el fondo, queremos devolver su dignidad a los "garabatos teatrales", o sea, a las manifestaciones espontáneas de los niños, a su evolución, a las posibilidades que tiene el adulto de crear la situación más apropiada para hacerlas surgir y desarrollarse. Guiñol, marionetas, representaciones, etc., todas ellas tienen sus garabatos antes de la utilización que convencionalmente consideramos "correcta".

Querríamos invertir la tendencia a caer en la "escenita", para partir de otros elementos teatrales. No es que no ofrezcamos representaciones a los niños o que no fomentemos sus intentos de animación, se trata de que todo ello forme parte de una serie de aspectos más amplia.

Guiñol y marionetas

Estas palabras que nos vemos obligados a utilizar, son el vehículo de todos los prejuicios que acabamos de mencionar. Las definiciones de los buenos diccionarios son ridículamente limitadas y reflejan de lleno la decadencia del género. Recientemente, dramaturgos, especialistas en semántica y semiólogos (BARTHE, GROTOWOSKY, LOTMAN, etc.) han ofrecido otras definiciones, pero la cuestión es difícil y queda abierta. Quien ha asistido a espectáculos contemporáneos sabe que en escena todo puede ser "marionetizado", y no sólo los títeres antropormórficos. Muchos espectáculos, con frecuencia los más llenos de sentido, se representan sin ningún tipo de escenografía o simplemente con unas hojas de papel garabateadas en escena. Los protagonistas de otros espectáculos son objetos comunes, como utensilios de cocina, grupos de escobas y cepillos, paraguas, vestidos, zapatos, formas abstractas, haces de luces de colores. En resumen, no es tanto el objeto en sí lo que hace la marioneta, sino su uso en una determinada situación. Algunos dramaturgos (GORDON CRAIG, SCHLEMMER...) dicen expresamente que el

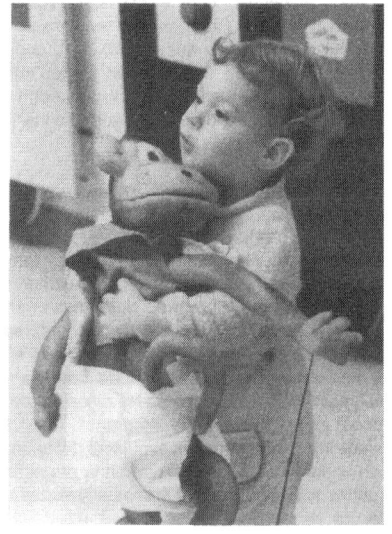

verdadero teatro es el de guiñol y marionetas, en cuanto que es susceptible de una libertad infinita, mientras que en el teatro de actores esto se produce sólo en parte. A los animadores y espectadores de estos espectáculos evidentemente se les exige que recurran a un componente animista.

Dotar a los objetos de autonomía, intencionalidad, personalidad, es, como sabemos, característico de los juegos infantiles. Lo es también, en cierto modo, de los adultos (y no sólo de las marionetas y sus espectadores) cuando maldicen al semáforo o insultan al martillo con el que se han golpeado, etc.

Los adultos, a través de una complicidad juguetona con los pequeños, transmiten socialmente una importante cantidad de actitudes de este tipo: pegar y reñir a la mesa contra la que se ha golpeado el niño, hacer hablar a los bocaditos de comida en el plato, etc. En todos estos casos y en otros semejantes, el adulto es una marioneta, y de estas actitudes tendremos que partir para llegar al teatro de animación, sin olvidar que existen el guiñol y las marionetas antropomórficas y que su técnica tiene su encanto y sus limitaciones.

Sin embargo ¿tenemos derecho a hablar de teatro de guiñol y marionetas cuando un niño tira de la cuerda de una marioneta para hacerla moverse, cuando arrastra el perrito de ruedas o hace hablar a su osito ante un compañero? Se trata de que nos pongamos de acuerdo sobre las palabras, cosa que ciertamente no vamos a hacer aquí; sólo nos interesa suscitar algún tipo de reflexión sobre el tema. Continuando la comparación con la expresión plástico-pictórica, nos preguntamos por qué los adultos a quienes los niños enseñan sus garabatos tienden a alabarlas sólo cuando en ellos aparece el hombre o la casita. Esta actitud presupone una visión exclusivamente figurativa del arte. Pero también existe un arte no figurativo, abstracto o no inmediatamente referencial; y sus "garabatos", constituidos por aproximaciones, por trazos, formas, colores, se dan también en las creaciones de los niños, aunque generalmente no las valoremos. Pasando a nuestro campo, no es necesario, como ya hemos dicho, disponer de muñecos de guiñol o marionetas para hacer espectáculos llenos de sentido.

El telón

El animador de muñecos de guiñol y marionetas no siempre se ha escondido tras el telón, y eso ha ocurrido en todas las épocas y lugares, no sólo en el teatro experimental contemporáneo sino también en algunas antiguas tradiciones. ¿Ser o no ser?, el dilema de Hamlet asedia frecuentemente a los educadores. Algunos dicen que en la escuela maternal el niño no necesita el telón. Como ya hemos dicho, ni siquiera es necesario para los adultos. Se trata de una convención. Pero, sobre la presunta incompatibilidad del telón con los niños pequeños, deberíamos recordar que el juego del "cucú" es uno de los más tempranos, universales y comprensibles y, en definitiva, se puede interpretar como un simulacro del telón. Más adelante, con la edad, veremos que, con un mínimo de sensibilidad en la presentación por parte del adulto, las marionetas pueden salir de entre sus brazos entrelazados, de un bolsillo, de detrás de un mueble, de una ventana, etc.

Además, los niños animadores de la escuela maternal enseguida descubren ellos solos el guiñol: dejamos un lote de marionetas de bastón en una clase de mayores sin estimularles de ningún modo para que jugaran con ellas, al cabo de unos días algunos niños se escondían en la casita de premio o detrás de una puerta para hacer aparecer sólo su marioneta. Ellos, inventando una convención teatral, pensaban que quizá fuera más divertido no ser visto (y nuestro convencimiento del egocentrismo de esa edad comenzó a tambalearse).

Animadores-actores y espectadores

No es necesario decir que también estos elementos se dan en la escuela maternal. Pero, en este caso, la clara separación entre la actividad teatral de los adultos y los juegos infantiles parece demasiado simple. Se trata de que un adulto asume un papel para *parecer* otro y un niño lo hace para *ser* otro. La incapacidad del niño para "verse desde fuera" le lleva a mezclarlo todo un poco, y a confundir su papel con su propia identidad. Pero, probablemente, las cosas son más complicadas de lo que parecen, tanto en el caso del niño como en el del adulto. En cualquier caso, aunque sea durante secuencias de tiempo muy breves, el pequeño parece capaz de descentrarse y querer parecer otro, casi para engañar al espectador. Pequeños y breves núcleos de lo que consideramos una capacidad de los adultos se encuentran ya en el niño muy precozmente. Por otra parte, es innegable esa realidad de los actores profesionales que en determinado momento, si se han tomado muy en serio su papel, comienzan a "sentirse" otros.

La escenografía y los decorados

¿Puede haber escenografía sin teatro, sin escenario? Cuando el niño (o el adulto) lleva su marioneta de la clase al baño, al comedor o a dormir, se

© Ediciones Morata, S. L.

comporta como los actores del teatro medieval, los cuales, al acabar una representación, se trasladaban con los espectadores a otro lugar en el que se había preparado una escenografía distinta.

En una escuela maternal han equipado con paneles y decorados apropiados algunos rincones, en donde las marionetas-personajes de los niños pueden encontrarse en distintos ambientes. Los niños animadores se trasladan de uno a otro.

Si analizamos los diferentes elementos del teatro de guiñol y marionetas, nos daremos cuenta de que ya están presentes, como imitaciones llenas de sentido, en la escuela maternal. La diferencia fundamental con los adultos está en la pluralidad de convenciones que éstos manejan, sobre todo en que su codificación es más compleja. El niño es capaz de aceptar convenciones, pero éstas se establecen con una sola persona o con muy pocas (la madre, la profesora, los compañeros) y pueden ser incomprensibles para el resto. Cada niño tiene sus primeras, propias y originales imitaciones teatrales. La tarea del adulto consiste, por tanto, en prolongar y socializar cada vez más las actitudes más prometedoras, bien interviniendo directamente en los juegos individuales y colectivos de tos niños o dando ejemplos de vez en cuando.

En relación con ello, para terminar, no resistimos la tentación de describir sintéticamente uno de nuestros pequeños espectáculos que se representa "a la vista" sobre una mesa.

De una bolsa de la compra sale un calabacín con delantal. Llama a una manzana amarilla tocada con un diminuto embudo rojo y le pide que lleve un gran bizcocho (que la manzana examina) a su abuela que está enferma. El bosque lo forman puerros puestos de pie. El lobo es un pasapuré (al que se han colocado dos ojos) que después se comerá "realmente" a la abuela (una patata cocida). Los cazadores son dos pimientos "armados" con el mechero del gas. La abuela podrá resucitar gracias a un doble suyo, es decir una patata idéntica a la primera... Este espectáculo de mesa fue apreciado por los pequeños (con una cierta sorpresa por mi parte). La escena de la abuela "devorada" por el pasapuré provoca una hilaridad que probablemente no se daría con marionetas antropomórficas, que podrían crear inquietud en los niños si no estuvieran preparados. El lobo se puede encontrar otro día con los tres cerditos (tres salchichas), la casa del más listo puede ser un ladrillo agujereado, un cestito de plástico rígido para las fresas la de otro y una bolsa de plástico la tercera. Otro día el lobo encontrará al cordero que será una madejita de lana blanca...

Las fotos son del Colectivo de la escuela maternal "Il Cucciolo" de Vecchiazzano, Forli.

© Ediciones Morata, S. L.

CAPÍTULO

7

Una historia de niños y familias que van a pasar a la escuela infantil

Adiós querida escuela maternal

Por Sonia Cipolla, Renza Cristofori y Maddalena Tedeschi[1]

Características de la escuela maternal y del grupo

Nuestra escuela maternal "G. Rodari" está situada en el centro histórico de Reggio Emilia. Es un centro ex ONMI* que en el año 75 pasó a depender de la administración local. El edificio en que se encuentra es de los años treinta (distribuido en tres plantas en una estructura que alberga otros servicios, oficinas, ambulatorio del USL), su interior se ha adaptado en parte a las nuevas exigencias del servicio y del niño.

La escuela maternal tiene cuatro clases (lactantes, pequeños, medianos y mayores), hay 66 niños inscritos y 16 unidades de personal entre profeso-

---

[1] Escuela matemal G. Rodari de Reggio Emilia.
* ONMI: *Opera Nazionale Matemitó e Infancia (Obra* Nacional de la Maternidad y la Infancia) *(N. del R.)*

De la escuela maternal a la escuela infantil [*Zerosei*, agosto-sept. de 1983]

© Ediciones Morata, S. L.

res y auxiliares, de ellos 4 proceden de la experiencia ONMI, otros de las escuelas maternales municipales o de la última oposición.

Al ser la única escuela maternal que se encuentra en el centro de la ciudad tiene siempre una gran demanda de plazas, y el comité de dirección todos los años tiene que someterse a una pesada labor de selección.

Los niños provienen de distintos estratos sociales que van de las profesiones liberales a los inmigrantes, incluyendo extranjeros; las familias que entran son familias **nucleares** en las que ambos padres trabajan.

Este año salen de nuestra escuela maternal 26 alumnos, de los cuales 7 son niñas y 19 niños, cuyas edades oscilan entre una mínima de 2;6 años y un máximo de 3;5 años; de estos niños 14 tienen hermanos.

La mayor parte ha asistido a la escuela maternal entre dos y tres años, sólo algunos han estado escolarizados apenas un año; todos los que han permanecido en el centro durante unos años mantienen una continuidad didáctica, porque son seguidos (por norma) por una persona que les acompaña durante toda la experiencia.

Los padres de estos niños tiene niveles culturales muy distintos:

6 ejercen profesiones liberales o se dedican a la enseñanza;
13 son empleados u obreros;
7 son parados, inmigrante o trabajadores precarios (con notables dificultades de vida).

Esta clasificación familiar no implica ninguna diferenciación en su conducta ante la experiencia vivida con sus hijos en la escuela maternal.

Una parte de las familias (siete en total, pero que no coinciden con las siete de censo y cultura más pobre) han hecho una especie de delegación en la escuela maternal, desapareciendo prácticamente.

Las demás han mostrado interés y participación a distintos niveles.

Hemos comprobado que las familias que han encontrado más dificultad para establecer una buena relación con nosotros son las que más *intelec-*

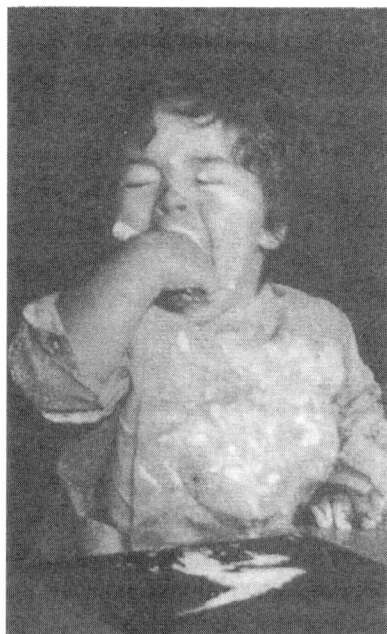 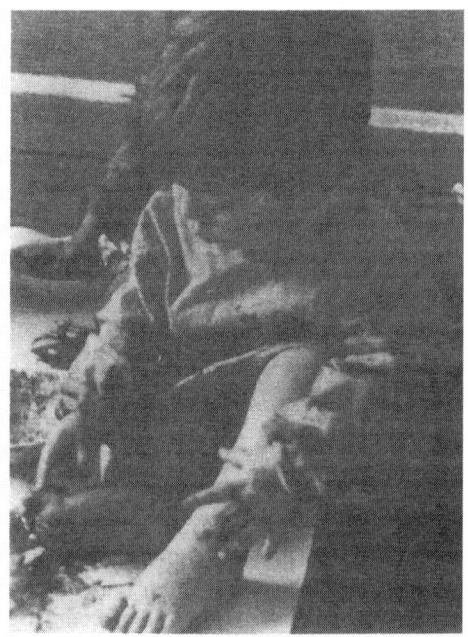

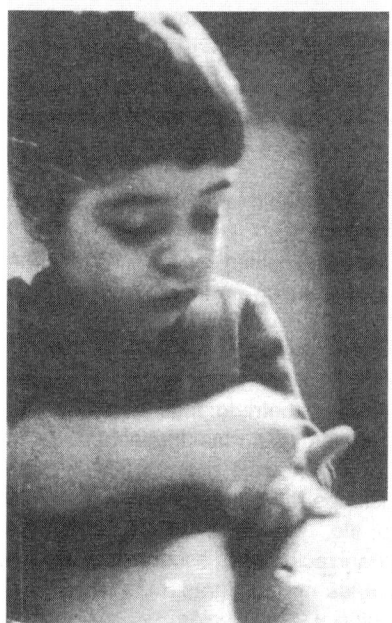

tualizan los problemas: capaces de apreciar la evolución del aprendizaje del niño, no siempre pueden dominar adecuadamente miedos y aprensiones relacionadas con la integridad física de los pequeños o con la comida, el sueño, etc.

Las familias que han participado más en la organización de la escuela maternal, en su gestión funcional y cultural, han coincidido con las más seguras, más capaces de ofrecer unas buenas y sólidas relaciones con el niño y la institución.

El crecimiento de Florio: estas tres imágenes de Florio a la edad de 14, 20 y 30 meses, resumen el proceso de crecimiento y desarrollo seguido en la escuela maternal. Ahora Florio va a pasar a la escuela infantil, lo que abrirá un nuevo capítulo en su proceso de "hacerse mayor".

© Ediciones Morata, S. L.

Las exigencias de la adaptación

En nuestra opinión la adaptación, sin intentar dramatizar, es un momento difícil para cualquier niño, un proceso lento y gradual de apropiación de tiempos, espacios y hábitos.

Centrándonos en este grupo de niños que va a pasar a la escuela infantil, podemos decir que la mayoría ha tenido una adaptación normal a la escuela maternal, y la ha superado positivamente, aunque algunos hayan seguido unos procesos distintos y aparentemente antitéticos.

Hemos podido observar, en algunos casos, que cuando la familia presentaba problemas de tipo social y económico, el niño tenía unas dificutades de adaptación más acentuadas, por ejemplo, inestabilidad de intereses y atención, dificultad de apropiación de las "convenciones" conductuales y de relación.

Probablemente el niño que vive tensiones en la familia, las experimenta también para adaptarse a la escuela maternal, encuentra con dificultad unos espacios seguros y por ello puede manifestar crisis más agudas.

Probablemente estas familias ven en la escuela maternal una ayuda y, por ello, tienen más dificultad en relacionarse de forma directa con la institución.

En otros casos el resultado es el opuesto: niños con importantes problemas familiares (p. ej., largos períodos de separación de la familia por motivos graves) manifiestan una adaptación a la escuela maternal más fácil de lo previsto, aceptando a los adultos, interactuando bien con sus compañeros, con los objetos, etc.

Heterogeneidad de familias y de comportamientos

Las actitudes de las familias con la escuela maternal son muy variadas. Estas diferencias han creado una serie de problemas en la escuela maternal, ante todo de dificultad de comunicación.

Puesto que en la maternal los mensajes para las familias son múltiples (verbales, expuestos en tablones y en la programación, icónicos), nos hemos planteado el problema de cómo comunicárselos, con qué lenguaje, sin dar mayor importancia a uno u otro.

Puede ocurrir que las familias tengan unos patrimonios culturales muy distintos, que no se identifiquen con los planteamientos metodológico-di-

© Ediciones Morata, S. L.

dácticos de la escuela maternal (por ejemplo, en el caso de las familias de inmigrantes extranjeros) y sea necesaria una respuesta paciente, que intente acercar lo más posible las dos realidades.

Esta variedad cultural es un punto de referencia obligatorio. Durante el año en curso se han constatado dos realidades completamente distintas entre sí:

— La sección de *lactantes,* cuya extracción social es homogénea, se ha constituido en grupo, convirtiéndose en un importante elemento de mediación entre la escuela maternal y el resto de las familias, y ha aportado el máximo de participación en las reuniones de clase, etc.
— En la sección de *pequeños,* por razones de trabajo, horarios, turnos, las familias tienen dificultades para reunirse. Por ello se ha establecido una relación entre el personal de la escuela maternal y cada familia. La participación de las familias ha sido escasa, y aunque se diera una presencia real de los padres, de hecho predominaba el temor a encontrarse porque el escaso conocimiento hacía aún más difícil el intercambio comunicativo.

A pesar de la lenta incorporación a la dinámica de la institución tanto en el caso del niño como en el de las familias o el personal de la escuela maternal, los múltiples mensajes, que aparentemente caen en la nada, dan resultado mucho tiempo después y no siempre de forma fácilmente explicable.

Aunque a continuación intentamos cuantificar los datos de la participación de las familias en los dos últimos años, no querríamos que una problemática tan compleja se redujera a un esquema:

6 familias han participado en el consejo de administración, aportando su colaboración a niveles muy intensos y variados con el personal de la maternal;

13 familias han preferido participar activamente en la organización de las fiestas, reuniones de clase, etc.;

7 familias han participado de forma esporádica;

6 familias no han tenido ningún tipo de participación.

La heterogeneidad de las familias, al ser un elemento objetivo de dificultad, ha llevado al colectivo del personal de la escuela maternal a plantearse unos comportamientos de acentuada y comedida flexibilidad.

Hipótesis sobre la ambientación

Los niños que abandonan ahora la maternal pasarán a una escuela infantil municipal de la ciudad.

Sin embargo el paso a la escuela municipal no está garantizado, y las familias se enfrentan con el problema de la elección de centro, lo cual implica una tensión emocional en los padres provocada por la necesidad de comprobar que se produce una continuidad educativa.

También sería importante para nosotros, los educadores, que el paso de la maternal a la escuela estuviese asegurado, porque pensamos que en este proceso se da una evolución que puede tener unos resultados positivos sólo a través de unas líneas de orientación dirigidas a la consecución de unos mismos objetivos.

Las mayores tensiones que surgen en los padres, y que aparecen reflejadas en las encuestas, se deben a la preocupación por el tiempo, por los "espacios" que la organización de la escuela infantil deja para las relaciones interpersonales. Cuando comienzan a informarse descubren las semejanzas y diferencias en relación con los hábitos adquiridos en la escuela maternal.

Los objetivos que nos hemos propuesto en nuestra programación se centran en una imagen del niño motivado e interactivo, es decir, un niño autónomo (no sólo porque es capaz de vestirse o comer solo), que puede elegir y aceptar grandes cambios en los tiempos y los espacios y es capaz también de interiorizarlos.

No podemos predecir cual será el comportamiento de estos niños al ingresar en la escuela, ni cuánto tiempo tardarán en adaptarse, pero pensamos que hay dos posibilidades:

— puede ser que el niño tenga una adaptación menos difícil porque ya se le ha preparado para la vida de la nueva institución;
— también puede ocurrir que acuse más el distanciamiento de las instituciones que lo han acompañado: la familia y la escuela maternal.

Tal vez estos puntos sean dos aspectos de un mismo problema del niño ante el impacto producido por la nueva realidad.

© Ediciones Morata, S. L.

Cómo ayudar al niño en el cambio

Desde hace algunos años en las escuelas maternales e infantiles se han creado algunos instrumentos útiles para un paso "más preparado" del niño y la familia a la nueva institución.

Durante el curso escolar, las familias de los niños que dejan la maternal se reúnen en ella con los profesores de la escuela. Juntos resuelven dudas, curiosidades, problemáticas de distintos tipos que sirven como primeras formas de acercamiento cognitivo. La escuela invita a los nuevos padres a la fiesta de fin de curso, y la maternal hace lo mismo al año siguiente con las familias de los niños que pasaron a la escuela, con el fin de mantener vivas unas relaciones y experiencias que normalmente siguen presentes en la memoria.

Los niños comienzan a establecer relaciones con la escuela mediante frecuentes visitas realizadas en pequeños grupos. Así pueden ver, durante el año, reunidos en el nuevo ambiente, tanto a los profesores de la maternal como a los de la escuela.

En estas visitas los niños pueden moverse libremente, explorando la escuela, sus instalaciones, sus rincones, sus objetos, las personas, etc.; se les invita a comer, y se lleva un regalo para los demás niños.

A la vez el personal de la maternal cede a la escuela una serie de objetos realizados por los niños, que verán expuestos en la clase de la escuela que los acogerá en septiembre, para que así puedan encontrar alguna cosa suya en un ambiente que todavía no les es familiar.

Un instrumento muy importante, que la educadora examinará atentamente, es el informe del niño.

Se trata de un documento que recoge una serie de observaciones y consideraciones sobre cada niño en relación con el grupo de sus compañeros y con las propuestas metodológicas que se le han ofrecido.

Su finalidad es presentar una cuidadosa información sobre todo en lo referente a los niveles de competencia adquiridos.

Este documento lo leen y discuten después los profesores de la escuela maternal y los futuros maestros del niño en la nueva escuela, se aclaran los conceptos, las definiciones, se unifican los lenguajes.

Es cierto que es un instrumento difícil de formular, porque no es fácil describir las competencias del niño.

No obstante nos parece que es una forma interesante de transmitir una información que nosotros conocemos a otras personas que están buscando ese conocimiento.

© Ediciones Morata, S. L.

CAPÍTULO

8

La escuela infantil se prepara para recibir a los niños de la maternal

Por Paola Cagllari y Laura Rubizzi

¿Cómo pueden preparar conjuntamente la escuela maternal y la escuela infantil el paso de los niños de 3 años?

¿Qué problemas plantea este paso a los niños y los adultos que han vivido o no la experiencia de la escuela maternal?

¿Qué idea y actitudes tienen los padres y el personal de la escuela maternal sobre la continuidad o discontinuidad de las dos instituciones?

Éstas son algunas de las interrogantes que acompañan, en estos días, el ingreso de los niños de 3 años en la escuela infantil.

La importancia de la información

En nuestra ciudad funcionan 32 instituciones municipales: 12 escuelas maternales y 20 escuelas infantiles. Una familia de cada tres disfruta del servicio de la maternal, mientras que las escuelas infantiles escolarizan al 50% de los niños de entre 3 y 6 años.

De la escuela maternal a la escuela infantil [*Zerosei*, agosto-sept. de 1983]

Pero lo que nos parece más importante es que se promueva una organización unitaria de las dos instituciones que garantice una continuidad del proyecto y el trabajo educativo. Este privilegio es muy importante. El carácter unitario pasa por la existencia de un mismo asesoramiento, un reglamento único, una funcionalidad, una organización, un calendario, un horario, un equipo de coordinación pedagógica, un proyecto de trabajo y de colaboración que sancionen la experiencia de los niños, de las familias, del personal. Incluso, si así lo piden, los trabajadores docentes o auxiliares pueden pasar de una institución a otra.

Todo ello hace, ciertamente, que la situación sea privilegiada. Pero los problemas propios del paso de los niños de la maternal a la escuela infantil son, por su naturaleza y complejidad, los mismos que se presentan en otros centros, y lo que se debe hacer para superarlos también es muy parecido. Todos estaremos de acuerdo en afirmar que lo que hay que hacer es evitar, ante todo, que la solución de los problemas (que hemos resumido al comienzo de este artículo) relacionados con el paso o el primer acceso de los niños a la escuela infantil, *se deje a la improvisación,* ni por los niños, ni por las familias, ni por los profesores.

Afrontar los temas, de un modo apresurado, sólo cuando se nos presentan, quiere decir correr riesgos y tener limitaciones. Lo que desorienta a las familias y a los niños es, esencialmente, encontrarse con problemas sin información ni preparación previas. Lo mismo ocurre con los profesores.

Algunas medidas preventivas

Es muy importante que los niños de la maternal hayan visitado repetidamente en el último año la escuela infantil, y conocido su ambiente, a las personas que trabajan en ella, a los niños más mayores del último curso. Será decisivo en muchos aspectos que los profesores de la maternal y la escuela hayan podido conocerse y apreciar y analizar esos contactos, incluso mediante reuniones destinadas a intercambiar información, el análisis y puesta a punto de sus objetivos pedagógicos o la participación conjunta en el debate de temas de interés común.

También será muy importante conseguir (y creemos que ello es posible) organizar en la escuela maternal un encuentro de los profesores de la escuela infantil y los padres de los niños que poco después se iniciarán en una nueva experiencia, y después organizar para los padres una visita dirigida acompañándoles a la escuela infantil.

© Ediciones Morata, S. L.

Con todo ello se consigue formar unas *imágenes cognitivas comunes* y, en cierto modo, *ajustar* las expectativas y los comportamientos, lo cual supone una ayuda, no determinante, pero sí muy apreciable.

Nuestra experiencia sobre todo ello es ésta: desde hace cuatro años los profesores de la maternal ofrecen una *información escrita* de cada niño a sus colegas de la escuela infantil, pero no de una forma fría y burocrática, sino en el transcurso de reuniones, enriqueciendo ese material con información e intercambios directos.

La *presentación* se hace siguiendo unas líneas definidas: edad de ingreso y regularidad o irregularidad de asistencia del niño a la escuela maternal, relación de la escuela maternal con la familia, y a continuación competencias adquiridas o en fase de adquisición en cuanto a motricidad, autonomía (en el vestido, en los hábitos de higiene, en la comida yen el sueño), relaciones interpersonales y comunicativas. Esta información se pone en conocimiento de la familia antes de que el niño pase a la escuela. Sabemos muy bien que ésta es una operación muy delicada, así como la utilidad y el riesgo que implica. Pero la iniciativa ha obtenido unos buenos resultados, garantizados por los códigos organizativos y de lectura comunes a las dos instituciones.

Algunas de las actividades realizadas con los niños de la maternal y sus padres se pueden hacer también con los niños y padres que acceden por primera vez a una experiencia institucional.

Es posible (nosotros lo hacemos desde primeros de junio, cuando ya están hechas las inscripciones) invitarles, incluso con los niños, los abuelos, las tías, a visitar nuestra escuela, son días en que, libres de otra tarea, nos ponemos enteramente a su disposición, y casi siempre los padres se van más informados y más tranquilos.

Después, poco antes de que comience el curso escolar, tenemos entrevistas individuales con ellos y luego una reunión colectiva en la que se proporciona información y consejos, se habla sobre la jornada

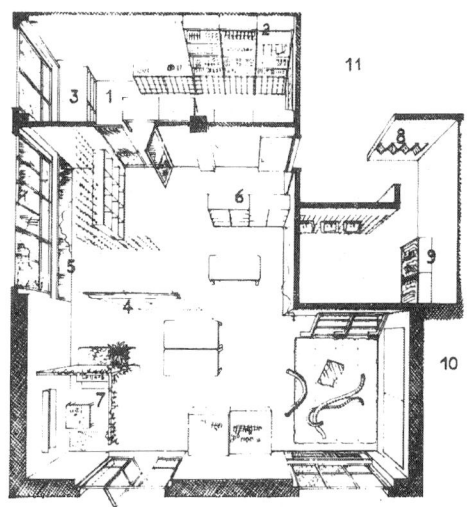

Interpretación del plano:
1) Minitaller. 2) Estantería con contenedores individuales de plástico. 3) Contenedores de hojas 70 x 100. 4) Telón enrollable para sombras. 5) Gran espejo. 6) Porta carteles y casetes. 7) Casita. 8) Agenda de las actividades semanales. 9) Ropero. 10) Servicios. 11) Vestíbulo.

© Ediciones Morata, S. L.

escolar del niño, los supuestos educativos, las funciones del consejo de administración, se explican las normas a que atenerse y se da respuesta a multitud de preguntas. A menudo los padres vienen acompañados por los abuelos que quieren saber qué es lo que se está preparando para sus nietos.

Resulta una ayuda interesante la elaboración de un *cuadro provisional,* del que surgirá un *cuadro de reflexiones* e *hipótesis,* que ya podremos tener preparado a finales de mayo (incluyendo, a ser posible, las inscripciones procedentes de la selección) con las peculiaridades del conjunto de los niños. Sabemos el número de ellos, los que proceden o no de la escuela maternal, si son hijos únicos, la titulación académica y profesión de los padres, la formación y procedencia de las familias, si hay niños disminuidos, etc. Todo ello permite una previa programación orientativa.

Una iniciativa que da muy buenos resultados es la de confiar a los padres de todos los niños nuevos, que en gran parte saldrán de vacaciones, un cuaderno-juego elaborado por nosotros. Va dirigido al niño que, con ayuda del adulto, deberá realizar una serie de actividades: pegar una foto del niño con su familia, recoger postales, flores, conchas, piedrecitas *(signos* evidentes de los recorridos veraniegos), copiar el cuento que más le gusta al niño, etc.

El cuaderno —*un hilo de memoria*— que acorta las distancias entre nosotros, el niño y su familia, se devolverá a la escuela a comienzo de curso y constituirá una especie de biblioteca, su contenido se expondrá y aportará elementos de trabajo e interés para los dos primeros meses de curso. Basta ver el aire de felicidad e interés y la fuerza con que aprietan en sus manos el

1) Vestíbulo común. 2) Clase de 3 años. 3) Servicios. 4) Clase con pared de cristal con acceso al minitaller. 5) Los niños de 6 años acompañan a los de maternal a explorar la escuela.

cuaderno que llega con ellos el primer día de escuela, para estar seguros de que esta iniciativa es acertada.

Se ha hablado aquí de las ansias, expectativas y deseo de conocer que tienen las familias, y de cómo se les puede dar respuesta y ayudarlas.

Pero se ha hablado poco de nosotros los trabajadores, y también nosotros tenemos inquietudes y expectativas.

Los profesores que se ocuparán de los niños de 3 *años* proceden de otras experiencias y saben que *cualquier cambio* exige procesos de readaptación a los niños pequeños, que hacen surgir viejos y nuevos problemas.

¿Cuáles son las expectativas de los profesores en cuanto a los niños que proceden de la escuela maternal?

Que ellos, a diferencia de los de su misma edad o en mayor medida, han experimentado y consolidado una capacidad de adaptación y relación con sus iguales y con los adultos, que han adquirido seguridad y orientación y percepción espaciotemporal, han conseguido habilidad y destrezas motrices y constructivas, competencias de autonomía, comportamientos intencionales y dirigidos a un fin, curiosidad e intereses más estables, etc.

¿Y qué esperan de las familias?

Una mayor desenvoltura para establecer relaciones con las instituciones, con las otras familias, con los trabajadores, con las experiencias y procesos de crianza y educación: un mayor conocimiento de los niños, de su actividad, una atención más informada de sus ritmos de crecimiento, aprendizaje y desarrollo.

La primera y segunda de las expectativas, que son las mismas que se les suponen a las familias sin experiencia institucional, se trasforman en parámetros de referencia que deben tratarse con mucho cuidado. Algunas de las expectativas se confirmarán, otras irán surgiendo a duras penas, otras dependerán de nuestro comportamiento como profesores, de la necesaria diferencia de ambiente entre la maternal y la escuela infantil. Es una cuestión muy compleja.

Cómo preparar el ambiente

El ambiente de la escuela, que consideramos protagonista directo del hecho educativo y por tanto de la ambientación, se piensa y programa con cuidado previamente, incluso se organiza, como en nuestro caso, con la ayuda de las familias. ¿Cómo lo hacemos?

© Ediciones Morata, S. L.

Evidentemente estamos condicionados por la estructura del edificio, por la diferenciación y destino de los espacios, por el mobiliario, los materiales y por la organización del trabajo de los adultos.

En nuestra opinión, es importante que la organización del espacio responda a necesidades e hipótesis educativas, y que prefigure y sugiera a niños y adultos las actividades que se realizarán en los distintos espacios. Una de las soluciones posibles puede ser la división en "zonas" caracterizadas, en las que se pueda funcionar sin dificultad, que sean fácilmente reconocibles y en las que las interrupciones y perturbaciones queden reducidas al mínimo. Pero probablemente sea necesario profundizar más en el tema.

Por *zona caracterizada* entendemos aquélla en donde el material no se haya elegido de forma arbitraria y la distribución de los instrumentos responda a un diseño concreto. Por ejemplo, la *zona de motricidad* es suficientemente amplia y abierta, cubierta en toda su extensión por una alfombra suave, con dos grandes colchonetas y una espaldera baja. Es una zona que sugiere mucho movimiento y que está enriquecida con cuerdas (de distinta longitud y grosor), tubos (de diferentes diámetros, transparentes y opacos, flexibles, menos flexibles o rígidos), cajas (de distintos tamaños), bolos, pelotas, chapas, cintas, etc. Es una zona abierta, no muy adecuada para juegos tranquilos o para alejarse de los demás y estar solo.

Su prolongación natural es la *zona de las grandes construcciones,* en la que se encuentran dos tarimas de distinta altura, *revestidas con suelo de goma,* un móvil que contiene el material de juego y junto a él una mesa que puede servir, con las tarimas, como punto de apoyo en el que crear distintos planos en relación con el suelo.

Los materiales lúdicos, colocados en cajas para que se puedan trasladar con facilidad a los planos de apoyo, están ordenados por cualidades y funciones. En parte son los mismos que hay en la escuela maternal o en casa, en cierta medida están condicionados por las ofertas del mercado, pero también pueden estar diseñados y construidos por los profesores, incluso con ayuda de los padres (por ejemplo, las escaleras de madera, el periscopio, el calidoscopio gigante, los materiales para disfrazarse, los juegos de orientación espacial, el material plástico de la escuela, el teatrito de marionetas y sombras, etc...).

Además un gran espejo, de pared a pared, colocado bajo la ventana, abarca una buena parte de la zona, y permite el control de sí mismo en movimiento, el de los compañeros junto al propio, de la sección de la clase que está a espaldas de este espacio, y que puede sugerir o permitir, si el adulto lo propone, construcciones simétricas cuyo producto final es el conjunto real (las construcciones) o el simulado (el reflejo). En la escuela hay muchos espejos, de distintos tamaños, incluso en lugares inusitados, que se ponen a disposición del niño como instrumentos que pueden enriquecer la libre exploración perceptiva.

Es a la zona de las construcciones, junto con la de los juegos de mesa, a la que más se acercan espontáneamente los padres con sus hijos en el momento del ingreso en la escuela, para intentar facilitar una situación que favorezca el protagonismo del niño como situación óptima para una separación sin traumas.

Se ha hablado de una zona abierta, pero es necesario que el niño pueda encontrar también *zonas más protegidas,* escondidas, en las que poder estar con un pequeño grupo de amigos, como la zona de los juegos simbólicos o la preparada para hacer u oír música, para leer, o para utilizar los contenedores individuales. Éstos son cajas grandes, de apertura frontal, que se utilizan como espacio privado en el que guardar los objetos propios, los mensajes que circulan de casa a la escuela, los pequeños "tesoros" o cualquier cosa que el niño desee tener allí. El cariño y cuidado con el que los niños utilizan y pretenden que los demás usen estos contenedores es la prueba más evidente de la importancia que tiene la preparación del ambiente en este sentido.

Continuando con la reflexión sobre el ambiente, interesa subrayar la importancia de dotar a las clases, a cada una, de los instrumentos indispensables para poder proponer con continuidad actividades de manipulación, múltiples y diversas, que puedan demostrar que el niño de 3 años tiene una capacidad mayor de la que habitualmente le reconocemos.

En cuanto al uso de los instrumentos, no es indiferente la forma y el lugar en que se coloquen. En nuestro caso están situados en un espacio parcialmente aislado visual y acústicamente, para permitir un máximo de concentración durante el desarrollo de las actividades. Un gran portafolios (hecho por los padres) contiene hojas de papel de distintos colores, tamaños y consistencia, y se coloca en lugares cercanos a materiales de diversos tipos, imágenes, materiales naturales, objetos muy distintos entre sí, familiares, pero que han sido inadecuadamente tratados y valorados.

Grandes contenedores de plástico, que pueden ser también de cartón, colocados en una estantería de hierro, contienen el material indispensable para actividades de manipulación como la arcilla, el alambre, los utensilios de impresión, el punzón, los corchos, las témperas, el telar, etc. También pegamento, tijeras, plumillas, pinturas al pastel, tizas, pinturas de cera, fichas, material para enfilar, colores para pintar en vidrio, en tela, son instrumentos que el niño puede utilizar.

Por último, una amplia selección de material natural, dividido en contenedores transparentes, junto a una selección de elementos recuperables de origen diverso, constituye también una posibilidad de enriquecer las actividades gráfico-pictóricas y de manipulación.

© Ediciones Morata, S. L.

La presencia de todo este material, ordenado **a la altura del niño**, para que pueda cogerlo, utilizarlo, colocarlo, aunque sea con la ayuda del adulto durante los primeros meses, o libremente, permite un uso mejor, más atento y placentero del mismo. En efecto, hemos podido observar que así se produce un mínimo de desperdicio de material, una buena utilización de los instrumentos, una producción espontánea variada y articulada. Nos parece que encontrar en esta zona, sobre todo en los primeros días de escuela, una actividad de manipulación organizada favorece el que la despedida de los padres sea más fácil. Pero no es sólo eso, más adelante los niños se retiran a esta zona con un pequeño grupo de amigos, ampliando y fortaleciendo sus relaciones, que es una de las cosas que pretendíamos. A veces van solos, casi se esconden, renunciando a jugar en el patio. Pero no sería correcto limitar nuestra reflexión exclusivamente a la ambientación de la clase. En realidad, el "espacio importante" en la fase de ambientación va más allá de las puertas de entrada a las clases, para englobar las zonas de servicios, de ropero, de entrada, del salón central, del patio.

La entrada es el primer ambiente que encuentra el niño al llegar a la escuela. Al ser su primer contacto con ella pensamos que esta zona debe ser agradable, en donde tanto el niño como los padres deben encontrar las primeras informaciones y una invitación a entrar. Por eso hemos pensado decorarla con espejos y cajitas de cristal, hechas por los niños, una especie de panel de presentación de la escuela. Durante los primeros días habrá en ella una mesa atractiva llena de fruta, dulces hechos por los padres, y caramelos.

También los servicios deben estar preparados para la importancia que tiene para el niño lo que sucede en su interior, y encontrarse despojados de la frialdad que con frecuencia les connota: se pueden decorar con juegos de colores, espejas "mágicos", figuras colgantes, plantas.

El *gran salón central* es también una prolongación hacia el interior de la clase, accesible a todos los niños, en él se encuentra el mueble de los disfraces, un gran calidoscopio de espejos y varios instrumentos para juegos perceptivos.

En las clases hay una puerta que se abre directamente al *patio,* lo que permite prolongar la clase en el exterior. La puerta abierta, una mesa o algunos juegos colocados "casi" fuera, pueden crear una zona franca dentro del espacio de la clase, capaz de calmar las tensiones y de provocar en el niño el deseo de moverse, actuar, probarse, descubrir.

Hasta ahora hemos hablado de muebles, instrumentos, materiales, pero si queremos hacer una reflexión completa sobre la ambientación debemos tener en cuenta que son también muy importantes la elección de los colores, la utilización de los cristales, por la luz y las transparencias (por ejemplo, se pueden colorear parcialmente con hojas de plástico transparente que resti-

© Ediciones Morata, S. L.

tuyen una imagen modificada del paisaje exterior), la utilización de las paredes, de los techos, del pavimento. Las paredes pueden adornarse con paneles con títulos e imágenes que pongan de manifiesto claramente el uso que se va a hacer de ellos, preparados para acoger y valorar los trabajos de los niños, los que traen de casa (el cuaderno-juego) y los que se hacen en la escuela durante los primeros días. Junto a ellos pueden ir los paneles en los que se transmite información a los padres: fotografías de las reuniones celebradas, de las visitas de los niños a la escuela, los comentarios de los primeros días, las representaciones de los datos socioculturales y del censo de la clase, una agenda semanal (completada diariamente con las actividades desarrolladas por los niños), una hoja de comunicaciones relacionadas con la comida, el sueño, la merienda, los servicios, una selección de artículos sobre los problemas de mayor interés en relación con la clase y la exposición de la programación cuatrimestral.

En estos años ha adquirido una importancia especial la preparación de una zonapanel de las sorpresas. Se realiza en colaboración con los padres durante la jornada dedicada a la preparación de la clase antes del ingreso de los niños y contiene sorpresas individuales o colectivas, agradables y misteriosas, pequeñitas o grandotas, que se sustituirán, con el paso del tiempo, por trabajos hechos por los niños o realizados libremente por los padres.

También la preparación de los techos y el suelo puede contribuir a hacer más clara la imagen ambiental y su división en zonas, creando sutiles delimitaciones por medio de pequeñas pendientes o trazos. Creemos que ello puede fomentar una exploración más rica del ambiente y las cosas, con el consiguiente aumento de la riqueza de las imágenes.

Al dedicarse la última puesta al día del colectivo a la presentación de la nueva clase y a la organización puntual del personal y de los distintos momentos de la jornada, la escuela ha hecho lo que debía para estar más preparada para acoger a los niños de 3 años.

© Ediciones Morata, S. L.

CAPÍTULO

9

Ojos vivos sobre la ciudad

Por Simona Bonilauri y María Pia Destefani

Investigación llevada a cabo, en el curso 1982-1983, en las diecinueve escuelas municipales de Reggio Emilia con niños de 5 años. Finalidad, características, método y resultados de la investigación cognitiva realizada en común, en la primera fase del trabajo, por todas las escuelas implicadas.

Kevin Lynch, en su libro *La imagen de la ciudad,* mantiene, en varias ocasiones, que dotar de estructura e identidad al propio ambiente es una capacidad vital, propia de todos los animales capaces de movimiento y es fundamental para la supervivencia.

El conocimiento del ambiente, la satisfacción de unas elementales necesidades biológicas como la orientación en él y la identificación de sus espacios, facilitan el movimiento intencional, evitan la angustia y los peligros de la desorientación, establecen una relación emotiva segura del individuo con el mundo exterior.

Una buena imagen del ambiente, rica y bien estructurada, construida sobre percepciones, historia y experiencias, proporciona al que la posee tranquilidad, fundamentación, sentido de la historia individual y colectiva. Enriquece y consolida el sentido de la identidad en términos de pertenencia física y cultural.

Como una arquitectura, una ciudad es una construcción en el espacio, pero a gran escala, una creación artificial que es posible percibir durante

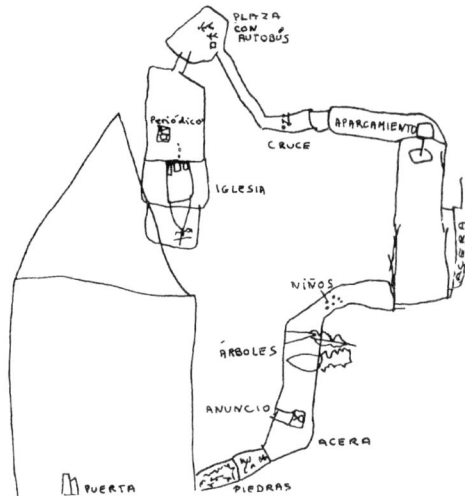

largos períodos de tiempo. En esta percepción siempre hay más de lo que el ojo puede ver, todos nuestros sentidos están en juego, y la imagen es el agregado de todos los estímulos procedentes del exterior; nada se experimenta singularmente, sino en relación con un entorno, con una secuencia de acontecimientos que lo rodean y con las experiencias anteriores, y la imagen está empapada de acciones, recuerdos y significados.

Ojos vivos sobre la ciudad

Basándonos en estas reflexiones, procedentes de estudios sobre psicología ambiental, hemos desarrollado nuestra idea de una investigación sobre la ciudad: Reggio Emilia. Nuestro objetivo general es intentar descubrir qué *imagen de la ciudad* son capaces de crear los niños de 5 a 6 años, intentando

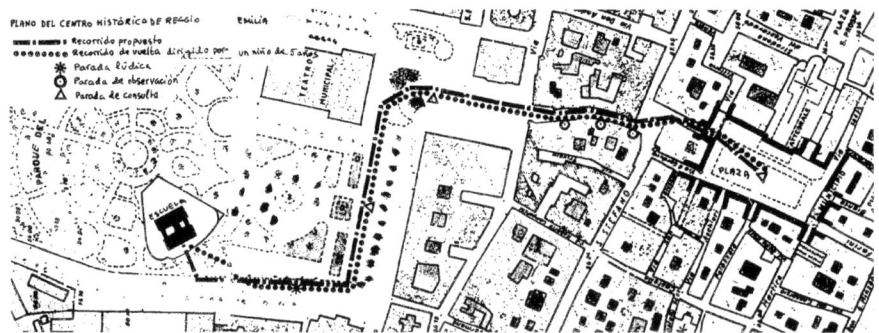

En el plano que incluimos aquí, aparece el recorrido propuesto a los niños de 5 años de la escuela "Diana" (tema elegido: La orientación de los niños en el espacio-ciudad). En la figura dearriba aparece uno de los dibujos de los niños que intenta recrear el mapa del recorrido. Se incluye también, en la pág. 102, una foto delos mismos niños volviendo a la escuela, singuía, desde elcentro de la ciudad; detrás de ellos, la profesora que recoge datos y comentarios.

© Ediciones Morata, S. L.

comprender en qué medida y cómo reconocen sus distintos elementos y los organizan en un sistema articulado y unitario.

El proyecto de investigación se divide en dos partes:

1. un estudio cognitivo, elemental y orientativo, en forma de cuestionario unitario para todas las escuelas implicadas en la investigación, y que responde al objetivo general que acabamos de enunciar;
2. una parte específica y distinta para cada escuela. Cada grupo de trabajo elige un tema que corresponde a un elemento constitutivo de la ciudad. En conjunto los temas elegidos recogen diversos significados del hábitat ciudadano, bien como espacio urbano, como espacio de signos y símbolos o como espacio vital.

La selección de temas se hizo teniendo en cuenta una serie de ideas que servirán de puesta al día en común a todas las escuelas:

— que el tema ofrezca unos elementos didácticos "fascinantes";
— que pertenezca a la experiencia y las vivencias cotidianas de los niños;
— que se pueda encuadrar en unos objetivos educativos;
— que se pueda desarrollar en términos de energía y tiempo.

En cada escuela la realización del tema propuesto estuvo precedida de una previa compenetración del adulto con el tema, con el fin de determinar los puntos indispensables para crear una articulación didáctica significativa y eficaz y elegir los instrumentos de información, observación, registro y recogida de datos. El proyecto lo realizan el profesor y 8-10 niños, existiendo la posibilidad de ampliar la experiencia al resto de la clase, con la creación de momentos de división e intercambio.

Hemos incluido aquí un cuadro en el que se enumeran las escuelas y los temas elegidos por cada una.

ESCUELA	TEMA ELEGIDO
Diana	*La ciudad y la lluvia*
Michelangelo	*El semáforo*
Pablo Neruda	*El hospital*
Robinsón Crusoe	*En el taller de un edificio*
8 de Marzo	*El torrente Cróstolo*
Anna Frank	*Las arcadas*
Ada Gobetti	*El supermecado*
Belvedere	*Los números de la ciudad*

Salvador Allende	El periódico: La gaceta de Reggio
San Maurizio	La via Emilia
La Villetta	La Biblioteca
Girotondo	La calle que pasa delante de la escuela
E. Tondelli	La casa del campesino
R. Franchetti	El negocio de muebles
Andersen	El aeródromo
Martiri di Villa Sesso	El quiosco
Camilo Prampolini	El mercado de frutas y verduras
Bruno Ciari	La ciudad y sus puertas
XXV de Abril	El plano de la ciudad

En el presente trabajo ofrecemos una síntesis de la primera parte de la investigación: el estudio cognitivo.

Características de la investigación

El método consiste en hacer una entrevista basada en un cuestionario. Se trata de una encuesta de esquema fijo, que se compone de ocho preguntas:

1. ¿Qué es una ciudad?
2. a. Tú vives en una ciudad. ¿Cómo se llama?
   b. ¿Sabes el nombre de la calle en que vives?
   c. ¿Sabes el número de tu casa?
   d. ¿Por qué tiene un número tu casa?
3. Tú vives en una ciudad que se llama Reggio Emilia. ¿Sabes el nombre de otras ciudades?
4. ¿Cómo sabemos que empieza una ciudad?
5. ¿Hay personas que no viven en la ciudad? ¿Entonces, dónde viven?
6. ¿Por qué han construido ciudades los hombres?
7. a. ¿De quién son los edificios, las tiendas, las fábricas, las oficinas?
   b. ¿De quién son los trenes, los tranvías?
   c. ¿Y las iglesias?
   d. ¿Y los bancos?
   e. ¿De quién es esta escuela?
8. La ciudad la gobierna un alcalde. ¿Cómo lo nombran?

© Ediciones Morata, S. L.

Las preguntas se hace individualmente a cada niño, sin alterar la formulación, para favorecer la comparación de los resultados.

A partir de la primera, que es la más genérica y extensa, las preguntas intentan insinuarse progresivamente dentro de la imagen de la ciudad que el niño se ha creado.

A través de la *primera pregunta* se intenta descubrir qué imagen puede expresar verbalmente el niño, comprobando la cantidad y cualidad de los elementos constitutivos de dicha imagen, su función, su peculiaridad, su articulación.

La *segunda pregunta* es más específica y personalizada. Intenta descubrir el dominio del ambiente que desarrollan los niños: si comprenden y utilizan las convenciones sociales para enriquecer su sentimiento de pertenencia e identidad.

La *tercera, cuarta* y *quinta preguntas* deberán poner de manifiesto, por el contrario, en qué medida los niños son capaces de dar una identidad al ambiente: si comprenden y utilizan las convenciones sociales para distinguir su ambiente urbano, diferenciándolo y reconociéndolo en relación con otros.

La *sexta* intenta que el niño identifique las funciones y actividades que se pueden desarrollar en la ciudad y los servicios que ésta ofrece. Además esta pregunta, con la primera, ayuda a comprender las experiencias que el niño vive directamente en la ciudad y aquellas otras que vive indirectamente, a

Éste es un trabajo de plástica representativo y funcional realizado en la escuela "Michelangelo" (tema elegido en la encuesta realizada en Reggio Emilia: "El semáforo en el tráfico ciudadano").

© Ediciones Morata, S. L.

través de las figuras adultas que lo rodean, si es cierto, como dice LEBOYER, que *"la representación mental del ambiente es a la vez una abstracción y una síntesis que se realizan a partir de experiencias vividas, de percepciones repetidas y de distanciamientos del ambiente"*.

La *séptima* y *octava* intentan descubrir qué conocimientos y experiencias tienen los niños de la estructura político-social y económica de la ciudad.

Método

El cuestionario se ha propuesto a 103 niños inscritos en el último curso de la escuela infantil. El grupo de trabajo comprende escuelas distribuidas en cuatro zonas:

— *Centro histórico* (Diana);
— *Periferia cercana al centro* (Michelangelo, Robinson Crusoe, Anna Frank, Pablo Neruda, 8 de Marzo, Primavera);
— *Periferia extrema* (Ada Gobetti, Belvedere, Salvador Allende, San Mauricio, La Villetta, Il Girotondo, E. Tondelli, Andersen);
— *Zona ruralr* (R. Franchetti, Villa Sesso, Prampolini, Bruno Ciari, XXV de Abril).

En cada escuela se eligieron cinco niños del último curso, de ambos sexos, y edades comprendidas entre los 5 y los 6 años.

De un total de 103 niños, 48 eran varones y 55 hembras.

En la valoración de las respuestas al cuestionario no se establecieron unos criterios de análisis a *priori*. Hicimos una primera lectura de las respuestas a cada pregunta, y a partir de ahí establecimos las categorías de clasificación y las síntesis posibles.

Mediante una particular interpretación de las respuestas hemos intentado aclarar algunas interrogantes fundamentales:

— ¿Los niños de 5 años tienen una imagen de la ciudad?
— Si la tienen, ¿cuáles son sus características?
— ¿Qué elementos se memorizan y verbalizan mejor?
— ¿Qué elementos, de todos los citados, tienen mayor relevancia en la formación de la imagen?

© Ediciones Morata, S. L.

- ¿La imagen es sólo un copia estadística y aislada de los objetos urbanos o esos objetos aparecen englobados en una estructura que incluye aspectos y funciones relacionados con ellos?
- ¿Existe una relación significativa entre la posibilidad de actuación sobre los elementos del paisaje urbano y su memorización?
- ¿Existen diferencias entre las imágenes elaboradas por los niños si nos basamos en el alejamiento de las zonas en que ellos habitan y la intensidad y calidad de sus experiencias inmediatas?

Hemos intentado ordenar estas categorías en una sucesión en la que se analice la calidad de la imagen en relación con una serie de dimensiones que consideramos importantes:

a. grado de abstracción de la imagen;
b. organización e influencia de la imagen;
c. visión de conjunto e interaccionalidad funcional de la imagen de la ciudad.

Análisis y valoración de las respuestas

PREGUNTA N.º 1:
¿QUÉ ES UNA CIUDAD?

Los niños (48 de 103) intentan dar una *definición acumulativa, con frecuencia seguida* y *reforzada por una enumeración de elementos connotativos*.

Ejemplos:

- *"Es un pueblo"*.
- *"Es un conjunto* de juegos, personas, casas y fábricas".
- *"Es un sitio* donde se hacen muchas cosas para los niños, para las mamás; hay comida, hay tiendas, porque, por ejemplo, en la montaña no hay tiendas: sólo están en la ciudad.

Nos hemos planteado si la *definición acumulativa, no acompañada de un repertorio de connotaciones,* podría implicar un elaborado proceso de abstracción en la formación de la imagen: en estos niños el análisis de las respuestas posteriores no permite confirmar dicha hipótesis. Más bien parece que los términos utilizados (es un sitio; es un pueblo; es un conjunto...) pueden responder simplemente a verbalizaciones simplificadas o casuales, que a menudo toman prestadas de lo que oyen decir a los adultos y/o a los medios de comunicación.

El simple *repertorio connotativo* aparece en 41 de los 55 niños. Las restantes 14 respuestas son: *"no lo sé"* y *fabulaciones* y *ejemplos* que coinciden, casi siempre, con la denominación de la propia ciudad.

Ejemplos:

— "La ciudad es donde hay muchas casas, pizzerías, hoteles, perfumerías, restaurantes ..."

Las connotaciones más utilizadas, las casas, la gente, las tiendas, los coches, constituyen los núcleos de una identidad de base de la ciudad, que emerge de las respuestas de casi todos estos niños, incluso en las definiciones más ricas. Resumiendo, podemos establecer una diferenciación de las respuestas de los niños en tres grupos, basándonos en su complejidad y calidad:

Primer grupo: En este primer nivel de imagen se ofrece un repertorio de elementos, unos tras otros.

Ejemplos:

— "Es un sitio en el que hay muchos coches, muchas tiendas, muchas gentes y además hay doctores".
— "Es donde hay muchas casas, muchos coches, muchos niños y también hay calles".

Segundo grupo: En las imágenes de este grupo, el nmo establece relaciones. Acompañan los verbos y/o otros términos con acciones y relaciones. Se verbal izan las acciones y la "actividad" mediante la denominación de los personajes que la componen. Junto a la imagen de base se da un aumento de los elementos fijos y un repertorio de elementos móviles (ver LYNCH).

Ejemplos:

— "Tiene forma de pelota redonda con muchas casas, el acueducto, la central eléctrica, el Ayuntamiento".
— "Una ciudad es donde están todas las tiendas a las que se puede ir a comprar, si uno no está en la ciudad no puede comprar cosas importantes. También hay parques para jugar y la heladería".

Tercer grupo: Imágenes especialmente eficaces para caracterizar la ciudad en sus peculiaridades distintivas en relación con otros hábitats, desde el punto de vista de la estructura espacial, del significado y de la identidad. Aumentan de forma significativa las adjetivaciones.

Además de los elementos típicos y de carácter muy simbólico-evocador (portales, aceras, carteles, barrenderos, tráfico, rascacielos) hay referencias a la ciudad como estructura espacial, intentos de darle una forma cerrada, citando sencillas relaciones topológicas de proximidad, inclusión, entorno o referencias más complejas a figuras geométricas.

Ejemplos:

— "Hay muchas casas y cuando quiero monto en bici, voy en coche o a pie. Es redonda y hay una circunvalación que la rodea".
— "Una ciudad son muchas casas unidas, juntas y con jardín".
— "Es un pueblo en el que viven muchas personas. Es un pueblo largo y grande, de forma cuadrada. Hay muchas casas, unas casas con muchas ventanas y otras con pocas. También hay muchos árboles, muchas tiendas y bancos. Hay muchos coches y calles. Hay soportales en la calles y aceras que pasan junto a las tiendas. También hay escuelas, escuela maternal y escuela primaria. Pegados en las paredes hay muchos carteles con escritos y señales".
— "Son filas de casas juntas, al lado y enfrente, porque hay una fila de casas delante y una fila que se vuelve a mirar a las casas que están delante". "... es casi igual que una iglesia, pero hay muchas casas juntas".
— "... es casi igual que una iglesia, pero hay muchas cosas juntas".

La investigación ha obsevado que las "jergas calificativas" usadas por los niños expresan valoraciones por las cuales la ciudad es: *grande, llena, alta, larga, un poco vieja* y *un poco nueva, la ciudad tiene de todo.*

Del primer al tercer grupo de respuestas hay una progresiva ampliación de la imagen y las vivencias del niño, no relacionada, al parecer, con el lugar de residencia.

Vivir en el centro histórico no significa poseer una imagen más rica y articulada; en este sentido probablemente es más significativa la calidad de las experiencias familia res y escolares.

Investigaciones sobre psicología ambiental subrayan que la representación mental del ambiente es, a la vez, una abstracción y una síntesis, fruto de la experiencia acumulada por cada individuo, y que tal experiencia está en función de sus aprendizajes, sus actividades y de la forma en que recorre habitualmente la ciudad.

© Ediciones Morata, S. L.

Todo ello debe verse reflejado en las posibilidades cognitivas y experienciales que los niños encuentran en casa y en la escuela.

En este sentido nos parece importante señalar que la identificación nominal por los niños de los "grandes objetos" y los "servicios" de la ciudad quizá resulte más difícil en una experiencia urbana todavía en fase de construcción y sistematización limitada y relacionada con la edad del niño, con su radio de acción, sus posibilidades, sus oportunidades de interactuar con los hechos y las estructuras. En consecuencia, en las imágenes de la ciudad aparecen, con frecuencia claramente diferenciados, los siguientes elementos connotativos: las casas, las tiendas, los coches, citados respectivamente, por 56, 33 y 26 niños, mientras que las iglesias, los teatros, los cines, las librerías, la biblioteca, como lugares de intercambio social y cultural, aparecen citados en un número mucho menor, por 4, 3, 3, 2 y 1 niños respectivamente.

Apenas surge nada sobre la incidencia de la percepción auditiva y visual en el análisis del lenguaje verbal; sólo dos niños se refirieron explícitamente al tráfico y las voces de la gente.

Pregunta n.º 2a:
Tú vives en una ciudad ¿Cómo se llama?

Transcribimos las categorías de respuestas elaboradas por los niños, según una complejidad creciente:
- Dicen que no lo saben .... 3 niños
- Citan el nombre de una plaza .... 2 "
- Extienden su ciudad a Italia .... 1 "
- Citan Reggio Emilia .... 72 "
- En lugar de Reggio Emilia dicen "Cavazzoli", "Buco del Signore", etc., que indican divisiones o lugares de residencia periféricos .... 23 "

Ejemplos:

— "Yo vivo en Rubiera: es un poco más que un pueblo, pero es siempre un pueblo; en cambio Reggio Emilia es una ciudad.
— "En Roncocesi".
— "Yo diría que no, yo vivo en Villa Cadé".
— "En Reggio Emilia, pero que quede claro que vivo en la provincia de Reggio Emilia".

Pensamos que la formulación de la pregunta puede llevar a los niños a una posición contradictoria entre la afirmación del adulto "Tú vives en una ciudad" y su experiencia cotidiana vinculada a la periferia extrema o a pequeñas partes de la zona rural.

Pregunta n.º 2b:
¿Sabes el nombre de la calle en que vives?

Pregunta n.º 2c:
¿Sabes el número de tu casa?

Pregunta n.º 2d:
¿Por qué tiene un número tu casa?

Reproducción tridimensional, en papel y cartón, de "Puertas y escaparates de la ciudad", tema elegido por la escuela "Bruno Ciari" de Villa Gaida.

La mayoría de los niños (77 de 103) responde correctamente a la pregunta 2d (demostrando que ha habido curiosidad, familiaridad, comprensión y atribución *de una función* al número). De los 77, la mayoría también responde "sí" a la 2b y la 2c. Hay un grupo reducido que, sin conocer el nombre de la calle ni el número de su casa, responde a la 2d, lo que hace suponer que los signos anteriormente citados no impiden el razonamiento del niño.

El nombre de la calle y el número de la casa son unos excelentes indicadores sociales en cuanto a la situación del individuo en el propio ambiente de la ciudad. Probablemente son los más significativos y eficaces códigos de orientación y encuentro; permiten evitar el temor a sentirse perdidos y satisfacen la necesidad del adulto de ayudar al niño ante posibles situaciones de pérdida. Además de un significado pragmático (permitir el movimiento intencional y el encuentro) los elementos simbólicos relacionados con el ambiente más próximo e inmediato tienen un enorme valor afectivo. Una buena imagen ambiental, rica en referencias y bien estructurada, proporciona al que la posee tranquilidad y bienestar, enriquece y consolida el sentido de presencia y de identidad individual.

En los niños de esta edad, la exploración del espacio urbano está todavía, en gran parte, dirigida por los adultos que le acompañan en sus incursiones, condicionando las actitudes cognitivas y emotivas hacia el propio ambiente. Con frecuencia se da por descontado que la mayor parte de los niños no presta atención a los numerosos ejemplos de escritura que encuentra en la ciudad, ya que la lectura y escritura se enseñan en una edad muy concreta. Con frecuencia se infravalora el hecho de que, desde muy pequeños, los niños muestran un notable interés por los sistemas simbólicos, y espontáneamente intentan dar sentido al ambiente en que se desarrolla su vida. La escritura es un objeto cultural cuyo significado hay que descubrir, como en el caso de las señalizaciones, los anuncios, los grandes y pequeños objetos urbanos. ¿Por qué los adultos ignoran o censuran esta potencial curiosidad? Una forma de plantearse esto es que la información, además de la experiencia activa, asume valor fonnativo en un período de la vida que progresivamente se va ampliando de la estancia en casa, al barrio, al contexto urbano más general.

Pregunta n.º 3:
Tú vives en una ciudad que se llama Reggio Emilia. ¿Sabes el nombre de otras ciudades?

Nombres de otras ciudades ....32 niños

Ejemplos:

— "Bolonia, Milán, Florencia, Módena".
— "Módena, Milán, Nápoles, antes Nápoles era un pueblo y no una ciudad".
— "Sidney".
— "Bolonia, Parma, Módena, Milán. También me sé las matrículas de estas ciudades: SO, PR, MO, MI".
— "Milán está lejos, yo he estado en Venecia, hay barcas porque hay agua".

© Ediciones Morata, S. L.

Reagrupamiento mixto ....29 niños

Ejemplos:

— "Cervia, Montecavolo, Módena, Solonia, Venecia, Irlanda".
— "India, Milán, Venecia, Roma, Módena, África, Génova".
— "Por ejemplo Milán, Solonia, Checoslovaquia, Correggio".
— "China y América, Roma, Ceriñola".
— "Los nombres de otras ciudades son Milán, Roma, Cerdeña, Maserada, Toscana, Scandiano".

Pueblo + ciudad ....23 niños

Ejemplos:

— "Cadelbosco, Milán, Venecia, Florencia, Roma, París".
— "Sí, Parma, Solonia, Massa Carrara donde voy siempre al mar, Roma".
— "Sí, Módena, Solonia, Reggio Calabria, Fogliano, donde vive Gianluca, Sesso, donde vive Luca Tibiletti, y Cavriago".
— "Cinquecerri, Pietrachetta. Después una vez fui muy lejos pero no me acuerdo del nombre: ¿Roma?"

Nombres de pueblos ....3 niños

Ejemplos:

— "Cavriago, Cada, Celia".
— "Cadelbosco".

Respuesta no pertinente ....1 niño

Podemos afirmar que la mayoría de los niños todavía no puede clasificar adecuadamente y distingue con dificultad pueblos, ciudades, regiones, naciones. Pensamos que la aparición de naciones y regiones puede estar asociada a un contexto informativo hiperestimulante en la relación del niño con el adulto y los medios de comunicación. En ese caso nos encontraríamos con unos conocimientos que el niño no domina suficientemente.

Pregunta n.º 4:
¿Cómo sabemos que empieza una ciudad?

Un dato interesante es que hay cierto número de respuestas de los niños (9 *de 103*) que establecen el comienzo de la ciudad en los signos convencionales utilizados también por los adultos. Estos niños asisten a escuelas de la periferia.

Ejemplos:

— "Porque se va en coche y la carretera te lleva a la ciudad y después se ve el *cartel* con el nombre de la ciudad y está escrito que comienza la ciudad".
— "Porque en la carretera hay *flechas* que indican por dónde se va a la ciudad".

Una segunda categoría de respuestas pertenece a 49 niños, y contribuye a enriquecer la imagen de la ciudad mediante la aparición de elementos nuevos en relación con las respuestas a la pregunta n.º 1 ("¿Qué es una ciudad?"). Parece como si esta pregunta indujera al niño a establecer relaciones entre distintos hábitats: de hecho, en las respuestas la imagen de la ciudad parece emerger con más fuerza de su contexto. Es como si el niño, como observador, se situase en el confín entre la ciudad y zonas periféricas y comparase los dos ambientes, reforzando respectivamente su identidad. (La formulación de la pregunta parece determinante para la claridad de la respuesta. La forma de la comunicación libera al niño de una respuesta unívoca y compacta para dar una más articulada y diversificada.) También pertenecen a esta categoría niños residentes en la periferia. En relación con este hecho pensamos que tal vez el niño que reside en el centro histórico está tan inmerso en la ciudad que le resulta difícil descentrarse de ella.

Los elementos nuevos más característicos son:

— una notable atención por la ciudad como espacio extenso en sentido horizontal y vertical: aparecen los techos, los caminos, las puntas, las torres;
— referencias más frecuentes a la densidad de la arquitectura, de la gente, del tráfico;
— referencias más precisas a la calidad arquitectónica de la ciudad, a las redes viarias (calles, avenidas, etc.) y su diversidad en relación con otros hábitats.

© Ediciones Morata, S. L.

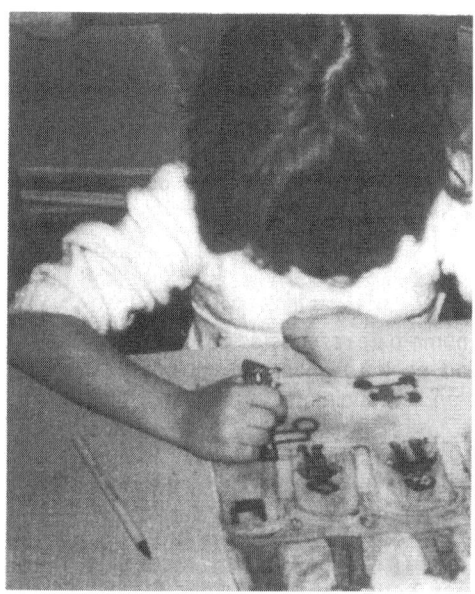

Ejemplos:

— "Porque hay muchas casas y también muchos carteles y semáforos".
— "Porque hay mucha o poca hierba, realmente en la ciudad hay poca hierba y se sabe cuando la calle se hace pequeña".
— "... hay muchos coches y bicicletas y motos, todos juntos dando vueltas...".
— "Se sabe porque hay ... ¿sabes como se llama? .. esos suelos con bordes que parece que se han rajado, allí empieza la ciudad. Hay mucha gente, y también torres. ¡Ah, yo conozco otra ciudad, Solonia!"

Con frecuencia los niños utilizan frases emblemáticas que demuestran que la ciudad, a diferencia de cualquier otro objeto, es un complejo sistema de elementos y relaciones espaciales, sociales, económicas, culturales extensas en el espacio y en el tiempo que aumentan la dificultad para fijarla y circunscribirla en una imagen.

Ejemplos:

— "La ciudad sigue, sigue, sigue. No se puede decir dónde acaba".

También adjetivos como "enorme", "grande", "altísima", "muchos", dan idea de un objeto, como decíamos antes, complicado e inabarcable. *Treinta niños* no comprenden la pregunta y dan respuestas no pertinentes o dicen que no saben contestar. Las contestaciones de los niños que han comprendido la pregunta ponen de manifiesto, en nuestra opinión, la ambigüedad del término "comenzar", que se asimila a "nacer" o a "construir".

Ejemplos:

— "Yo no sé cómo empiezan porque yo no había nacido".
— "Me imagino que porque hacen las casas y los edificios".

Un último grupo formado por 4 *niños* responde citando el área o los elementos cercanos y complementarios de la ciudad.

© Ediciones Morata, S. L.

Ejemplos:

— "Se sabe que es una ciudad porque hay habitantes y casas. En un pueblo hay pocas casas y pocos habitantes. Es más pequeño, si das una vuelta ves que es un pueblo".

"Los pórticos de nuestra ciudad" ha sido el tema elegido por la escuela "Anna Frank"; en la página anterior niñas trabajando en la reproducción gráfica del tema y, arriba, los pórticos de la avenida Emilia San Pietro.

PREGUNTA N.º 5:
¿HAY PERSONAS QUE NO VIVEN EN LA CIUDAD? ¿ENTONCES, DÓNDE VIVEN?

Hay 39 *niños* que admiten la existencia de personas que no viven en la ciudad, pero no se atreven a pensar en otro lugar tan acogedor y habitable. Los hábitats alternativos son, sobre todo, situaciones de turismo, de vacaciones, de provisionalidad y transición. La imagen de la no-ciudad es lejana, extraña y difícilmente imaginable:

No ciudad: (isla, mar, montaña, campo, lagos, bosque, desierto, pantanos);
Habitabilidad: (cueva, puentes, saco de dormir, manta, toldo, *rouloNe,* cabaña, tienda de campaña, casas viejas, camión);
Habitantes: (los gitanos, los muertos, los pobres, los damnificados por los terremotos).
Ejemplos:

— "Sí, en un bosque con lagos".
— "Sí, en el campo en calles raras, en la montaña los cazadores que tienen que andar por los bosques".
— "¡Ah, sí!, los gitanos que sólo tienen un camión para dormir, se quedan en un campo y luego se van".

Hay 21 *niños* que responden afirmativamente y citan pueblos o lugares de la periferia como hábitat alternativo a la ciudad.
Ejemplos:

— "Viven en el campo que es un pueblecito con pocas casas y mucho campo".

— "Sí, por ejemplo también yo vivo fuera del centro".

En 28 *niños* la contestación es que todos viven en la ciudad. En este tercer grupo surge con fuerza la imagen de una ciudad como respuesta a las necesidades primarias del hombre.
Ejemplos:

— "Si la gente no vive en la ciudad ¿dónde quieres que viva?, ¿en los pantanos?"
— "Todos viven en la ciudad, porque hay una ciudad grande, grandísima, que cuando está lejos de Reggio se llama Milán, o Roma, o Módena".

Si analizamos las definiciones que utiliza el niño en la segunda parte de la pregunta para "caracterizar" el ambiente no urbano, deducimos que la ciudad se percibe como un lugar muy diverso, complejamente organizado, al que hay que designar con otra palabra, que ofrece bienes y ventajas especiales que son importantes y determinantes porque se vive allí.

Pregunta n.º 6:
¿Por qué han construido ciudades los hombres?

Es una pregunta muy difícil porque el niño debería apelar a informaciones y/o percepciones que en general no posees y a una habilidad de elaboración aún inmadura. El objetivo implícito en la pregunta es el de estimular al niño para que se dé cuenta de que también la ciudad tiene unas funciones y una finalidad deseadas por los hombres y necesarias para satisfacer sus necesidades por lo que deciden construirla.

Los resultados son coherentes y explicativos en relación con los que se obtuvieron en la pregunta n.º 1 ("Qué es una ciudad?") y en la pregunta n.º 5 ("¿Hay personas que no viven en la ciudad? ¿Entonces dónde viven?"). La ciudad es de nuevo una respuesta a las necesidades del hombre: sirve para vivir, para dormir, para resguardarse del frío, para comprar la comida, la ropa, los juguetes.

En la medida en que esta pregunta preludia y anticipa los contenidos de la n.º 7, deberíamos anticipar que sólo 17 *niños* se refieren a la ciudad como sistema social y económico.

Ciudad como casa ....36 niños

© Ediciones Morata, S. L.

Ejemplos:

— "Porque en ella nos podemos resguardar de la lluvia y de los tornados, porque si no, no sé qué sería de nosotros después de un tornado. Y también están los ingenieros que han construido *las casas*".

Ciudad como respuesta a las necesidades primarias ....30 niños

Ejemplos:

— "Porque no sabían dónde ir y por eso han hecho una ciudad *para estar todos juntos* y tener los coches, las motos y los muebles".
— "Porque, si no, no podríamos dormir, ni comer. Las plantas pueden vivir sin la ciudad, pero nosotros no; las plantas viven, el sol vive, los pájaros viven y nosotros "no".

La ciudad como sistema socio-económico ....17 niños

Ejemplos:

— "Así podían tener mejor sueldo y comprar como lo hacemos nosotros ahora; así podían tener camas; así no pasaban frío, después inventaron palabras, inventaron el trabajo".
— "Porque encontraron el sitio *para trabajar y vender* cosas".

Fabulaciones ....13 niños
Ciudad como respuesta omnicomprensiva................................ 4 niños

Ejemplos:

— "Porque la ciudad es más bonita, hay cosas más bonitas. Además hay coches. La ciudad es más interesante porque *hay de todo*".
— "Los hombres han querido construir la ciudad porque les gustaba. A los hombres les gusta *tenerlo todo* en la ciudad".

© Ediciones Morata, S. L.

PREGUNTA N.º 7A:
¿DE QUIÉN SON LOS EDIFICIOS, LAS TIENDAS,
LAS FÁBRICAS, LAS OFICINAS?

PREGUNTA N.º 7B:
¿DE QUIÉN SON LOS TRENES, LOS TRANVÍAS?

PREGUNTA N.º 7C:
¿Y LAS IGLESIAS?

PREGUNTA N.º 7D:
¿Y LOS BANCOS?

PREGUNTA N.º 7E:
¿DE QUIÉN ES ESTA ESCUELA?

Con este tipo de preguntas se intenta analizar cómo se representan los niños la propiedad de los edificios, de los productores de mercancías, de entes e instituciones de servicios. Ésta es una pregunta que todavía no se ha analizado suficientemente. La mayor parte de la investigación se ha dedicado, sobre todo, a la representación por los niños de los eventos del mundo físico.

De los análisis de las respuestas surge un número reducido (18 de 261) en el que los niños declaran que no saben. Los "no lo sé" son muy claros cuando se refieren a la propiedad de los bancos, lo cual era previsible. En todos los demás casos los niños intentan dar respuestas que en su simplicidad y generalidad muestran la distancia psicológica y objetiva, la probablemente escasa información que tienen todavía en torno a estos temas.

Hay 89 *niños* que afirman que los elementos citados en la pregunta son de la propiedad del que los trabaja, 39 *niños* dicen que de quien vive en ellos y 33 *niños* que de quien los utiliza.

Esta diversidad de respuestas tiene un común denominador, *el uso* en el sentido más amplio del término, *de un objeto* y *su propiedad parecen coincidir.*

Junto a esta concepción excesivamente concreta de la posesión, coexisten ideas más pertinentes y elaboradas, que surgen del binomio conceptual uso-posesión e individualizan un concepto de propiedad más amplio, variado, indirecto, que asigna la titularidad de la posesión a figuras y categorías "privilegiadas" como: el jefe - los ricos - los propietarios - los señores o un señor - el alcalde - el Papa - Jesús - la policía los directores y jueces.

© Ediciones Morata, S. L.

Los titulares de la propiedad normalmente se caracterizan por unos atributos específicos: son ricos -dispensan dinero o alabanzas - dan órdenes y mandan - dan trabajo a la gente, detentan "poder" o "carisma". La propiedad puede ejercerse indirectamente a través de un jefe (53 niños) y a través del Estado y el Ayuntamiento (5 niños).

Es *interesante* la respuesta de 24 niños (cuyo contenido merece un análisis posterior) que asignan edificios, fábricas, bancos, iglesias, tranvías, a una propiedad indistinta y colectiva: "Son de todos". Lo entendido, lo sobreentendido, la ambigüedad, incluso la "evasión", son *distinciones* que aparecen continuamente.

Pregunta n.º 8:
La ciudad la gobierna un alcalde. ¿Cómo lo nombran?

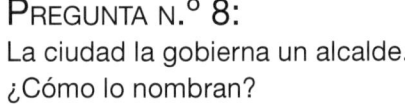

El *"no lo sé" (42 niños)* y las respuestas evasivas *(13 niños)* en nuestra opinión demuestran que el tema todavía está alejado de las percepciones y representac.iones de los niños. El acceso al papel de alcalde de la ciudad fundamentalmente está condicionado por la voluntad del individuo que desea ese alto cargo administrativo. Para los niños rige un único sistema que es la autodeterminación *(7 niños)*.

Ejemplos:

— "Se llama a una persona y se le dice ¿quieres ser tú el alcalde?"
— "El alcalde nace pequeño, después se hace mayor, quiere ser alcalde y entonces ...".

Arriba un grupo de niños y profesoras de la escuela "Robinson" (tema elegido, "El puente sobre el torrente Cróstolo") en una primera visita.

Más arriba, los niños de la escuela "Diana", volviendo a la escuela, sin guía, desde el centro de la ciudad; detrás de ellos, la profesora registrando hechos y comentarios.

© Ediciones Morata, S. L.

En el caso de la heterodesignación a los electores se les identifica con otra autoridad, figuras, personajes importantes (la policía, Jesús, el juez, el rey, el Papa, un científico). Una minoría se arriesga a plantear procesos de designación más aceptables, incluso de gran pertinencia.

Ejemplos:

- "Se estudia mucho y después los ciudadanos nombran alcalde y concejales".
- "Los hombres, todos los hombres, dicen que quieren enseguida un alcalde y entonces si quieren un alcalde le ponen los vestidos de alcalde".

Los niños que confiesan que no saben cómo se hace el nombramiento de alcalde, sin embargo le atribuyen prodigios de atributos favorables. El alcalde es:

- "Uno que sabe todas las cosas del mundo".
- "Uno que manda".
- "Uno que estudia mucho".
- "Uno que hace construir las casas".
- "Uno que dice lo que hay que hacer en la ciudad".
- "Uno que hace las leyes".
- "Es una persona buena".
- "Es un héroe".
- "Es el más guapo".
- "Es el más valiente".
- "Es el jefe de la ciudad".
- "Es el amo de la ciudad.

© Ediciones Morata, S. L.

CAPÍTULO

10

El taller tiene una larga historia y se incluye dentro de un proceso educativo

La experiencia de los niños de Reggio Emilia

Entrevista de Enzo CATINI a Loris MALAGUZZI

La experiencia educativa de los niños de Reggio Emilia tiene una larga historia a sus espaldas. Experiencia e historia reconocidas dentro y fuera de Italia hasta el punto de convertir a los profesionales de este campo en núcleo de referencia e interlocutores de miles de visitantes. Desde 1981 a mayo de 1988 Reggio Emilia ha acogido a 112 delegaciones italianas de 1.875 personas. En el mismo espacio de tiempo ha acogido a 281 delegaciones extranjeras (de Europa, EE.UU., Asia, África) que comprendían 3.802 personas. Una primera muestra de la experiencia "El ojo salta el muro" está recorriendo Europa. Una segunda muestra "Los cientos de lenguajes de los niños" ha iniciado una gira por EE.UU.

Loris MALAGUZZI ha vivido el nacimiento y desarrollo de este trabajo que ahora continúa en manos de sus más jóvenes colaboradores.

Dossier *[Bambini,* diciembre de 1988]

© Ediciones Morata, S. L.

El significado de la inclusión del taller. Los modelos pedagógicos y culturales Naturaleza y finalidad del taller - El doble valor interpretativo de la lectura de los lenguajes expresivos - El caballo de Freinet obligado a beber - La aparición de la tecnología - El coqueteo con la luz - La creatividad perseguida por Sherlock Holmes y la de los niños - La postura socio-interaccionista dentro de una nueva epistemología - La importancia de las estrategias educativas y la famosa máquina de Chicago.

— *Taller es un término histórico preciso, en el lenguaje común indica el lugar de trabajo de los artistas de la segunda mitad del siglo XIX y comienzos del XX; a menudo, de una forma un tanto retórica, se asocia al artista bohemio. ¿Porqué hablamos de taller y de profesores de taller?*

El taller tiene, con tu clave de lectura, las referencias que dices. Pero, perdóname si parafraseo a WITTGENSTEIN para decir que el concepto de taller (como todos los conceptos) no explica sino que se explica. Se explica por el uso, por la práctica.

Por ejemplo, el taller surge en nuestra experiencia (y hablo de hace 25 años) con el proyecto general de educación infantil y físicamente en cada escuela infantil y más tarde, en los años setenta, en cada escuela maternal. Su importancia, al integrarse y combinarse en el marco de la estrategia didáctica, surge no sólo como corrección de la marginalidad y el servilismo de la educación expresiva y de una concepción pedagógica hecha de palabras y ritos poco menos que *lactantes,* sino, sobre todo, como recuperación de un niño más rico en motivaciones e intereses, interactivo, constructivista, de una escuela más formada y orientada y de una profesionalidad docente que,

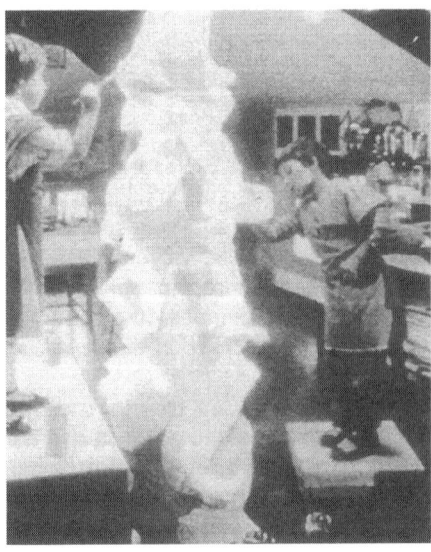 

© Ediciones Morata, S. L.

empobrecida por la vulgaridad de la escuela magistral, debía, necesariamente, rehacerse sobre el terreno.

En este marco de poliglotismo cultural, como diría LOTMAN, y de conexiones batesonianas, el taller debería haberse reinventado. El taller, parte de un diseño complejo, lugar añadido en el que deben profundizar y ejercitarse la mano y la mente, afinar la vista, la aplicación gráfica y pictórica, sensibilizar el buen gusto y el sentido estético, realizar proyectos complementarios de las actividades disciplinarias de la clase, buscar motivaciones y teorías de los niños bajo la simulación, ofrecer una variada gama de instrumentos, técnicas y materiales de trabajo, favorecer argumentaciones lógicas y creativas, familiarizarse con las semejanzas y diferencias de los lenguajes verbales y no verbales, el taller sólo podía plantearse como sujeto del que surge una práctica polivalente que da lugar a sucesos específicos e interconectados, transfiriendo formas y contenidos al planteamiento educativo cotidiano.

La vuestra es una larga historia, basada en un proyecto ya elaborado de educación infantil. ¿Teníais unos modelos de referencia?

¿Unos modelos? La inspiración en múltiples lecturas y experiencias que, enseguida me llevaban a otras. DEWEY, la BAUHAUS, con su rechazo de los mitos sublimes del arte y de su separación de las experiencias de la vida cotidiana, PEIRCE, WERTHEIMER, BRUNER, PIAGET, ARNHEIM, GOMBRICH, READ, LOWENFELD, KLEE, MONDRIAN, MAGRITIE, y también LURIA, VIGOTSKY, WALLON, al activísimo FREINET, Ada GOBETII, Mario LODI, Gianni RODARI y las reflexiones críticas sobre la obra de ROUSSEAU, FROEBEL, MONTESSORI, AGAZZI. He prestado mucha atención a las teorías de la visión, a los problemas surgidos de la expansión de la sociedad icónica, a las investigaciones sobre el cerebro y la percepción, a los cambios de la ciencia, al desarrollo tecnológico, a la fuerza de los medios de comunicación, a la ética laica, a los cambios en la familia y en los niños, a las incongruencias pedagógicas, a las presiones y contradicciones sociales y de costumbres. Y sobre todo me ha guiado el ansia y la voluntad de invertir el camino de una escuela decimonónica y filantrópica, moralista y exigente, monopolio arrogante que teniendo como referencia a un niño *muñeco* y *pobre* exaltaba, de hecho, la inexistencia de un proyecto pedagógico, para intentar conducirla hacia una investigación más rica rigurosa y compleja que incluya nuevas corrientes antropológicas y culturales. Así pues, es un *filtrado* amplio y ambicioso. Se trata de dosificar, seleccionar, sin *paradigmas definitivos*. Dando una gran importancia a la observación de las exploraciones, los procedimientos y las teorías estratégicas de los niños como premisa e instrumento de estudio, de análisis reflexivo, de hipótesis, para adaptar los planteamientos, los contenidos y las actitudes de los adultos, en la convicción de que para niños y adultos es igualmente válida la regla de HAWKINS: familiarizarse con el uso de los aprendizajes y de los conocimientos para adquirirlos después.

© Ediciones Morata, S. L.

Es cierto que la inclusión de un taller en la organización de la escuela es una característica original; pero también son originales las propias característica del taller y su finalidad. ¿Podrías concretar más sus funciones y finalidad?

Realmente la presencia del taller (y del profesor de taller, un profesor diplomado por liceos o academias de arte, una figura que debe reinventarse haciendo camino) organizador y elaborador, y coorganizador y coelaborador era algo que sabíamos que iba a *perturbar* a propósito el viejo modelo de escuela infantil, ya remozado por la presencia de dos profesores por clase, por la colegialidad del trabajo, por la participación de las familias y de la gestión social, además de por la garantía de poder trabajar con los mismos niños durante tres años y, después, con la creación de las escuelas maternales, casi durante el doble de tiempo.

El origen del taller coincidió por tanto con la aparición de un nuevo proyecto educativo, sistemático, laico, moderno. En esta contemporaneidad genética que abría, de forma natural, un proceso de desarrollo y experiencia, el taller encontró su propia naturaleza y finalidad, preparándose a través de crisis, afirmaciones, reformulaciones teóricas y prácticas que arrastraban consigo cuestiones específicas relacionadas con interacciones más generales, para una historicidad del cambio. Hay un único punto inamovible: el del respeto a la pluralidad y las conexiones de los lenguajes infantiles, distintos pero unidos a una única raíz, y, por consiguiente, la lucha contra la vieja (y todavía funesta) *cultura de las antinomias* que opone y jerarquiza disciplinas, comportamientos, inteligencia, moralidad, razón, fantasía, imaginación, individualidad y sociabilidad, expresividad y cognitividad.

Todo esto tiene unas consecuencias prácticas que modifican de forma relevante los planteamientos teóricos y prácticos al uso.

Claro. El problema de fondo era (y sigue siendo) el habituarse a nuevos paradigmas de lectura: una lectura que debía llevar a determinar en el *subsuelo* de las distintas actividades y experiencias de los niños esos *rasgos* de procedimiento, habilidad e inteligencia propias que en lugar de poder incluirse en una especie de *fondo común,* se pueden encontrar incluso en situaciones aparentemente distantes e indiferentes.

Esta lectura da lugar a dos categorías conceptuales: que también la actividad gráfica debe leerse en muchas versiones interpretativas, mucho más de lo que se hace habitualmente (lo cual es *responsable* en buena parte de los excesos de especificidad, de irrepetibilidad y de condena de la propia actividad gráfica), y que la plurisignificación interpretativa debe hacerse también en todas las demás actividades disciplinares. En otras palabras, que las actividades gráficas, la pintura, la plástica tienen unos procesos genéticos y de desarrollo propios, y también que estos procesos pueden dar lugar a recuperaciones y retroacciones derivadas de otros. Este modelo es el que sigue vigente en nuestros 20 talleres de escuelas infantiles e inspira su actuación en las 13 escuelas maternales.

¿En qué imagen del niño habéis basado vuestro trabajo?

Es cierto que la imagen que tenemos del niño es fundamental para determinar la tipología del taller y para sus relaciones con los adultos y la cultura. ¿Qué imagen tenemos de los niños? Para contestarse voy a recurrir al caballo de Celestin FREINET. *"La escuela tradicional* —decía FREINET— *obligaba a beber al caballo que no tenía sed. Nosotros por el contrario provocaremos la sed en el caballo".* Sólo estamos de acuerdo con FREINET en parte. Porque pensamos que el caballo (el niño) nace (también) con sed y debe con sus propias fuerzas encontrar las fuentes. A nosotros nos corresponde no dejarle perecer de sed y dar la mano al caballo (al niño) para ayudarle si esas fuentes están ocultas o muy lejanas.

También los niños y nosotros podemos compartir la sed: esto es lo que ocurre sobre todo hoy día. Es necesaria una constante puesta al día. También en el taller, que debe adecuarse a las formas de ver, de oír, de hablar, de representar y narrar de las producciones gráficas de los niños. Formas que actualizan muchos problemas, no sólo teóricos y culturales, que han permanecido durante mucho tiempo inmóviles e injustificados. En ellas están implícitas las mismas funciones y el mismo interés por la expresión y la comunicación a través de la actividad gráfica y están acreditadas y son percibidas por los niños bajo la masiva influencia de cientos de nuevos cánones icónicos (expresivos y comunicativos) de los medios de comunicación. También aparecen diferenciados, aunque de forma menos marcada, no sólo la aparición, la evolución, la finalidad y el uso, sino también los estilos y los contenidos gramaticales, sintácticos y semánticos de las producciones gráficas, inventivas y verbales de los dos sexos.

© Ediciones Morata, S. L.

En vuestro taller encontramos reunidos el horno de cerámica y la cámara fotográfica, los pinceles y la cámara de vídeo, papel y alambre, conchas y hojas. ¿No se produce una especie de sobreexcitación visual?

Sí, quizá tengas razón. Hay muchas cosas en nuestro taller. En principio pensamos que el espacio sería suficiente. Hace años creamos talleres más pequeños, recurriendo a los archivos, al centro de documentación. El espacio ha resultado insuficiente al aumentar las ideas. Además, la tecnología ha introducido en el taller y en la escuela la cámara fotográfica, el vídeo, la cámara de cine, la cámara de vídeo, la fotocopiadora, el ordenador, etc.

La caja de los instrumentos se ha ido haciendo cada vez más grande. Los peligros existen, pero ninguno es capaz de *inmovilizaren* el tiempo a la escuela y a la experiencia del taller, y de dejar huérfanos a los conocimientos que allí se producen. La escuela necesita otro tipo de arquitectura y espacios más amplios. ¿Sobreexcitación visual? Es un problema que tenemos en cuenta, pero los niños son excelentes navegantes y saben pasar entre los escollos. Cuando se activa la concentración ocupa poco espacio y anula todo lo demás. Así está el tema.

En la escuela "Diana" he visto muchas vidrieras. Supongo que responden a una funcionalidad intencional.

Las vidrieras son un elemento constitutivo de nuestra arquitectura: internamente con vistas a una *circularidad* que consideramos fecunda, y externamente como *complicidad* con el entorno. Nos gustaría que la escuela fuese un túnel de vidrio en la ciudad. La *glasnost**, la transparencia interactiva es uno de nuestros deseos.

Habrás visto que los niños trabajan y juegan mucho en las vidrieras que son, como diría yo, una extensión sorprendente de la hoja, del caballete, etc. El *coqueteo* con la luz se hace materia y coautor de extraordinarios juegos gráficos y pictóricos, es otra de las seducciones a la que no nos resistimos. Además, es uno de los infinitos regalos que nos ofrece la naturaleza. De San Apolinar y de los bizantinos llegan mensajes que no deben perderse.

¿Qué me dices de la creatividad? ¿Existe realmente en los niños?

Sherlock Holmes todavía está buscando la creatividad. No sabemos lo que es pero sabemos que existe. Quizá está más disponible de lo que se cree y más infravalorada de lo que se piensa.

¿Son creativos lo niños? No debemos dejarnos engañar por los cuentos de hadas y la lírica orgásmica de los idealismos que hacen que toda la infancia sea de oro. Nadie lo es en nombre del Señor. Pero si la creatividad es un

---

* *"Glasnost:* Término ruso que convierte en lema la oposición liberal en el siglo XIX para exigir libertad de prensa y con el que se hace referencia a la política de transparencia informativa para favorecer la renovación de la vida pública. Este vocablo vuelve a ponerse de actualidad con el gobierno de Gorbachov en 1986, a raíz del accidente nuclear de Chernobil, momento que se aprovecha para exigir libertad de prensa y el fin de las censuras políticas. *(N. del R.)*

© Ediciones Morata, S. L.

valor, un bien (y los niños la sienten mejor que los adultos) hay que buscarla y cultivarla para tenerla (alguna vez al menos) a nuestra disposición. Todo cuesta trabajo y podemos intentar reducir la dimensión del problema. Pero nuestro intento no seguirra en pie si no estuviéramos convencidos de que los niños, todos los niños, tienen una gran capacidad (de acuerdo con Vigotsky) para ser candidatos a la creatividad: entre otras razones porque todavía no pertenecen a ese tipo de individuos, citados por Claude Bernard, *"que al tener un excesivo apego a sus ideas no son muy apropiados para tantear y hacer descubrimientos"*.

El tema exige una filosofía pedagógica, como la de Gianni Rodari, por ejemplo. Hay que creer (y no es fácil) que la razón es aliada de la fantasía y viceversa, y crear los proyectos adecuados para la acción. Y esto todavía es lo difícil, porque las corrientes didácticas que lo intentan avanzan contra viento y marea, mientras que, por ley, política y cultura, siguen pareciendo Diógenes buscando con el farol apagado.

¿Y si invirtiéramos el problema e intentáramos comprender qué es y a qué da lugar la falta de *creatividad*? La *capacidad destructiva* responde Sinnot. Capacidad destructiva destinada a llenar el vacío en el que debería ejercitarse la *creatividad*. Capacidad destructiva como renuncia, como pérdida de la humanidad, como "tran tran" según la definición burlesca de Rodari**.

¿En el trabajo de los niños habéis hecho o estáis haciendo alguna experiencia que sea especialmente interesante?

Un capítulo de gran importancia que está presente en toda nuestra metodología de trabajo es el de la posibilidad de cambiar esa persistente realidad del niño solo ante la hoja de papel, el caballete, los colores, la arcilla, etc..., solo antes sus fantasmas y modelos, en una especie de solitaria cápsula terrestre. Un individuo epistemológico propio de la más ambigua psicología cognitiva.

Creo que ha llegado el momento de revalorizar las aportaciones de la investigación psicosociológica y potenciar las vivencias de gran riqueza interaccional que los niños en pequeño grupo (2/4) saben gozar y hacer fructíferas en todos los sentidos. Al rechazar el análisis estricto del paralelismo entre estructura cog-

** "Para Rodari "tran tran" significa rutina, ritmo devida y de trabajo uniforme y monótono. *(N. del R.)*

nitiva y estructura social, centramos nuestra atención en temas relacionados con los complejos y articulados procedimientos y la causalidad del origen del conocimiento y de las infinitas apropiaciones de experiencias de todo tipo que los niños saben regalarse y crear de forma recíproca.

Partiendo de este planteamiento socio-interaccionista y socio-constructivista nuestro trabajo y el de los niños, dentro y fuera del taller, se han conseguido informaciones y reflexiones de gran valor. Pero éste es un tema tan amplio que conviene cerrarlo antes de abrirlo, aunque era importante decirlo.

Ha llegado el momento de la despedida y de darte las gracias. ¿Quieres añadir algo más?

Afirmar una vez más que la actividad gráfica y las competencias expresivas crecen y maduran sus lenguajes fuera y dentro de casa. Y que los niños descubren (con nosotros) la *complicidad* con las acciones, los lenguajes, los pensamiento, los significados; que es *fundamental* preservar en los niños (y en nosotros) los sentimientos de *asombro*; la creatividad *es un arte y una creación combinada* (unas veces inmediata y espontánea, otras aislada, subordinada) que tienen motivaciones, formas, procedimientos, contenidos (formales e informales) y capacidad comunicativa, previsibilidad e imprevisibilidad, que proceden del juego, del ejercicio, del estudio, del aprendizaje visual, de la subjetividad interpretativa de las emociones, de las intuiciones o de la imaginación racional y de sus posibles transformaciones y transgresiones. Todo ello favorecido, tolerado o impedido por las tendencias y de las políticas culturales.

En resumen, dibujar, pintar, etc., son experiencias y explotaciones de la vida, del sentido y del significado: son expresión de urgencias, deseos, confirmaciones, búsquedas, hipótesis, adecuaciones, constructividad, invenciones: son una lógica de intercambio, solidaridad, comunicación consigo mismo, con las cosas, con los demás y de juicio e inteligencia en relación con los sucesos que acontecen.

Así (también) el arte de los niños (arte, entendido con SKLOVSKIJ, como huida de los estereotipos y de los embalajes retóricos) en su aparición y desarrollo está dentro de un juego de relaciones y de coloquio permanentes. Como en la fachada de la casa del viejo rey en la que estaban incrustadas, formando círculo, centenares de perlas de luces y colores cambiantes y en la que cada perla se reflejaba en las otras construyendo y reconstruyendo el mundo y su propio mundo.

¿Fórmulas? No las hay. Sólo hay posibles estrategias. Sobre todo hacer que lo niños familiaricen sus mentes con las imágenes, que sepan mantenerlas vivas, que cojan el gusto de reactivarlas, de regenerarlas, multiplicarlas con el máximo uso personal y creativo. Una condición fundamental es que las imágenes sean *buenas* y *significativas* para sí mismas, para los ni-

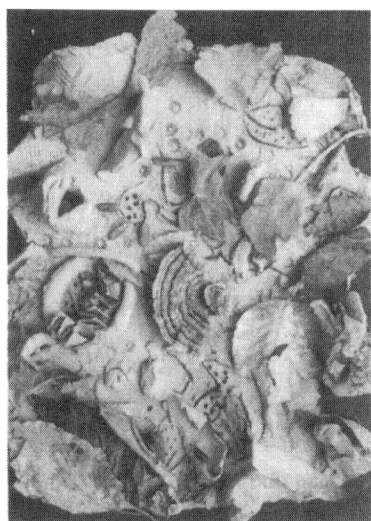 

ños, para los adultos. Así, sólo así, las imágenes, combinándose y recombinándose cada vez más (y no siempre con útiles lineares y acumulativos) en las formas de realismo, del sueño, de la ficción, de lo lógico, de lo imaginario, de lo simbólico, se convertirán en *signo* y *semiótica*.

Es el único procedimiento, difícil, incierto y quizá decisivo, mientras se consigue que se detenga esa especie de maquinaria pedagógica semejante, como decía POINCARE: "*a ese embalaje de máquina arbitraria y abominable* (que tuvo fortuna en el pasado y sigue teniéndola hoy todavía gracias a la complicidad académica y ministerial) *en la que se introducen los axiomas de la apertura y en ellos se recogen los teoremas de otra máquina, semejante a la de Chicago, en la que se meten cerdos vivos y salen convertidos en salchichón y salchichas*".

CAPÍTULO 11

Las marionetas: una revisión didáctica

Las marionetas tienen unas grandes posibilidades expresivas y comunicativas en la escuela infantil

Por Mariano Dolci[1]

Cuando se habla de marionetas en la escuela infantil se pueden entender dos cosas muy distintas:

a) el reconocimiento a los niños de un instrumento expresivo muy dúctil y adecuado para sus exigencias,
b) la utilización pedagógica de un espectáculo preparado por profesionales (o simplemente por adultos) dentro o fuera de la escuela.

Es cierto que los dos aspectos no están netamente diferenciados, encontrándose entre ellos una buena cantidad de situaciones intermedias (marionetas en manos de los educadores, animaciones teatrales, etc.). Sin embargo, al principio será oportuno mantener los dos aspectos separados,

---

[1] Trabaja en las escuelas infantiles de Reggio Emilia. Es experto en marionetas, teatro y dramatización.

Tema del mes: juego-teatro   *[Bambini,* diciembre de 1987]

ya que responden a dos formas muy distintas de asumir la participación: la característica del adulto y la del niño. Es una opinión comúnmente aceptada que éste, en muchos de sus juegos, dramatizando, hace cosas muy parecidas a las que realizan los actores que recitan. Si bien es cierto que siempre se ha señalado el parecido entre el teatro y los juegos infantiles (en algunas lenguas el mismo verbo tiene el doble significado de jugar y recitar), sin embargo no se pueden ignorar las grandes diferencias, so pena de estimular y encaminar a los niños en una dirección que les es extraña.

Aunque, con frecuencia, parece que los actores y los niños hacen lo mismo (se disfrazan, atribuyen significados convencionales a objetos y ambientes, se sitúan en el centro de la atención de un público), las diferencias que les separan del teatro son siempre muy claras. En los juegos de dramatización infantiles, el texto generalmente sólo es un obstáculo; los papeles se aceptan por lo fascinantes que pueden resultar y no por la coherencia del espectáculo; la acción y los diálogos se improvisan a partir de un tema que siempre se puede cambiar o transformar; "actores" y "espectadores" tienen unas funciones menos delimitadas y más intercambiables. El adulto, dotado de una personalidad ya formada, recita para parecer otro, siempre en función de un público, de una sociedad, aun en el caso deí que la rechace y la critique.

El niño, por el contrario, hace papeles para ser otro, para jugar con su propia identidad en formación, para satisfacer sus íntimas y personales exigencias de expresión (no obstante para ello es indispensable el juego de grupo) y no las del público, aunque sin embargo frecuentemente requiere su presencia. Por tanto sería contraproducente intentar introducir en la escuela modelos típicos de la cultura adulta. También sería limitado ver en el juego dramático infantil el origen del teatro. En definitiva, el niño, al utilizar ficciones para conocerse a sí mismo, a los otros y al mundo, se comporta de forma parecida a la de los investigadores en cualquier campo de las ciencias y las artes. Todo acto de conocimiento se inicia con un "imaginemos que ..." En cualquier modelo, desde el más sencillo (como un plano topográfico) a las más complejas teorías e hipótesis de trabajo, podemos comprobar la continuidad de los juegos infantiles. Con seguridad el teatro es fascinante para los niños, especialmente el de marionetas. En él reconocen sus juegos: actores y marionetas son a sus ojos personas mayores que saben jugar. Además, paradójicamente los niños pequeños comprenden con más facilidad que muchos adultos la esencia del teatro, por su tendencia a expresar-

© Ediciones Morata, S. L.

se mediante todos los lenguajes expresivos y por su alejamiento de la concepción del arte como simple ornamento.

Teniendo pues presentes los dos aspectos que indicábamos al comienzo, veremos que las marionetas pueden ser un instrumento expresivo en las manos de los niños, y que el teatro puede considerarse un importante elemento externo que debe entrar en la escuela.

Las marionetas como posibilidad de expresión y comunicación

La idea de que las marionetas deben estar en manos de los niños no necesita justificación. Incluso aquel que aún no se lo ha planteado, intuye hasta qué punto aman los niños a esos pequeños personajes y cómo desean adueñarse de ellos. Todo el que haya tenido oportunidad de ver a los niños jugar con las marionetas sabe qué vivacidad e inmediatez adquieren en sus manos. Generalmente el problema del educador es el de encontrar los estímulos más apropiados para superar la primera fase espontánea y permitir que los niños desarrollen una expresión cada vez más rica. La dificultad proviene, en parte, de la peculiar posición de la marioneta, situada en una interesante encrucijada de funciones.

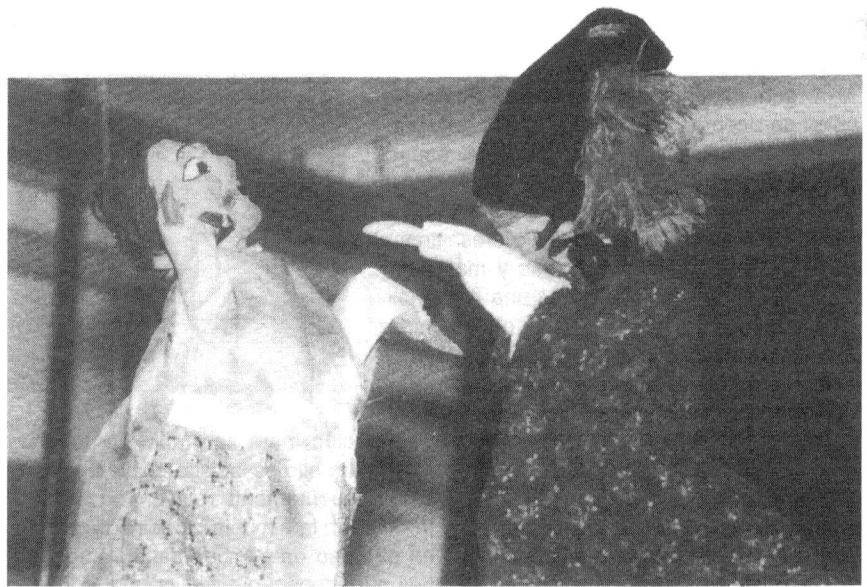

© Ediciones Morata, S. L.

Por una parte es un objeto expresivo, como una escultura o una muñeca, puede ser hermosa o tosca, de buen gusto o reflejar mitos consumistas, puede materializar una realidad simbólica, prejuicios o estereotipos.

Todo ello la convierte en un instrumento destinado a un uso comunicativo especial, a través de un lenguaje que tiene sus propias reglas, su gramática y sus particulares convenciones. El muñeco de marionetas puede ser, a veces, una verdadera obra de arte, pero no es sólo eso, y únicamente su utilización puede completarlo y justificar plenamente sus características. Como instrumento expresivo es algo muy distinto a un pincel, una máquina de escribir o una guitarra. Por ello no resultaría inútil, aunque pueda parecer muy abstracto, intentar olvidar por un momento el aspecto y las características de la marioneta para ver sólo su función de instrumento, sus exigencias técnicas, los lenguajes que le son propios, sus posibilidades y sus limitaciones. Muchos educadores se dirigen a profesionales y animadores para superar los primeros problemas. Sin embargo, quizá en algunos se dé un equívoco en esta exigencia, que es legítima, de formación; no hay unas dificultades técnicas reales para utilizar las marionetas en la escuela, pero ello no significa que el profesional más dotado de talento y experiencia tenga la clave para estimular a los niños pequeños en sus juegos.

Son capacidades muy distintas, y al profesor no se le puede exigir que se convierta en marionetista, como no se le exige que sea pintor, músico, etc..., pero sí que tenga un buen conocimiento de los instrumentos, los procedimientos y los materiales que va a ofrecer a los niños.

En este sentido no resultará inútil recordar que, desde hace tiempo, instrumentos como el pincel o la flauta dulce no se entregan sencillamente en manos de los niños esperando que ellos, a su capricho, los utilicen de cualquier forma. Aunque siempre se tiene prevista una actividad libre y espontánea, como nuevos juguetes, no por ello los instrumentos expresivos pierden, a los ojos de los adultos, su potencial valor. Por ello están previstas propedéuticas apropiadas, consignas y estímulos diversificados, gradualidad, prioridad y tiempos adecuadamente suficientes, ejemplos ofrecidos por los adultos; se tiene prevista también la adecuación entre los progresos técnicos y las exigencias expresivas del niño, entre su desarrollo y todas las demás actividades de la escuela. Sin todo ello, sabemos que el niño no podría descubrir sólo y en breve tiempo todos los procedimientos de un arte difícil.

Es cierto que no se ha pensado nada parecido para las marionetas. Probablemente ello se deba a su actual desvalorización en el mundo de los adultos. Mientras que el pincel del niño puede dar lugar a obras de arte en manos de un artista, no se plantea esto mismo en lo que se refiere a las marionetas, que comienzan y terminan pobremente su historia sólo como juguete ocasional.

© Ediciones Morata, S. L.

Volviendo un momento al pincel, es cierto que un educador experto conoce los distintos pasos entre el uso más inmediato, espontáneo y exploratorio del pincel y la consecución por parte del alumno de las grandes posibilidades expresivas que pueden alcanzarse con este instrumento: conoce la evolución que va del garabato a la obra compleja, con más niveles de lectura, y conoce también los tiempos de esta evolución y sus etapas principales. Como sabemos, intentar hacer evidente este recorrido no está exento de peligros, existe el riesgo de reducirse a la adquisición de una habilidad técnica y unos progresos expresivos olvidando una pluralidad de motivaciones. Con la misma precaución debería leerse la siguiente propuesta de "didáctica de la marioneta" basada en las experiencias llevadas a cabo en diversas escuelas en estos últimos años.

El punto de partida será la constatación de que el que coge una marioneta en sus manos inmediatamente se encuentra con algunas dificultades que intentaremos esquematizar:

1. Dar movimiento a las marionetas.
2. Darles voz, hacerles hablar.
3. Hacerles hablar y moverse.
4. Saber asumir un papel, mantenerlo, abandonarlo y cambiarlo.

Hay buenas razones para que el niño (o el adulto principiante) no se enfrente con todas estas dificultades a la vez. Éstas deben afrontarse por separado, teniendo previsto para cada una de ellas todo el tiempo necesario para su resolución antes de pasar a la siguiente. No se trata de reducir y simplificar (o sea, empobrecer) el juego dramático, sino de detenerse sucesiva y alternativamente en cada una de las exigencias a la vez que se ordenan las propuestas. Estas exigencias, opuestas entre sí, constituyen un problema real. Al ser las marionetas un juego social, que presupone comunicación, las convenciones técnicas, por más que se quieran reducir y simplificar, son indispensables. Un niño que hace hablar a su personaje bajándolo hasta el punto de hacerlo casi invisible a sus compañeros del público, satisface realmente su exigencia de expresión, pero su comportamiento corre el peligro de hacer estéril un juego que vive de la comunicación.

Este comportamiento podría hacernos pensar que la prisa (signo de inseguridad del adulto) ha llevado al grupo a dar un paso prematuro.

Observaremos que, en numerosos espectáculos muy válidos, los profesionales apenas hacen uso de la palabra y de los sonidos; otras representaciones se montan sin marionetas, con objetos corrientes o utilizando simplemente las manos. El hecho de que se preste más atención a un tipo

© Ediciones Morata, S. L.

de lenguajes, excluyendo otros, no es necesariamente un obstáculo para una realización artística.

Muchas clases han intentado poner en práctica el esquema que proponemos más adelante, enriqueciéndolo con críticas y experiencias. Aunque reunidas las primeras conclusiones de los educadores resultan positivas, sin embargo indican que en una clase de niños de 3 años pueden necesitarse muchos meses para hacer posible que el grupo pase de una dificultad a otra. Obviamente ello depende de la frecuencia de las sesiones, del atractivo del material, de las condiciones generales, de la composición del grupo, de la actitud del adulto, etc. Incluso quizá sean necesarios años para que se pueda dar por concluido todo el proceso. Con los niños mayores el tiempo necesario para superar las distintas dificultades es menor, pero se confirma la validez del procedimiento de aislar dichas dificultades. Incluso en las reuniones con los educadores que quieren familiarizarse con la animación de marionetas proponemos el mismo proceso gradual, aunque se de una sucesión más rápida.

Advertimos que el esquema se ha trazado por comodidad expositiva. En realidad no es necesario esperar que una dificultad se haya resuelto totalmente para pasar a la siguiente. El objetivo de la escuela no es formar pequeños profesionales a costa de imponerles áridos ejercicios. Por el contrario, el problema consiste en centrarse cada vez en una determinada dificultad, para pasar luego a otra y recomenzar de nuevo el ciclo mediante juegos cada vez más perfeccionados y relacionados con las demás actividades de la clase. Lo que intentamos deciros que el recorrido debería considerarse como un contenedor que hay que llenar y no como un objetivo en sí mismo. Si los niños han trabajado en la huerta, y las semillas han dado fruto, quizá sea el momento de clavar frutas y hortalizas en unos palos y hacerlas hablar entre sí delante del telón. Esta fácil animación, ya que no es necesaria la coordinación de los dedos, nos dará la oportunidad de insertar este juego en el recorrido, hacia la segunda dificultad, siguiendo con el filón de la huerta.

© Ediciones Morata, S. L.

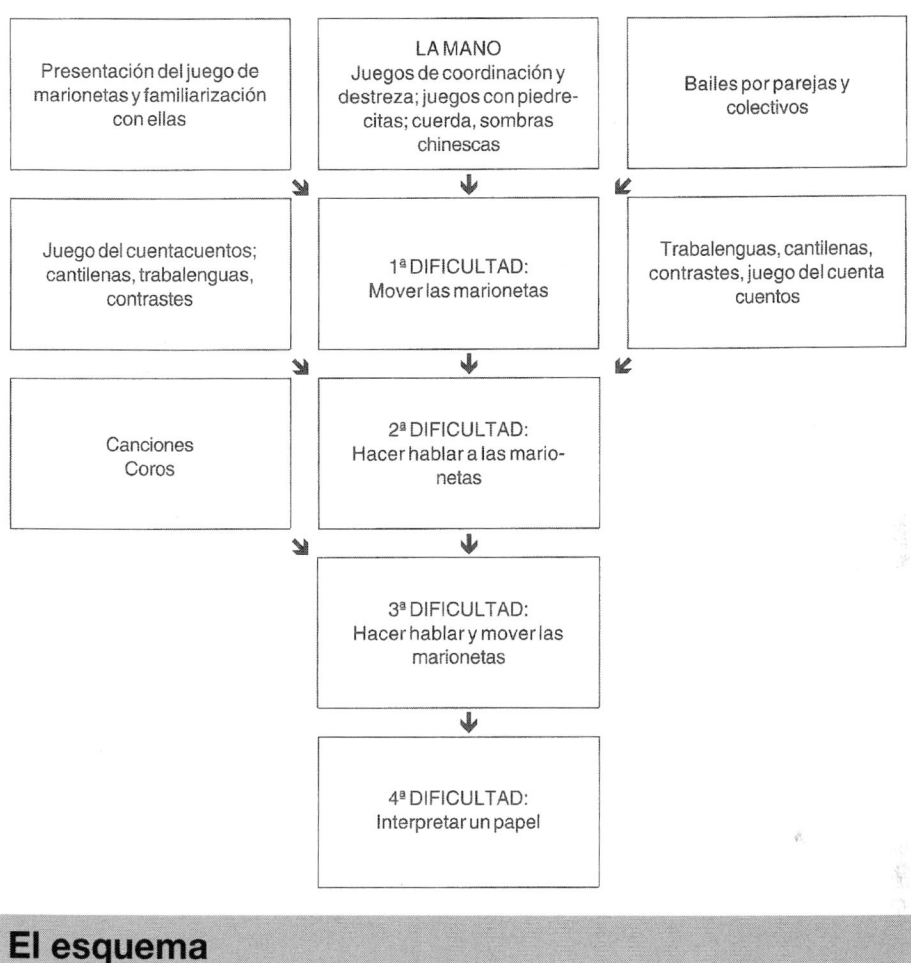

El esquema

Es cierto que hacer un esquema del género es difícil: cuantos más ejemplos hay de los posibles juegos, mayor es el riesgo de definir arbitrariamente un sólo recorrido, obstaculizando otras ideas. Una vez tomada esta precaución, recapitularemos de nuevo el esquema, antes de enfrentarnos con cada una de sus partes.

- Comprensión de la función de las marionetas.
- La primera dificultad: hacer que se muevan.
- La segunda dificultad: hacerles hablar.
- La tercera dificultad: hacerles hablar y moverse.
- La cuarta dificultad: interpretar un papel y mantenerlo.

La comprensión de las funciones de comunicación de las marionetas

Este aspecto se refiere sobre todo a los niños de la maternal. Por lo general en la escuela infantil los niños ya conocen las marionetas, bien por haber jugado con ellas directamente, por haberlas visto y apreciado en manos de los compañeros o los adultos o por haber asistido a algún espectáculo. La peculiaridad de la construcción de las marionetas, que las diferencian de las muñecas, se aprecia enseguida. Pero no por ello el niño está automáticamente preparado para ser diestro en las funciones y las convenciones que este juego presupone. Un niño puede asustarse ante la brusca aparición de una marioneta; otro seguirá mirando a los ojos del educador que la maneja, sin acceder inmediatamente a la convención de que es "otro"; un pequeño se inquietará cuando el lobo abra su boca, aunque haya sido él mismo el que haya provocado el movimiento; otro, por el contrario, se quedará estupefacto cuando, después de haber metido la mano dentro del personaje vea que eso no basta para darle vida y oír su voz; el personaje animado por un niño pequeño frecuentemente confundirá el papel con la identidad de su animador. Par aceptar el juego de las marionetas tal como lo conciben los adultos, aunque sólo sea como espectador, es necesaria la consolidación de varias capacidades y que el proceso de autoidentificación esté suficientemente avanzado. Pero si conseguimos romper un poco con nuestros esquemas, veremos que las marionetas se prestan a gran cantidad de juegos, incluso desde la clase de lactantes. Muchos de los primeros juegos de los niños implican una actividad con las marionetas, cuyas premisas podemos establecer. Incluso el juego del "carrete"* descrito por FREUD es sobre todo un juego de marionetas, como el tirar de la cuerda del muñeco colgado en la pared para que se mueva o arrastrar un perrito de ruedas. Por ello es necesario que al principio el adulto sepa abandonar, o al menos poner entre paréntesis, las características espectaculares de títeres y marionetas, para redescubrir y apreciar sus otros muchos valores.

Generalmente, si no se hace con prisa, no hay dificultad para presentar el juego y poner al niño en situación de espectador. Sucesivamente se tratará de ayudar al niño, dando los pasos adecuados, a pasar "al otro lado": de espectador a animador. Para ello se buscarán juegos en los que los papeles de animador y espectador estén muy difuminados. En algunas clases de la

---

* Freud hace referencia a este juego en su obra *Más allá del principio del placer*. Se trata de una actividad en la que el niño hace que un carrete unido a un cordel aparezca y desaparezca de su vista al Introducirlo y hacerlo salir de una cuna con dosel. *(N. del R.)*

escuela maternal, por ejemplo, había niños que dormían a la marioneta-pato cantando una nana cada vez más bajito. El pato, movido por la maestra, se paraba y luego, poco a poco, se sentaba, se tumbaba en el suelo hasta quedar inmóvil, mientras los niños se alejaban de puntillas hacia sus camitas. En este caso los niños todavía no eran animadores, pero en cierto modo ya "habran pasado al otro lado" condicionando activamente el comportamiento de la marioneta.

Si el paso de las manos del adulto a las del niño se realiza de una forma gradual, es comprensible que los niños, incluso los más mayores, conserven el placer de encontrarse en una situación de espectadores: es habitual ver marionetas cogidas por el cuello y ofrecidas al adulto para que sea él quien las anime. Además, aunque se hayan comprendido las funciones de la marioneta y la muñeca, no por ello dejarán de utilizarse de forma indistinta. Es habitual ver a niños mayores (incluso marionetistas expertos) que juegan con las marionetas como si fuesen muñecas o, al contrario, blandiendo éstas las hacen aparecer ante el telón del teatrito junto a las marionetas. En estos casos no es que se confundan las dos funciones, sino que se unen. En la escuela infantil daremos por adquirida la comprensión, al menos parcial, de la función de las marionetas. Ònicamente indicaremos cómo comenzar a hacer actividades con ellas. Para ello distinguiremos dos tipos de juegos, según los diversos planteamientos de las educadoras:

— Las educadoras prefieren utilizar marionetas ya hechas.
— Las profesoras prefieren comenzar con la construcción de marionetas por los niños.

Nos referimos al hecho de que para algunas maestras la construcción de los personajes será una premisa para una animación más variada, motivada y viva, puesto que los niños habrán jugado ya con las marionetas y comprendido sus posibilidades. Otras mantienen que la construcción por los niños carga al personaje con preciosos elementos autobiográficos que facilitarán una animación mejor.

A. LAS EDUCADORAS PREFIEREN UTILIZAR MARIONETAS YA HECHAS

De los infinitos juegos posibles sólo citaremos algunos.

La marioneta debería estar presente en la escuela desde el primer día antes de empezar cualquier actividad; en algunos casos la marioneta podría hacer los honores de la casa, enseñando los espacios, presentando al personal e iniciando al grupo en las reglas de la comunidad. Más adelante podría colaborar facilitando el conocimiento recíproco de los niños a través del juego del nombre mediante adivinanzas: "Veo una niña con trenzas y un vestido rojo ... ¿quién es?" Los niños se miran y el primero que adivine el nombre recibirá un aplauso.

También pueden realizarse aproximaciones individuales mediante una marioneta. Pensemos, por ejemplo, en niños con una integración lenta en el grupo, 'que se esconden en las esquinas con el dedo en la boca. Según la personalidad del niño, la marioneta podrá buscar el contacto mediante la ternura, la complicidad o, por qué no, un poco de provocación.

Todo el que está habituado a contar cuentos sabe cuánto gusta a los niños que se recurra a utilizar otros lenguajes además del verbal: movimientos de todo el cuerpo, mímica del rostro, variaciones en el volumen y el tono de voz, etc. Les gusta también la inclusión de lo concreto en la ficción. La aparición de un cestito, de una olla o cualquier otro objeto tangible, como si los utilizase el personaje del cuento, favorece el deseo de que éste refleje la realidad. La aparición en este marco de un personaje o un animal animado puede enriquecer el cuento. Pero está claro que no en todos los casos: en los cuentos más hermosos y poéticos, por el contrario, la aparición de un personaje o un objeto concreto puede contribuir a empobrecerlos.

Uno o más adultos pueden preparar una escena para ofrecérsela a los niños. La aparición periódica de las marionetas manejadas por los profesores son la mejor forma de sugerir gradualmente mejoras técnicas. Se tratará de no "chafar" al niño con nuestro virtuosismo sino, por el contrario, de valorar los personajes animados por ellos mismos.

En algunas clases, además de los niños hay un personaje (que a veces se llama "el treinta y uno"), animado periódicamente por una educadora. Este juego permite al adulto desdoblarse, expresar gradualmente su parte infantil, darle cuerpo y autonomía, aun siguiendo siendo adulto. De estos personajes, los mejores son los que, aunque animados por la profesora, siguen sin moralismo siendo cómplices de los niños, incluso en contra de ella. Por supuesto no se trata de actuar con hipocresía o de inclinarse con zalamerías ante los niños, sino simplemente de aceptar la parte infantil existente en cada uno de nosotros. Estos personajes, cuya personalidad se irá perfilando espontáneamente durante las visitas, pueden tener derecho a participar en las salidas, a celebrar su propio cumpleaños, a que les visite el pediatra si están enfermos, etc. En algunas escuelas, el personaje de la clase pasa cada fin de semana en casa de un niño distinto y, después, el lunes, habla a sus compañeros sobre el género de vida de la familia que lo ha acogido.

Si un día hace aparición en la clase una cesta con marionetas, la sorpresa estimulará una exploración activa de los niños. No es necesario que los personajes sean muchos. Algunas educadoras afirman que los niños mayores aprecian más las marionetas poco caracterizadas, puesto que obstaculizan menos la asunción de distintos papeles. Las educadores de la escuela maternal con frecuencia afirman lo contrario, diciendo que los personajes claramente caracterizados ayudan al pequeño a entrar en la representación.

B. LAS EDUCADORAS PREFIEREN COMENZAR CON LA CONSTRUCCIÓN DE MARIONETAS POR LOS NIÑOS

En las escuelas infantiles hay muchas actividades que contienen los elementos necesarios para un futuro trabajo con las marionetas, gracias a la tendencia infantil a dar vida a objetos e ilustraciones. Vamos a hablar de alguna de ellas.

Muchas creaciones pictóricas de los niños, las que hacen con pinceles no muy finos, se pueden recortar y pegar de palillos. En unos minutos se pueden conseguir gran cantidad de personajes. Si el dibujo se ha elegido con cuidado, ya tenemos un embrión de drama capaz de inspirar los primeros diálogos. Si el juego es aceptado por los niños se podrá plantear pintar otros personajes o los mismos, pero sobre un material menos efímero, como cartón o conglomerado. Los modelos así obtenidos pueden servir (si se prestan técnicamente) para actividades con el teatro de sombras.

Plastilina O arcilla pueden ser otro punto de partida, ya que los niños tienden, en su fase de elaboración, a hacer hablar e interactuar a sus obras. Se tratará simplemente de ampliar esta tendencia, ayudando a los niños a resolver algunos problemas técnicos (palillos de soporte, refuerzo de algunas parte, paso a un *papier maché* ligero, etc.)

Raíces, cepillos, cucharas de madera, pequeños recipientes de plástico, que evoquen por sus características personajes humanos o animales, pueden estar reunidos en un rincón de la clase. A veces un pequeño detalle (una corbata en un cucharón, un mechón de lana en una botella de plástico) pueden ayudar a evocar mejor el modelo. Hacer hablar e interactuar a estos objetos es la mejor forma de iniciar una actividad dramática. (En este sentido, recordamos una espléndida animación de Marta Grompone, en la que un mundo de pequeñas marionetas recortadas directamente de papel de periódico y de formas muy sencillas, era amenazado por un malvado aspirador disfrazado de dragón, que se comía ruidosamente —¡Y de verdad!— a los personajes.)

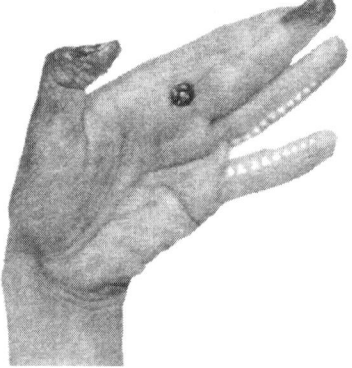

© Ediciones Morata, S. L.

También puede iniciarse la actividad de animación simplemente con las manos, desnudas o enguantadas, pintadas o provistas de pequeños accesorios. Esta forma, perfectamente aceptada por los niños, puede ser punto de partida para una posterior actividad con marionetas o con sombras.

Para dar vida y autonomía a objetos corrientes, los niños no necesitan descubrir en ellos semejanzas con seres vivos. Su función puede ser la de estimular su caracterización como personajes. En algunas clases, frutas y hortalizas, clavadas en bastoncitos, interactúan en un mundo de cuchillos, tenedores y cucharas. Algunos grupos de objetos tienen en sí mismos características que los niños saben descubrir sin ninguna sugerencia. Por ejemplo, un conjunto de zapatos como: una bota, un zapato de hombre, uno de tacón alto, una zapatilla con puntillas, una sandalia de niño, una zapatilla de deportes y un zueco, forman un grupo de personajes perfectamente caracterizado.

Dificultades técnicas

Vamos a examinar las distintas fases de una animación, desde la de presentación a la de familiarización, y las dificultades surgidas con anterioridad.

1. MOVER LAS MARIONETAS

En los niños no se da por supuesto que vayan a tener los muñecos a una altura adecuada y que vayan a coordinar los movimientos de los dedos y la mano. Por ello, para empezar, deben elegirse juegos en los que estas exigencias queden minimizadas y que, además, no requieran también el uso de la palabra, ayudando al niño a concentrarse en unos movimientos fáciles y reducidos. Pero ante todo se debería tener prevista una fase preparatoria de coordinación de los dedos y las manos. Son muy conocidas cantilenas del tipo de:

> *"En esta plaza hermosa*
> *había una liebre loca.*
> *El pulgar la vió,*
> *el índice la atrapó,*
> *el corazón la mató,*
> *el anular la guisó*
> *Y el meñique se la comió".*

O como:

*"Éste encontró un huevo
éste fue por leña
éste lo guisó
éste le puso sal,
y éste pícaro gordo todo se lo comió."*

Estas retahílas, en las que el adulto va tocando los distintos dedos de la mano del niño, se dan en todas las lenguas y dialectos. Según una estudiosa catalana (COROMINAS) son fruto de la intuición popular para ayudar al niño en la progresiva autonomía de cada dedo. Para los niños mayores existen muchos juegos conocidos sobre la rotación y sucesión rítmica de los distintos dedos entre sí. Citaremos, por ejemplo:

No es fácil dar vida a los muñecos, ni siquiera para los adultos.

— Los juegos en los que las manos de dos personas forman figuras con un cordel con los extremos anudados.
— Jugar a tirar piedrecitas con una mano y recogerlas en el dorso: en este juego existen una serie de reglas y una progresión de dificultad.
— Las llamadas sombras chinescas, que se obtienen proyectando las manos en diversas posturas o entrecruzadas.
— Unos zapatitos de goma-espuma colocados en los dedos índice y corazón resultan muy divertidos para los niños. La mano, así calzada, camina, salta sobre las escaleras hechas con cubitos, incluso puede esquiar.

Volviendo a las marionetas, la gimnasia matutina o del mediodía actuando con ellas puede ser un buen comienzo para perfeccionar los movimientos de las manos. Los niños cogen sus personajes y deben hacerles ejecutar algunos movimientos sencillos:

"Flexión de las piernas, uno dos ... uno dos".

© Ediciones Morata, S. L.

"Mover un brazo ... ahora el otro ... ¿Es capaz de aplaudir?"
"Correr en fila por toda la clase".
"Decir que sí... Decir que no". (Se descubre que la marioneta puede mover la cabeza como signo de afirmación, mientras que para la negación tiene que mover todo el cuerpo...)
"Girar sobre sí misma". (Se descubre que si el animador no gira sobre sí mismo, la marioneta no puede hacer una rotación completa.)

Casi todos estos juegos se hacen sin teatro ni cualquier otro escondite, pero cuando éste se empieza a utilizar, se puede pedir a las marionetas que no participen en esa representación, que se queden sentadas entre el público, incluso aplaudiendo cuando se dé el caso.

El paso siguiente será hacer bailar a la marioneta al son de una música muy rítmica. Es una empresa fácil y podemos realizarla de forma que el personaje no se baje demasiado, que no esté siempre de espaldas, que la mano libre del animador no intervenga para ayudar a la marioneta en los frecuentes tropiezos con las demás, que la cara del niño no aparezca constantemente por detrás del telón para ver el efecto de sus gestos, etc. En estos comportamientos debemos ver no los inconvenientes que criticar, sino el hecho de que se trata de un paso obligado, antes de que nuevas consignas lleven al grupo a una utilización más divertida de las marionetas.

Al principio se debe trabajar con pequeños grupos y cambiar rápidamente a los animadores, para que no tengan que esperar demasiado su turno. En algunas clases es habitual trabajar con un pequeño grupo de alumnos en un ambiente recogido. Sucesivamente estos niños se van distribuyendo en otros grupos, en los que pueden ayudar al educador. A veces ellos se transmiten determinados juegos mucho mejor de lo que lo podría hacer el adulto.

A continuación, para revitalizar el juego, se introducen nuevas complicaciones:

— Hacer bailar a dos marionetas, una en cada mano.
— Hacer bailar juntas a dos marionetas de distinto animador (mucho más difícil).
— Coordinar las danzas de las marionetas de dos o más niños, desde las formas más sencillas, como el corro, a las más complicadas, del tipo del baile de cuatro personajes. Utilizar una misma música para cada figura de baile será una ayuda para los niños.
— Al cabo de algunas sesiones se podrá hacer que los personajes entren en escena "andando" correctamente y desde los lados hacia el centro (y no que aparezcan bruscamente desde abajo), que se con-

trolen pequeños incidentes (dos cabezas que se chocan, pequeñas disputas, etc.).

Cuando se pase a juegos de improvisación más complejos, que impliquen verbalizaciones, los bailes seguirán siendo una forma óptima de iniciar una sesión y, si se seleccionan con cierto cuidado, pueden constituir pequeños espectáculos por sí mismos.

En esta fase es mejor que las sesiones sean frecuentes y muy breves. Aunque los niños acepten con agrado este tipo de actividades, se debe evitar el riesgo de que se transformen en ejercicios. Obviamente sólo mantienen su valor si son l)ien aceptadas. La frecuencia de las sesiones favorece algunas adquisiciones: nada hay mejor que el hábito que es la segunda naturaleza.

Durante las animaciones a veces los niños emiten gritos, incitaciones, saludos, que no corregiremos por el momento, para centrarnos en la coordinación manual. No es el momento de ser demasiado exigentes y, si estamos trabajando con propuestas bien aceptadas, pasaremos sin problemas a la segunda dificultad para Ofrecer nuevos estímulos. Después de haber utilizado el baile, esta fase se puede continuar, por ejemplo, con pequeñas pantomimas (escenitas mudas o con una mò$ica de fondo). Incluso se pueden representar cuentos muy sencillos (como "El nabol gigante" o "El ratón de campo y el ratón de ciudad"), sólo con movimientos, sin texto hablado.

2. HACER HABLAR A LAS MARIONETAS

Si la fase anterior estaba centrada en el movimiento, sin estimular la expresión verbal, ahora se trata, de momento, de hacer lo contrario y fomentar la v.rbalización sin exigir a la vez una manipulación que podría obstaculizarla.

- Sobre una mesa o en el suelo se puede hacer una construcción plástica con cajas de cartón decoradas, que serán los edificios, mientras que el papel arrugado simulará los prados, el mar, etc. Se hará dialogar a los personajes dentro de este mundo.
- Algunas escuelas tienen, para este fin, unos muñecos especiales, llamados "peones de ajedrez", provistos de una base sólida. Los brazos presentan varillas para su movimiento, que resulta tan sencillo que no obstaculiza la concentración de los niños en el lenguaje.
- Algunas clases utilizan muñecas y ositos y otras clavan los muñecos de los niños en botellas, para hacerles hablar sin tener que sostenerlos.

© Ediciones Morata, S. L.

Observaremos que frecuentemente los niños, incluso los muy pequeños, intentan cambiar su voz. En el fondo es un signo de madurez: el niño se da cuenta de que tiene en la mano "a *otro*" e intenta subrayarlo. Mantener diálogos relativament. estructurados durante un cierto tiempo cambiando la voz es una tarea complicada (inCluso para el adulto), y no debemos motivar al pequeño animador para que siga eSte camino que podría ser sólo un obstáculo más.

3. Hacer hablar y moverse a las marionetas

Básicamente se trata de retomar los bailes y pantomimas de la primera fase introduciendo gradualmente la verbalización.

Este paso puede verse favorecido por la utilización de marionetas de bastón, cuya animación es mucho más sencilla.

— Más que con textos aprendidos de memoria, el lenguaje verbal se introducirá mediante canciones conocidas, cantadas por los niños. Cantando "En la vieja factoría", por ejemplo, los distintos animales se moverán cuando lo pida el texto, y los niños generalmente no tendrán dificultad al apoyarse, a través del canto, en palabras conocidas. Generalmente se divierten mucho con estos juegos que, en unos minutos, les ponen en condiciones de ofrecer un pequeño espectáculo a sus padres. Es evidente que esta actividad no se debe prolongar demasiado: si a cada nota de la canción corresponde un sólo movimiento correcto, y no otros, la expresión de los niños no se ve estimulada. Además no hay muchas canciones adecuadas para este tipo de ejercicio.

— Espontáneamente los niños tienden a prestar sus voces a los personajes: se trata de prolongar y fomentar estos momentos. Podríamos proponer que los personajes se presenten antes de bailar o que discutan antes de darse bastonazos. También los niños sentados (y sus marionetas) pueden dialogar con los personajes de turno, preguntándoles la edad, su situación familiar y social, etc. Si los mismos niños han hecho las marionetas veremos que, a veces, les han dotado de una personalidad que debemos ayudar a expresar.

— Sucesivamente se pondrán en relación los personajes de dos niños, enfrentándoles a una situación cómica. Unas veces el adulto estará detrás del telón para dar ejemplo a los niños o introducir nuevas técnicas, otras estará sentado entre el público. Pero su función será, sobre todo, la de introducir, encontrar, ordenar y alternar los temas que se deberán mover dentro de un campo comprensible para los niños. Si el tema exige alguna actividad realizada recientemente en la clase, alguna aventura del grupo o de uno de sus miembros, ello favorecerá la verbalización de los niños al apoyarse en un terreno ya conocido. Si tenemos los oídos abiertos, irán surgiendo diversos estímulos de los propios diálogos entre los niños, que deberemos recoger y utilizar, y también mantener en la sombra cuando así lo exijan los niños.

4. SABER INTERPRETAR UN PAPEL Y MANTENERLO

La niña que sigue hablando de forma femenina cuando maneja un personaje masculino; la marioneta perrito que no ladra cuando es maltratado en escena porque su animador no sufre con él; marionetas que siguen recitando después de haber descendido hasta el punto de ser invisibles, etc., son episodios frecuentes cuyo origen no es necesariamente una carencia técnica. El hecho es que el niño no se arriesga a salir del todo de su punto de vista; él no advierte la compleja economía del espectáculo y enseguida se va a lo seguro, al plato fuerte (y el lobo se comió a la abuelita) o divaga eternamente. Algunos papeles poco gratificantes no van con él, y es incapaz de respetarlos aunque antes los hubiera acogido con entusiasmo; en cambio, en otros papeles se detiene tranquilamente aunque ello obstaculice el desarrollo del espectáculo. Al asumir un papel, frecuentemente confunde su personalidad con la del personaje.

Resolver esta dificultad está fuera de las capacidades del niño de 6 años. Sería negar su "egocentrismo" y pensar que es capaz de ponerse en el punto de vista de los otros (del público). Pero él juega también para estructurar su propia personalidad y algo podremos hacer planteándole pequeños problemas mediante el ejemplo. Nosotros mismos haremos ladrar al perrito golpeado y nuestro papel unas veces será estar en el guiñol y otras sentados entre el público valorando los efectos más prometedores ideados por los niños. A veces algunos adornos del escenario, si están Ibien elegidos, pueden ayudar a crear un ambiente, favoreciendo que el niño entre en esoena. Nuestras intervenciones no pueden limitarse a cuestiones técnicas, ya que deben servir de estímulo para relanzar un juego que corre el peligro de empantanarse y repetirse. Frecuentemente las preocupaciones del adulto son excesivas: a nosotros nos parece extraño que alguien se pueda expresar sin un texto, sin unos acuerdos previos, sin convenciones, sin respetar la coherencia y los papeles asumidos. Por el contrario, si las condiciones lo permiten, aunque para nosotros sea un misterio, losl niños saben encontrar temas, modificarlos, ponerse de acuerdo entre sí, inventar interesantes, aunque débiles, convenciones teatrales e incorporar con naturalidad elementos de la realidad que los rodea (por ejemplo, el sonido del timbre de una bicicleta que, al pasar cuando se está representando una determinada escena, se convierte en él timbre de un teléfono, modificando toda la marcha del diálogo...).

CAPÍTULO 12

Nuestras manos no son iguales

Por Mariano DOLCI

Una marioneta "con mano de verdad", como el zorro de la foto de la página siguiente, se presta muy bien para hacer de presentador o de "treinta y uno" de la clase. El continuo juego entre ficción y realidad (representado por la mano) fascina a los niños estableciendo con él rápidamente un diálogo. A veces el absurdo esquema corporal del personaje parece útil para plantear pequeños problemas sobre simetría y lateralidad. Al familiarizarse con el personaje, los niños se dan cuenta enseguida de que, al tener el animador dos manos (una de las cuales se utiliza para dar movimiento a la cabeza) la marioneta está condenada a tener una sola mano.

Más pronto o más tarde siempre hay alguno que descubre la forma de provocarlo: "¡Enséñanos la otra mano si eres capaz!".

Zorro: "No puedo, la tengo en el bolsillo".

Niños: "¡No es verdad, no tienes otra mano!".

"Enséñanosla, sácala fuera".

Pero los niños no se dan cuenta de que detrás del telón hay otros adultos que pueden "echar una mano". Después de un momento de perplejidad ante la aparición de la otra mano, alguno acaba por descubrir el truco: "¡no es la tuya, hay una mano grande de hombre y una pequeña de mujer!", "¡es la mano de la maestra!".

Zorro: "Por supuesto que es la mía, solo que yo tengo una mano grande para presentar el espectáculo a los niños grandes y una mano pequeña para presentar el espectáculo a los niños pequeños..."

Tema del mes: juego-teatro   [*Bambini*, diciembre de 1987]

El juego continúa con otros intentos por parte del que mueve la marioneta de hacer pasar por tontos a los niños que se divierten mucho no dejándose tomar el pelo. Aparece entonces una tercera mano para complicar las cosas. Luego el zorro vuelve a tener dos manos, pero son dos manos derechas. Al no tener mano izquierda, el personaje no puede hacer operaciones muy sencillas, pero en cambio puede hacer cosas imposibles para las personas normales. (Cuando entrecruza los dedos, un pulgar queda arriba y otro abajo.)

El asombro de los adultos no es menor que el de los niños.

© Ediciones Morata, S. L.

CAPÍTULO 13

Una representación con los niños bajo el signo de la penumbra y la oscuridad

Fantasmas, relámpagos, truenos, ruidos

Por Stéfano STURLONI[1]

No se trata sólo de una situación de desorientación y dramatización excitante, sino también de una experiencia útil para racionalizar y dominar el miedo a la oscuridad. Los fantasmas acaban por ser descubiertos y puestos en ridículo.

Lo que se quiere contar en estas páginas es una experiencia realizada en la escuela infantil San Mauricio con niños de edades comprendidas entre los 5 y 6 años.

El tema central del trabajo era la *oscuridad* como situación provocadora.

Comenzaremos explicando que esta iniciativa tuvo su origen en *una experiencia paralela* en tres escuelas infantiles de Reggio Emilia, las cuales

---

[1] Escuela infantil municipal Villa San Mauricio de Reggio Emilia.

Educación infantil: proyectos y experiencias *[Zerosei*, diciembre de 1983]

© Ediciones Morata, S. L.

apropiándose de un término ya codificado en el mundo artístico-expresivo (la *"performance"* o representación) decidieron diseñar un proyecto que diera vida al comportamiento infantil más allá de los inevitables estereotipos que se reproducen en las instituciones escolares.

Pensemos por ejemplo en la visión cotidiana de la clase por parte del niño: todas las mañanas la encuentra más o menos en la misma situación.

Sería distinto si el niño al entrar un buen día encontrase las mesas volcadas y la clase completamente revuelta.

Es fácil comprender la incidencia de una situación semejante sobre la capacidad de reacción del niño. Asombro, preguntas y después una serie de variables conductuales.

Se trataría de una verdadera provocación.

Es ahí donde es lícito recurrir al concepto de representación. *"Representar* —dice Renato BARILLI— es *recitar, hacer espectáculo,* es *un acto de comportamiento cargado de un sentido de perfección cualitativa y espectacularidad pobre y embrionaria que sigue estando ausente aunque vagamente implícito en nuestra forma de comportarnos".*

A través de una temática común de la representación las tres escuelas intentaron una aproximación al ambiente (espacios, tiempos, materiales, roles) inusual y muy original.

En las otras dos escuelas los temas de la experiencia fueron: la aparición mágica, en una mañana aparentemente igual a las demás, de una infinidad de *fardos de paja* amontonados en el patio de recreo, en una de las escuelas, y en la otra la *monodireccionalidad del uso de las sábanas* que, habitualmente relegadas a simples accesorios en el momento del sueño, surgen como material polivalente para actividades lúdicocreativas.

Como ya habíamos dicho, en nuestra escuela nos centramos en las *situaciones de oscuridad* y *penumbra,* planteándolas primero como situaciones de desorientación y luego como contextos cada vez más vivibles y dominables por los niños, ofreciéndose la posibilidad de convertirse en punto de partida de una variedad de juegos libres colectivos a partir del dominio total de la propia oscuridad.

Evidentemente en estas consideraciones queda claro que no debemos limitar la experiencia de las representaciones simplemente a utilizar la oscuridad como hábitat de juego, sino hacer de ella una plataforma de lanzamiento para un trabajo mucho más amplio, que intente racionalizar y dominar el miedo a la oscuridad, utilizando la valoración del placer connatural a su disfrute.

© Ediciones Morata, S. L.

Datos metodológicos

El trayecto operativo sobre/en la oscuridad que ahora vamos a contar en detalle, está compuesto por una fase en la que participan todos los niños de la clase de mayores, y otras fases en las que participa un tercio de la clase, que se divide, para esta ocasión, en tres grupos de diez niños cada uno.

Para simplificar, nuestras observaciones se refieren exclusivamente a los niños de uno de estos tres grupos, formado por:

Fabio G.	de 5;1 años
Annalisa P.	de 5;8 años
Alberto P.	de 5;8 años
Thomas F.	de 6;2 años
Barbara V.	de 5;6 años
Barbara C.	de 5;1 años
G. Luc D.F.	de 5;1 años
Francesco T.	de 5 años
Mirco B.	de 5;9 años
Barbara A.	de 6;2 años

En la representación participaron Maude y Mara, las dos profesoras de la clase, y el encargado del taller.

Su participación se realizó siguiendo unas normas generales de comportamiento, definidas en el proyecto de la experiencia, en las que está previsto que el adulto no estará disponible para *solucionar* el problema de la oscuridad, y manifestará la misma sorpresa que el niño.

Sin embargo, su comportamiento garantizará en todo momento una presencia segura, pronta a intervenir en ayuda del niño que tenga dificultad para controlar su propia emotividad y dispuesta a proporcionar estímulo, actuando de forma que garantice la viveza de la oscuridad.

Naturalmente el adulto, con ayuda de una grabadora escondida, deberá estar muy atento, observando reacciones y comportamientos individuales y colectivos de los niños.

La experiencia tiene una duración de casi un mes y medio, y está dividida en tres partes fundamentales que podríamos clasificar como:

1. Prolongación anómala de situaciones de penumbra.
2. Situaciones de oscuridad total en un momento cercano al sueño.
3. Rumores, música, luces y actividades en total oscuridad (dos fases).

© Ediciones Morata, S. L.

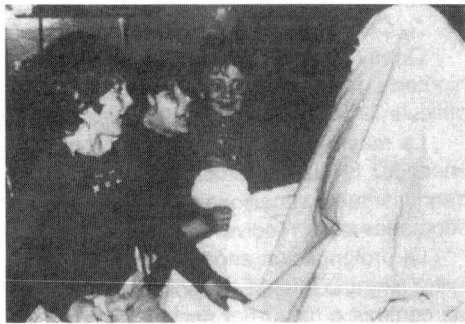

FABIO G. (5;1 años)
He hecho de fantasma sobre la tarima. Me miraba en el espejo y me daba miedo yo solo. Me he puesto la linterna en la boca y he dicho "¡¡¡¡UUUUUuaaaaaaa!!!!" como los fantasmas de las películas, después he bailado y he salido por encima del castillo... Bueno era la tarima con las mesas y las sillas que con un poco de oscuridad parecía un castillo encantado.
No he tenido miedo porque sabía que había alguien dentro; se veía lo negro debajo de la sábana que era de la cocinera. Me he divertido mucho, además era un juego que no habíamos hecho nunca.

La experiencia "sombra"

Estamos en la primera representación. El grupo de diez niños, separado de sus compañeros, se prepara para asistir a una proyección cinematográfica preparada en su clase.

Hasta aquí todo es normal, subdivisiones de la clase de este tipo no son nada insólito. La habitación queda en penumbra y mientras los niños siguen a filmación, un adulto, sin ser visto, *bloquea el interruptor* de la luz con un trozo de cinta adhesiva. Pero eso no es suficiente, anteriormente ninguno se ha dado cuenta de que al ordenar las sillas como en un cine, se han colocado algunas mesas ante la puerta para impedir una rápida apertura. Se trata de evitar que el niño encargado de encender la luz, al finalizar la proyección, recurra rápidamente a abrir la puerta (muy cercana al interruptor) para resolver enseguida el problema de la oscuridad, rompiendo la magia de la situación.

¡Ha llegado el momento!, la palabra *fin* aparece en la pantalla y ya hay un niño dispuesto a dar la luz, pero de repente en su rostro se dibuja una mueca de sorpresa, la penumbra tarda en desaparecer: *"¡no se enciende!"* Como buscando respuestas verbales y operativas su cara se vuelve hacia el adulto.

"¡¿Cómo que no se enciende?!", contesta el profesor.

Otros niños, sentados en su sitio, dan respuestas de tipo técnico: *"Se ha ido la luz"*, hipótesis rápidamente rechazada al ver el proyector en fase de rebobinado de la película... *"Se ha fundido la bombilla", "Si no vuelve la luz enciendo la linterna".*

La mayoría de los presentes, sobre todo los de sexo masculino, quiere intentar encender la luz personalmente. Las niñas prefieren quedarse sentadas contándose tranquilamente situaciones parecidas que se han presentado en su casa y las medidas adoptadas para resolver el caso.

La prolongación anómala de un estado de penumbra parece superarse con pleno éxito; ninguno intenta dar soluciones de emergencia, habría bastado muy poco, correr las cortinas o pasar por encima de las mesas para abrir la puerta.

La situación crea un ambiente de conversación sin provocar nerviosismo ni desasosiego. Todos están tranquilísimos; la oscuridad no es total, la luz se filtra por las rendijas, y cuanto más se prolonga la permanencia en la estancia mayor es la adaptación a la oscuridad que enriquece la percepción de todo.

A preguntas del adulto como *"¿Y ahora qué hacemos?"* los niños no dan respuestas demasiado concretas, alguno dice *"¡Esperamos!"* Sólo persiste la sorpresa ante la imposibilidad de mover el interruptor: "¡Está *duro!*" ... "¡No *funciona!*" o *"No entiendo nada".*

Cuando descubren la trampa, el asombro es general: *"¡¿Qué es esto... es papel cello!?",* y siguen, con el énfasis propio de un descubrimiento extraordinario *"¡¿Quién ha puesto papel cello?!"*

La vuelta a la luz después de cerca de 20 minutos de oscuridad se recibe con una exclamación *"¡Oooh, por fin!",* atribuible, como hemos dicho, no al desasosiego provocado por la oscuridad, sino a la solución de un problema insólito y de difícil solución. Con la vuelta de la luz los niños se preguntan quién habrá sido el autor de la broma, estupefactos ante la posible responsabilidad del adulto.

Debemos confesar que antes de realizar la experiencia pensamos que podríamos encontrarnos con manifestaciones de impaciencia ante la permanencia en la penumbra, creyendo que su incidencia sobre la emotividad de los niños provocaría algunas reacciones evidentes, como, por ejemplo, aproximación física al adulto o un deseo explícito de salir de la situación. Por supuesto, en ese caso habríamos revisado nuestro proyecto, posponiendo las fases de oscuridad total, pero la realidad de los hechos nos convenció para llevar a cabo la segunda iniciativa prevista.

© Ediciones Morata, S. L.

La experiencia "oscuridad"

Transcurrida una semana, nos encontramos en la segunda fase, constituida por una "caída" en la oscuridad total, durante el momento de aproximación al sueño.

En esta experiencia, por motivos obvios, participará toda la clase, lo que garantiza, hasta el final, la ausencia de sospecha en los niños de lo que va a ocurrir.

La provocación se pensó así: mientras los niños están comiendo, algunos adultos, con ayuda de telas, tapan todas las rendijas por las que pueda haber filtraciones de luz. Cuando los niños vuelven a la clase la situación parece normal. Detrás de las cortinas se han cerrado las contraventanas y está encendida la luz artificial.

Comienzan las actividades que preludian la siesta del mediodía; se ordena, se cuenta un cuento, luego, como augurio de un buen descanso, se apaga la luz.

FRANCESCO T. (5años):
G. Luca ha tirado de la sábana delfantasma. Yo nolohabría hecho porqueme habría dado miedo; ¿Nosabía qué había dentro y se ponía a gritarcon él?
Luego vino Patricia. Como ya sabía que losfantasmas eran de mentira tiré de la sábana. Fue una broma muy divertida. Andrea que ese día se quedó en casa no lo vió y todavía tiene miedo y dice que existen, ¡YO le digo que son de mentira!

Normalmente durante el período de sueño hay algo de claridad. Pero esta vez el clic del interruptor da paso a la oscuridad total.

Por supuesto, también en esta ocasión el adulto está preparado para actuar como si no ocurriera nada raro, y también para intervenir, si fuera necesario, interrumpiendo la experiencia.

Al contrario que en cualquier otro momento de comienzo del sueño, la "caída" en la oscuridad total determina un silencio inmediato. Las camitas no chirrían, apenas hay murmullos.

Se percibe perfectamente en los niños la actitud de alerta en la oscuridad, de búsqueda, quizá, de algún rayo de luz para utilizarlo como punto de referencia. La anomalía es fácilmente perceptible; se advierte que el ojo tarda más en adaptarse 18 la situación, pero es muy difícil establecer las causas; todos parecen atentos a la captlción de algún indicio revelador. Como no podían intuir que eran objeto de una maquinación del adulto, probablemente piensan en motivos de tipo natural, ¿acaso no es la oscuridad la consecuencia de la falta de luz? Al cabo de ocho minutos comienzan a oírse algunos murmullos, niños que se llaman entre sí para cerciorarse de su mutua .presencia y el adulto aprovecha para confirmar la suya. Entonces un niño exclama: *"¡Qué oscuro!",* enseguida otros compañeros hacen de eco *"¡Madre mía, qué miedo!"* La situación desemboca en un juego colectivo lleno de risas y golpes. Se hace evidente que ninguno se había dormido. Mientras, el adulto intenta restablecer el silencio, pidiendo a los niños que se duerman, pero la situación de los primeros minutos ya resylta irrepetible: murmullos, risitas, rumores de movimientos, ya no reprimidos, se multiplican de forma irreversible.

En este momento el profesor encargado del taller, situado en el lado opuesto de la clase respecto al adulto, que ha hecho evidente su presencia para dar seguridad a los niños, provoca, golpeando el armario con la mano, un ruido inesperado que cataliza la atención de todos.

"¿Quién es?" ... "¿Quién es?"
"Es el fantasmón"
"¡ES el gordinflón ... Es el fantasma del gordinflón!"
"¡¿Qué ha sido eso?!"
"¡¡ES un fantasma de otro planeta!!"
"¡¡Es el lobo!!"
"¡¡Es un ladrón de niños!!"
"¡¡Socorro, está muy oscuro!!"
"¡¡Qué miedo!!"
"¡¡Es el gorila Magila!!"
"¡¡Es el gorila gorilón!!"

© Ediciones Morata, S. L.

Mientras tanto la actividad lúdica se intensifica, permitiendo incluso la identificación intuitiva del responsable: *"¡¡¿Basta, Estefano?!!"*

Cuando después de 20 ó 25 minutos la luz se vuelve a encender, casi todos los niños están de pie.

La luz es recibida con varios *"Ooooh, por fin"*. Pero alrededor de la mitad de los niños grita: *"¡Más, más, vamos a seguir jugando!"*, pidiendo implícitamente la vuelta a la oscuridad.

Una vez que se ha decidido terminar la experiencia, conseguir que los niños duerman resulta una tarea ardua, aunque para distinguir los dos momentos se deja abierta la puerta de la clase para dejar pasar la luz. Sin embargo, el porcentaje de los que después se durmieron fue como el de cualquier otro día, demostrándose el desarrollo positivo de la experiencia para todos y, al despertar de nuevo, se dieron prolongaciones lúdicas y narrativas de la fantástica vivencia experimentada poco antes.

La tercera representación

El tercer tipo de representación, que se caracteriza por la entrada del grupo en la clase en penumbra, consta de dos momentos separados.

En el primero se plantea una fase de progresiva viveza hedonístico-sensorial de la oscuridad total y otra de continua y variada provocación del adulto.

Los niños son invitados a seguir al profesor en la clase a oscuras *"¿Qué hacemos?, ¿a qué jugamos?"*.

Los más inquietos se acercan al adulto y se sientan alrededor de él en el centro de una alfombra.

Aunque la mayoría parece aceptar bien la situación, no faltan en esta primera fase momentos de inquietud. Por ejemplo una niña quiere irse, pero enseguida una compañera la convence de que es sólo un juego. La palabra MIEDO pronto comienza a repetirse en el grupo, pero el tono y la forma en que se expresa dejan claro que se trata de una autoexcitación deseada. Hay también quien afirma que no tiene miedo y se encuentra bien en la oscuridad.

Para favorecer una adaptación agradable a la situación se propone, en un primer momento, la percepción del silencio y la narración en voz baja de cuentos. Esto permite que todos consigan un buen nivel de adaptación.

Después se propone jugar a la gallinita ciega, pero unos cuatro niños prefieren que no les venden los ojos, aunque ello no constituye ningún cambio en el plano visual, y los que se prestan al juego quieren verlo más rápidamente, siendo menor el nivel de reconocimiento que con la luz encendida.

Después de esta iniciativa se plantea de nuevo "oír el silencio", porque en la oscuridad apenas comienzan a hacerse perceptibles extrañas músicas. Se trata de fragmentos extraídos de la llamada música psicodélica, entre cuyas armonías se insinúan sonidos y rumores de inspiración fantástica.

Se trata sólo de el primero da una variada serie de estímulos sonoros, entre los que figuran rumores imprevistos, más o menos perceptibles, procedentes de distintos rincones de la clase, que se convierten para el niño en el centro conductor del juego colectivo que había sido el motivo de la entrada en la oscuridad. Para evitar incomprensión y ambigüedad queremos insistir en que siempre está presente el conocimiento del niño de que está inmerso en un juego en el que se intercalan realidad y fantasía. Las provocaciones actúan sobre la emotividad de cada uno, pero no podemos decir que realmente hayan provocado miedo o terror. *"Es el juego de tener miedo y de dar miedo el que domina la posibilidad de un miedo real"*. Es cierto que ello no significa una total ausencia de inquietud, lo damos por

© Ediciones Morata, S. L.

supuesto, pero el hecho de adentrarse en la oscuridad acompañados por sus profeSores, con el deseo manifiesto de jugar todos juntos, permite un control adecuado de la situación. La mayor tensión emotiva, reconocible por la intensidad del rumor coral y por las exclamaciones y la proximidad al adulto, se encuentra en que determinadas provocaciones sonoras son captadas más rápidamente en la oscuridad: nos referimos a los golpes da tambor y al estallido de una bolsa de papel. Por el contrario, los sonidos más duraderos, aunque se producen de improviso, provocan formas reactivas menos marcadas, dejando más tiempo a la búsqueda interpretativa. Se inscriben en esta dinámica el timbre del despertador o el registro amplificado de un papel que se arruga (que se interpreta como fuego). Sin embargo la música con ruidos inquietantes, de la que hablábamos antes, entre los que se encuentran sirenas, graznidos de cuervos, voces obsesivas y otros sonidos de sabor sobrenatural, al contrario de lo que esperábamos, no se interpretó ni se vivió como vehículo del miedo. Entre algunos niños se habló incluso de dar un concierto "¡¡VAMOS A HACER UN CONCIERTO!!".

Crea más desorientación la descarga de la cisterna del inodoro, que se repite en diferentes ocasiones. Vagamente se la clasifica como agua (elemento recurrente en los miedos de los niños) y sólo cuando se da la luz se la reconoce con exactitud.

Alternadas con estas provocaciones se dan otras de carácter visual.

Una de las primeras es la percepción en la oscuridad total del ondear de una luz roja puntiforme, seguido con gran atención por los niños, incapaces de comprender su naturaleza. Se trataba simplemente del orificio del flash instalado en la máquina fotográfica que permitió documentar parcialmente la experiencia. Debemos aclarar que después de los primeros fogonazos los niños mostraron su fastidio.

Aparecieron también brevísimas proyecciones de luces de colores (realizadas con linternas eléctricas) y máscaras iluminadas por dentro, que de vez en cuando desviaban las miradas de los niños de un lado a otro de la clase provocando un asombro indescriptible: "¡MÍRALA!"

"¡BRRR QUÉ MIEDO!

"¡LOS FANTASMAS... SON LOS FANTASMAS!"

Estamos preparados para la última y la más fantástica de las experiencias. *"¿Alguien quiere contar una historia 'de miedo'?"* Rápidamente Alberto se propone ser actor de una vivencia de fantasmas. Comienza la narración seguida con atención por todos.

Sin embargo, al cabo de unos minutos frente al grupo, a una distancia de unos cuatro metros, desde detrás de una mesa puesta de lado e invisible en la oscuridad, comienza a elevarse un fantasma luminoso dotado de todos sus atributos. Es una aparición breve, rápidamente absorbida por la oscuridad, cuyo atractivo consiste en el disfraz de un adulto convertido en espectro gracias a la clásica sábana que, mediante la luz roja de una linterna sujeta a la cintura, es interiormente luminosa.

Los niños se sienten aturdidos. El relato se ve interrumpido por un renovado ímpetu coral: ¡¡OOOH!! ¡¡OOOOOOH!!; ¡¡EL FANTASMA!!

La profesora hace que no se da cuenta de nada: ¡¡¿QUÉ FANTASMA?!? ¡¡¡CÓMO VA A SER UN FANTASMA!!!

¡¡Sí, YO LO HE VISTO!! ¡¡Y YO... ALLÍ AL FONDO!!, contestan los niños.

Alberto continúa su historia sin cambiar de tono, cuando de nuevo, el fenómeno se repite ofreciéndose durante más tiempo a la mirada de todos: ¡¡¡¡OOOOOOHH!!! ¡¡¡MIRA ALLí... EL FANTASMA!!! ¡¡¡OOOOOH!!!

Esto ocurre cuatro o cinco veces, provocando una increíble intensificación de los gritos corales. Es una forma de sentirse todos juntos y vivir como juego los propios temores que, con la aparición concreta del fantasma, parecen pasar la frontera de los territorios de la fantasía para hacerse presentes en lo real. El grito es una forma de exorcismo colectivo, muy cercana a los aspectos de *socialización tribal del miedo* a *lo desconocido* propios de muchas sociedades primitivas (y no sólo) expresado en forma ritual. Lo encontramos siempre que el juego parece convertirse en ceremonia. De hecho, la aparición y la espera del espectro se convierten en expectativas del niño en función de la posibilidad de gritar de nuevo y desencadenar toda la mímica del miedo, convirtiéndose en un pretexto más que en un factor causal, que respondel a la voluntad de cargar la situación ampliando sus posibilidades lúdicas.

Entra así en juego la simulación, la deformación del tener y dar miedo (que encuentran su máxima expresión en la última representación), las construcciones verbales carentes de vías de escape, los desmayos fingidos, etc., p,ro observad también la necesidad de redimensionar: es característico el caso de Bárlbara V., que, ante la repetida interrupción de la historia de miedo provocada por la aparición del fantasma, con manifiesta tranquilidad pide que ésta continúe, sin preocuparse por los sucesos concretos. En alguna ocasión incluso el propio narrador continúa imperturbable su relato, como indiferente al barullo que impide oír su propia voz y a la falta de atención de los demás. Estas actitudes no se mantienen de forma constante, y con frecuencia ceden al placer de sentirse inmerso en la dinámica colectiva. Por el contrario son muy frecuentes las risas de burla dirigidas a la sábana animada, los golpes y las invitaciones provocativas a acercarse.

La historia de miedo ya no le interesa a nadie. Excitadísimos, los niños siguen, gritando, los movimientos del fantasma que, abandonando su hábito de desaparecer, avanza amenazador hacia el grupo, que se repliega a sus posiciones.

En este momento algunos niños espontáneamente se ponen de pie con la intención de responder de forma adecuada a la provocación, hasta que,

© Ediciones Morata, S. L.

ante la incitación de la profesora, un grupito de intrépidos, venciendo algún temor inicial, cae sobre el desgraciado espectro quitándole la sábana: ¡¡¡ES PATRICIA, ES PATRICIA!!!, (la cocinera).

Es inútil describir la satisfacción de todos al final de esta representación, que se convierte en motivo de discusión y juego en jornadas posteriores, en las que sigue siendo necesario cargar las tintas de la situación con el fin de hacer propaganda del valor demostrado y el triunfo ante la situación.

Conclusiones

Una vez terminada la experiencia y aclarada la identidad del fantasma se descubren a los niños todos los "efectos especiales" utilizados, una parte de los cuales se les confiará al terminar la representación. Concluida ésta una semana después, los niños se apropian libremente, como vemos en varias fotografías, del instrumental de "dar miedo", de los efectos sonoros y visuales de los que antes han disfrutado, sustituyendo, de forma más completa que en las representaciones anteriores, el comportamiento reactivo por el propiamente intencional y operativo.

Ahora los niños hacen sonar el tambor, hablan por el megáfono, recorren la habitación a oscuras con las linternas de colores en la boca o debajo del jersey, deciden cuándo romper la oscuridad encendiendo o apagando las linternas, intercambian los papeles del que asusta y el asustado, se esconden para huir o atacar, se visten con la sábana que le quitaron a la cocinera, demostrándose a sí mismos hasta qué punto es vivible y divertida la oscuridad.

La realidad superó con creces nuestras expectativas en cuanto al comportamiento de algunos niños. Ninguno de nosotros esperaba que Mirco, considerado desde siempre un niño lleno de temores, llegase a expresar tan libremente su propio placer de actuar en la situación que se había creado. Esto mismo podemos decir en el caso de G. Luca que, aunque fue uno de los más desorientados por la segunda iniciativa, se contaba entre los que desenmascararon al fantasma.

Naturalmente con esta experiencia no pretendíamos hacer desaparecer definitivamente en los niños el miedo a la oscuridad, pero sí pensamos que con ella contribuíamos a dar "una nueva luz a la oscuridad", haciendo palpable la idea de que su vivencia es posible, y convirtiendo sus características negativas en situaciones de diversión y, por qué no, de burla de su austeridad.

© Ediciones Morata, S. L.

CAPÍTULO

14

La experiencia de cocinar

Conjeturas, hipótesis, problemas, lenguajes de los niños en un proyecto de trabajo realizado en una escuela infantil municipal de Reggio Emilia[1]

Por el colectivo de profesores de la escuela "Girotondo"[2]

Finalidad y desarrollo del proyecto

En la escuela los niños comen, preparan meriendas, ayudan por turnos a poner la mesa, a pelar la fruta y la verdura, les gustaría "tocar" las pequeñas e imponentes máquinas que constituyen el corazón de la cocina. Una insaciable curiosidad que a veces se explicita en preguntas directas: *"¿Qué*

---

[1] El artículo es un amplio resumen de la publicación *La experiencia de cocina reditada* el pasado año por el Ayuntamiento de Reggio Emilia.

[2] El colectivo está compuesto por: Guerrina Belloni, Alberto Bertolotti, Marina Castagnetti, Mariella Catellani, Tiziana Cavazzoli, Anna Ferrari, Mirella Masoni, Domenica Pantani, Maria Rosa Paolella, Giulla Ricco.

Escuela: ideas y proyectos *[Bambini*, mayo de 1986]

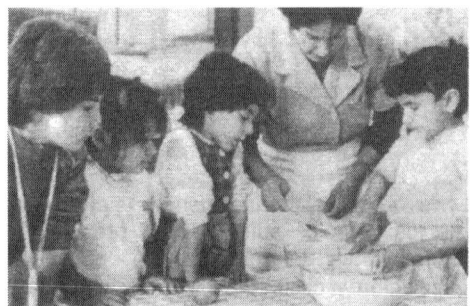
es eso?" - "¿Para qué sirve?", y otras a través de preguntas implícitas, "privadas", que se pueden leer en los ojos de los niños cuando dan vueltas alrededor de la cocinera para mirar sus manos mientras trabaja, sus expresiones, sus afanes ...

Con los aromas, los vapores, los rumores, los movimientos de la cocina cada día se entremezclan relatos, experiencias, conjeturas de los niños y los adultos, determinados en parte por la extraordinaria "invasión" de los escolares: todo esto es lo que hemos tratado de analizar durante este año escolar en determinados momentos del día con el personal auxiliar y el de cocina.

Ante todo hemos intentado que el trabajo con los niños estuviera más organizado, procurando determinar los problemas y las indicaciones oportunas. Se crearon grupos de trabajo homogéneos en edad, con los que realizar semanalmente experiencias concretas y analizar los problemas que fueran surgiendo: los resultados se sometieron después a la atención y reflexión de los padres.

Surgió así un plan de trabajo, dividido básicamente en tres áreas: la primera se llevó a cabo con investigaciones y experimentos con niños de 3 años; la segunda mediante experiencias de cocina con niños de 4 y 5 años y la tercera con reflexiones y puestas en común entre el personal y los padres.

A medida que se iban haciendo las investigaciones y experiencias surgían las preguntas: *¿Qué saben los niños de los alimentos?, ¿de su origen?, ¿de sus propiedades?, ¿de los distintos cambios que sufren desde que nacen hasta que se consumen?*

Con los padres se habló de las transformaciones sufridas por la alimentación en estos años, constatando que los productos alimenticios se presentan cada vez más como productos ya elaborados y prestos a ser ulitizados, precocidos, precocinados, Y también que los distintos alimentos se adquieren en el mismo establecimiento (supermercados) donde el producto aparece sustituido por la marca: "Dash", "Kleenex", "Findus" ... que son sinónimos de: detergente, pañuelos de papel, congelados ...

El complejo sistema de alimentación humana se ha modificado y se seguirá modificando en sus rituales, su tiempo y sus lenguajes, y ello es una realidad, a pesar de la cocinera y la cocina, del huerto de la escuela y el de algunos abuelos. Ninguna institución, y menos una institución escolar, puede pretender "congelar" o modificar una economía y una cultura que caminan rápidamente hacia el año 2000.

Lo que nos planteamos es cómo ofrecer al niño (y al adulto) conocimientos, lenguajes y sentimientos de pertenencia adecuados a su historial actual. Y pensamos hacerlo de la única forma que nos parecía pertinente: trabajando con ellos. Preparando platos, contando la historia de distintos alimentos, acompañando a los niños, cuando fuera posible, a los lugares en que se adquieren y venden los productos, poniendo en sus manos y ante sus ojos y sus sentidos los elementos que cada día sirven para la preparación de alimentos e intentando establecer relaciones entre experiencias, lecturas, gestos y pensamientos.

Así, el tomate tenía una historia antes de llegar a la escuela, había experimentado la alquimia del tiempo, de la manos de la cocinera, del calor del fuego.

Ofrecimos a los padres nuestras experiencias, las hipótesis y conjeturas de los niños intentando llegar a encontrar la forma de aumentar el protagonismo de los niños también en lo cotidiano.

Presentamos a continuación la programación de actividades de cocina y de estrategias de comportamiento que adoptar durante el momento de la comida por los trabajadores auxiliares y de cocina.

Objetivos del trabajo	*Hipótesis de programación*
– Llevar a los niños a un conocimiento más profundo de las secuencias organizativo-funcionales necesarias para la preparación de la comida.	– Preparación y distribución de las mesas en grupos pequeños de niños – presencia de grupos pequeños de niños en los momentos de preparación de la comida y de recogida de la cocina y el comedor – explicación de las secuencias de trabajo necesarias para la preparación de la comida, por el personal auxiliar y de cocina – presentación de algunas "máquinas" presentes en la cocina, como el lavavajillas, el frigorífico, la batidora, la cocina grande, el horno...
– favorecer el conocimiento de los cambios sufridos por los alimentos durante su manipulación y cocinado	– presencia de grupos de niños en la cocina durante la preparación de la comida – colaboración de grupos de niños en algunas operaciones sencillas como: pelar, limpiar, lavar las verduras y la fruta – preparación de alguna merienda para tomar en la clase o en reuniones con las familias
– favorecer formas, ritmos, estilos de consumo de los alimentos con el fin de apreciar sus características: consistencia, colores, aromas, temperaturas y volúmenes...	– presentación de la comida en bandejas en las que resalte su apariencia (agrado perceptivo) – presentación y anticipación de las comidas nuevas por los profesores, introduciendo elementos de curiosidad e interés para los niños – búsqueda de fórmulas organizativas y funcionales que permitan el consumo de la comida con unos ritmos, silencio y autonomía adecuados

© Ediciones Morata, S. L.

– favorecer el intercambio entre la escuela y las familias de conocimiento de problemas y/o experiencias relacionadas con la alimentación infantil	– presencia de la cocinera en las primeras reuniones de clase con ilustraciones del menú – distribución del menú a todas las familias – reuniones monotemáticas sobre alimentación – reuniones con las familias (en grupos) en las que se cocinen y consuman algunos de los platos incluidos en el menú de los niños – documentación e ilustración a las familias de las experiencias realizadas en la cocina con los niños y/o información sobre las preferencias, deseos y conocimientos adquiridos durante la propia experiencia – distribución a las familias de un recetario que contenga cantidad, calidad y manipulación de los alimentos consumidos en la escuela

Un cuestionario sobre el "saber" infantil: los adultos interrogan a los niños

• Niños: grupos de 5/6 niños de 3 años con los que se realizará una. investigación cognitiva basada en un cuestionario preparado al efecto, los resultados se discutirán con las familias.

• Padres: Lectura, comentario y reflexión sobre las respuestas de los niños; jornada de preparación de algunas de las comidas elegidas entre las preferidas por los niños y consumición de éstas.

Las preguntas planteadas estaban dirigidas a conseguir información sobre:

— preferencias en las comidas consumidas en la escuela;
— conocimiento-experiencia de los niños sobre la manipulación de los alimentos que consumen en casa y en la escuela;
— conocimiento-información de los niños sobre los lugares de origen y adquisición de algunos productos alimenticios.

Preguntas

1. ¿Sabes el nombre de algún plato de los que comes en el colegio?
2. ¿Cuál es el que más te gusta?
3. ¿Por qué?
4. ¿Qué sabor debe tener una comida para estar buena?
5. ¿Cómo se come la pasta?, (pedir una descripción minuciosa)
6. ¿Sabes qué es una guarnición?
7. ¿Y un manjar?
8. ¿Qué comida es la que más te gusta? (por ejemplo: chuletas, zanahorias, pescado, carne asada, etc.)
9. ¿Qué verduras conoces?, (hacer que las enumere)
10. ¿Qué frutas conoces?, (hacer que las enumere)
11. ¿Dónde van las mamás a comprar la fruta y la verdura?
12. ¿Y las cocineras?
13. ¿Dónde van a abastecerse de fruta y verdura los grandes y pequeños comerciantes, (supermercados y fruterías)

14. ¿Dónde nacen las zanahorías?
15. ¿Dónde nace el perejil?
16. ¿Dónde nacen las acelgas?
17. ¿Dónde nacen las cebollas?
18. ¿Dónde nacen los tomates?

Algunas de las respuestas a la investigación realizada con niños de 3 años

☐ *¿Sabes el nombre de algún plato de los que comes en el colegio?*

... sopa de fideos / espagueti / sopa con pasta / arroz, pasta con carne / sopa de estrellas, pasta con carne / pasta con tomate, sopa de verduras / arroz, sopa de verdura, pasta con carne, espagueti...

☐ *¿Cuál es el que más te gusta?*

... a mí el arroz / la pasta con carne, el arroz / la pasta con carne, el arroz / los espagueti, la pasta / la sopa / los espagueti...

☐ *¿Qué sabor debe tener una comida para estar buena?*

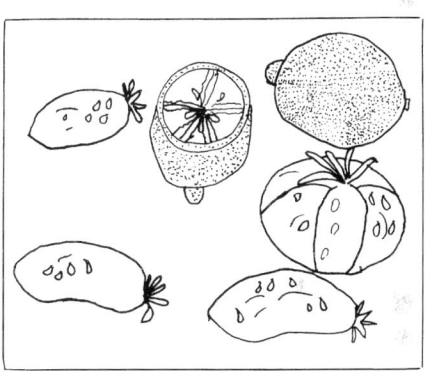

... a mí me gusta la comida salada / a mi me gusta una comida con muchos agujeros / a mí me gusta de muchos colores / me gusta rosa / que tenga un sabor suave / que tenga un sabor un poco fuerte / para que una comida esté buena hace falta sal, lcaldo y tomate / también pasta, y luego también Oiga, un poquito de Marina y Giuliana (profesoras) / tiene que tener un sabor bueno, a tomate / sal/caliente...

☐ *¿Cómo se come la pasta? (se pide una descripción minuciosa)*

... se coge el tenedor / enrollamos la pasta (espontáneamente surge una dramatización) / se dice buen provecho / se mete en la boca y se come / ¡eh!, la mía ya no quema / yo cojo el cuchillo porque se ha caído el tenedor / yo me la como toda...

☐ *¿Dónde nacen las zanahorias?*

... no lo sé / en la huerta / en los árboles / no lo sé / en la huerta, creo que en la huerta pero no lo he visto / nacen en las coop...

☐ *¿Dónde nace el perejil?*

... no sé qué es el perejil / ¿Qué? / nace en la huerta / son las zanahorias las que están en la huerta / no lo sé, a lo mejor en la huerta...

© Ediciones Morata, S. L.

☐ *¿Dónde nacen las acelgas?*

... no lo sé / no lo sé / yo he visto un árbol lleno de acelgas / no sé qué son las acelgas, pero nacen en la huerta / en la huerta, las acelgas se ven en los árboles...

☐ *¿Dónde nacen los tomates?*

... los tomates son rojos y nacen en la huerta / se hacen como los limones / ¿quién lo sabe? / ¿quién lo sabe? / no lo sabe nadie / no lo sé...

La palabra como utensilio

"El huevo es un poco redondo y un poco en punta..."
"Al romper la cáscara se siente como un ruido de papel arrugado..."
"El limón es ácido porque tiene pulpa..."

Los niños cuentan su experiencia empática con los alimentos.

La palabra es para el hombre la prolongación de su propia interioridad, el medio para comunicar las experiencias vividas. La palabra se conquista a lo largo del período de crecimiento; el niño une unas a otras, las ordena, las utiliza, las pliega y las transforma, si el ambiente en el que vive se lo permite y favorece el enriquecimiento de su vocabulario cognitivo, afectivo, perceptivo, social.

A través de las palabras con las que los niños se expresan *("yo he visto un árbol lleno de acelgas")* se intuyen y se reflejan, como en un gran espejo existencial, los intentos, las pruebas que el niño hace para llegar a la meta, una de tantas, en la circularidad del recorrido.

Conocimiento e imaginación, aprendizaje y fantasía: las palabras pueden dividirse, no va una antes que otra.

© Ediciones Morata, S. L.

Porque las palabras inventadas nacen y conviven con las reales y las palabras reales favorecen y alimentan a las fantásticas.

Cuando el hombre primitivo no conocía más que unas pocas palabras, utilizaba los utensilios, como prolongación del propio, cuerpo, para comunicarse con el mundo exterior. La palabra es el utensilio más racional y completo del hombre moderno, a condición de que no sea vacía, demasiado formal o convencional.

"Mi receta se llama pastiera... mi mamá hace la tarta con Bice.."

El niño, cuando aprende una palabra nueva, la utiliza, le da la vuelta, la repite sin parar, como enamorado de su sonido, de su intensidad, de su poder. Poco a poco la palabra entra en un contexto: la frase pasa de ser simple a compleja en asociaciones y contrastes. La representación del mundo se vive y se comunica; el niño con sus capacidades se sumerge en el flujo de la historia social.

"... La margarina se pega en la tarta y cuando veo un globo en la tarta, debo sacarla fuera porque si no se quema..."

Los huevos en las palabras del niño

"... En la taza hay un huevo roto..." ... se llama también "bebo" / no se puede llamar con tantos nombres, se llama sólo "huevo" / es liso / es liso, pero lo noto frío / ha estado en la nevera / el huevo es un poco redondo y un poco con punta / al romper la cáscara se oye un ruido como de papel arrugado / si lo golpeas con fuerza se rompe porque es frágil como el cristal, o sea que se rompe enseguida, la cáscara por dentro es blanca y por fuera marrón dlaro / al romper la cáscara se hacen rajitas / es frágil/por donde el huevo se rompe se hace un agujero / está reventado / si se mete en la boca un trozo de cáscara, parece una piedra, o mejor tierra / la espuma transparente que hay en el huevo es parecida a la de los caracoles / su color es como el cristal/es pegajosa... resbaladiza / parece cola / eso liso y transparente se llama clara / no se puede coger con la mano, es tan suave que parece agua / las manos se ponen pegajosas / en dialecto la yema se llama "baila"...

En la vida cotidiana del niño pequeño, la relación con la comida y el placer de comer marcan etapas educativas y afectivas importantes para su desarrollo. En la imaginación del niño, la comida representa el cuidado de los padres el amor y la atención del adulto en sus relaciones.

En las frases e interpretaciones dadas por los niños de la escuela "Girotondo" podemos leer una actitud positiva, de niño que se siente libre para

© Ediciones Morata, S. L.

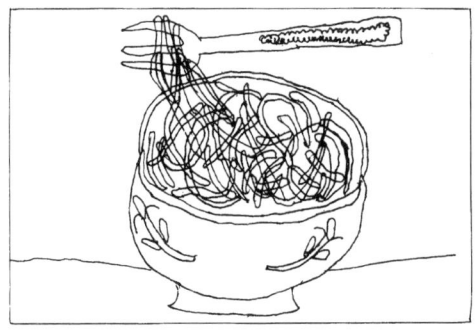

experimentar y expresarse y del adulto que favorece esta posibilidad, estableciéndose ulila relación con una presencia no coercitiva, pero sí exigente y estimulante.

Ahora las palabras se multiplican siguiendo un hilo lógico y continuo, como signos de un camino que se puede recorre, adelante, atrás, con un orden concreto de llegada.

"Cómo se hace el flan" hay un molde redondo que tiene dentro un moldecito un poco más alto..."

El manual de cocina se ha convertido en el libro de los días, de las semanas, de los años. El texto de investigación que cualquier niño debe tener libertad de experimentar, en un proceso gradual que se inicia con su nacimiento y avanza..., avanza... y quizá no terminará nunca.

Yo haré la corona de arroz

... Yo haré la corona de arroz; se necesita jamón de york suficiente para cubrir el fondo del molde con el agujero y el contorno de hierro, y el arroz que va

sobre el jamón. Después hace falta eso que va en la pasta... (carne picada). Se pone dentro del horno caliente, si no, no se sale bien. Después mamá pone una olla de agua y cuando la corona de arroz está caliente quiere decir que está hecha.

Mi receta se llama pastiera

Mi mamá hizo la tarta con Bice, que es una amiga mía. La puso cruda dentro del horno. Mamá abre el horno con un paño y así no se quema... dentro hay una bombilla... Luego la tarta se quemó y mamá abrió la ventana de la terraza. Papá cuando llegó a casa dijo; ¡qué humo! Se necesita mantequilla, azúcar, harina y la masa con sal. Pimienta no; se mete al horno dos horas.

Voy a hacer tarta de manzana

Mamá me ha prestado un libro escrito por ella. Se necesitan manzanas peladas y cortadas como las zanahorias; mantequilla, harina, levadura. Luego se mete en el horno encendido. Si fuéramos huertanos la haríamos solos... tendríamos que arreglárnoslas para comer... Luego se coloca en un molde especial que usa mamá. Si no se pega, con el cuchillo se hace así alrededor... Después se pone al fuego y cuando llega mamá ve la tarta de manzana... He olvidado que hay que untar el molde...

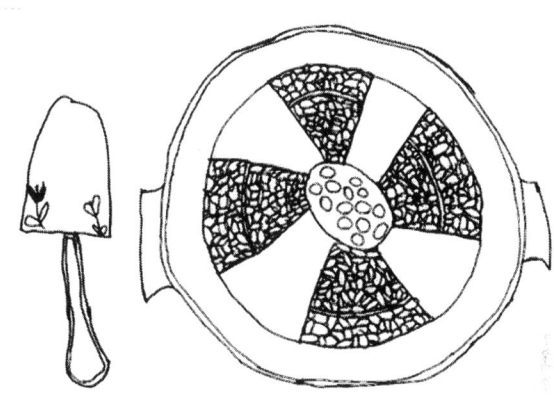

La tarta París

Vaya dar una receta de mamá. Mamá coge la batidora, harina, leqhe, huevos, mantequilla. Coge todos los pedacitos y los corta, luego coge un pedazo grande y lo amasa y lo convierte en un cuadrado. Luego coge el molde, lo unta con margarina para que no se pegue el cuadrado. Después coge el cuadrado, lo pone en el molde y lo mete en el horno. La margarina se pega en la tarta y cuando veo un globo en la tarta debo sacarla fuera porque si no se quema.

Cómo se hace el pudín

Hay un molde redondo que tiene dentro un moldecito un poco más alto. Se cogen acelgas pero se corta el tallo, se unta bien el molde, bien, bien. Se necesitan aceitunas negras... acelgas y harina. Luego se pone al fuego y cuando tiene una costrita por arriba el pudín está hecho. Mi abuela hace el pudín sólo los domingos.

CAPÍTULO

15

Jugar al *Othello* a los 5 años

Por Antonia FERRARI

Othello es un juego de "mayores" que fascina a los niños y activa en ellos capacidades racionales e imaginativas. Es una experiencia de la escuela municipal infantil "Michelangelo" de Reggio Emilia.

Es una maravilla observar la cantidad de juegos de los llamados *inteligentes* que han aparecido en el mercado en estos últimos años. En realidad este fenómeno se podría justificar, por una parte, por el descenso demográfico y por la crisis de la industria del juguete tradicional y, por otra, por el deseo de conquistar unos espacios hasta ahora impensados, como los de un uso adulto pero no anónimo, sino socialmente definido, es decir el uso del padre que quiere estar con su hijo de una forma "inteligente".

El juego de *Othello*, que vamos a presentar, está dentro de estos nuevos productos, y nuestra escuela (concretamente la clase de los niños de 5 años) lo ha adoptado, implicando al adulto en un previo e indispensable análisis, descomposición y reflexión sobre el juego, sabiendo que deberá modificar el esquema de relación y la preparación lúdica.

¿Por qué el *Othello*?, las razones de esta elección son múltiples, la primera de todas es el deseo de introducir en la escuela juegos que gusten también al adulto y en los que éste actúe como mediador y promotor, divirtiéndose y situándose en una dimensión pedagógica inusual. Naturalmente hablamos de un adulto que acepte entrar en el juego. Es un adulto que ya no aparece solo, rompiendo el esquema que lo mantenía relegado al papel de

Escuela: ideas y proyectos   [*Babini*, junio de 1985]

los que no juegan. Desaparece así la separación hasta ahora existente entre el mundo del niño y el del adulto, y surge la motivación para hacer, consiguiendo unos niveles de concentración, atención, esfuerzo, y por tanto de aprendizaje, más altos.

Los juegos de mesa pueden garantizar en algunos momentos de la jornada la relación de pareja (adulto-niño y también niño-niño), sus reglas son una transposición de las reglas de convivencia, aunque son más fácilmente aceptadas por el niño porque lo implican menos en el plano personal y emotivo.

El *Othello,* como las damas u otros juegos de mesa, puede convertirse en un juego didáctico: de hecho implica un ejercicio de comprobación de operaciones lógicas que se están efectuando, y se puede utilizar junto con otras experiencias. Además con este tipo de juegos se dan situaciones de relación organizada que los niños transfieren a la familia, actuando como protagonistas de dichas situaciones.

Cómo se juega

La caja contiene:

— Un tablero de 64 casillas, con dos compartimientos para las fichas.
— 64 fichas bicolores: blancas por un lado y negras por el otro.

Objetivo del juego

Hacer prisioneras a las fichas del contrario y darles la vuelta (para convertirlas en fichas del propio color) y ganar, es decir conseguir tener más fiohas que el contrario al final de la partida.

¿Qué quiere decir "hacer prisioneras"? Simplemente bloquear una ficha, o una fila de fichas del contrario entre una de las fichas ya colocadas y la ficha que se pone en el tablero.

Reglas del juego

1. *Othello* es un juego para dos jugadores.
   Cada uno elige un color, el negro o el blanco.
2. El negro coloca dos fichas negras y el blanco dos fichas blancas en diagonal, como en la Figura 1. Así empieza cada partida.
3. Los jugadores deciden por sorteo quién mueve el primero.
4. Cada jugador, cuando es su turno, pone una ficha sobre el tablero. La ficha debe hacer prisionera a una o más fichas del contrario para poder darles la vuelta después de cada movimiento.

Ejemplo:

La ficha A está en el tablero. Coloca la ficha B de forma que las fiohas negras queden prisioneras entre tus dos fichas blancas.

A continuación vuelve las fichas negras y tendrás una fila de fichas blancas.

5. Cada vez que actúa el jugador debe hacer prisionera y dar la vuelta al

menos a una ficha del contrario. Si esto no es posible el jugado pierde su turno.
6. En cada movimiento, una ficha puede hacer prisionera a una o más filas del contrario. Una fila se compone de una o más fichas del mismo color, dispuestas en línea recta: horizontal, vertical o diagonal. ¡Teóricamente es posible hacer prisioneras ocho filas con un solo movimiento!
7. Las fichas del contrario sólo se pueden volver después de haber movido correctamente una ficha en el tablero.
8. La partida termina en uno de estos casos:
   — cuando el tablero está completamente cubierto de fichas
   — cuando ningún jugador puede hacer nuevos movimientos
   — o, excepcionalmente, cuando sobre el tablero hay sólo fichas de un color

Ejemplos de una partida

Empieza el color negro.

El negro puede colocar una ficha en la casilla A, B, e, o D: es decir, en todas las posiciones en las que haría prisionera a una ficha del contrario. Figura 2.

Supongamos que el negro pone una ficha en la casilla A. La ficha blanca, prisionera entre dos fichas negras, se vuelve, y se convierte en negra. Figura 3.

Ahora le toca al color blanco. El blanco puede poner una ficha en las casillas E, F, o G. Figura 4.

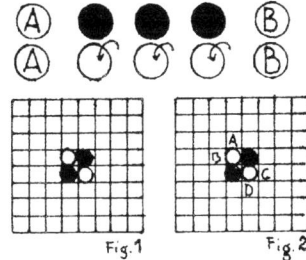
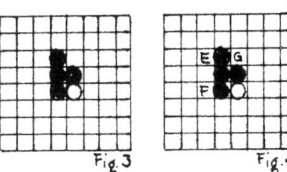

Qué es el *Othello*

El *Othello* es la actualización de un antiguo juego; es una variante de los juegos de tablero, más difícil que las damas y menos complic;ado que el ajedrez. Tiene una peculiaridad que lo hace más interesante: en el juego nada está decidido hasta el final, en cada movimiento se pone en juego la suerte de la partida, particularidad que hace que se deba mantener la atención en un nivel alto, y que el juego no ceda en interés.

El *Othello* exige además un notable esfuerzo preceptivo para prever la configuración del tablero después de los movimientos del contrario, porque cada movimiento hace variar, a veces notablemente, el cuadro de la situación. Una consecuencia directa de esta dificultad de previsión es que cada jugador puede estar tentado de dejarse en manos de la suerte, sin establecer estrategias de juego; además se crea lIlna tensión que se renueva constantemente hasta el final. Por tanto se exige al jugador la atención necesaria para tener controlado cada punto del campo. Se induce al nifto para que no se limite a un único punto del campo, con el *Othello* se debe estar conStantemente en estado de alerta, como ocurre en situaciones parecidas de la vidal de hoy: para defenderse, en la calle...

Competencias exigidas

El niño debe saber reconocer el cuadrado y la agregación del cuadrado, debe construir mentalmente la línea tanto en horizontal como en vertical o diagonal, y la debe saber encontrar incluso en recorridos largosí, teniendo en cuenta además que los colores muy contrastados de las fichas, el blanco y el negro, acentúan la dificultad de percepción de las líneas. Efectivamente, el blanco y el negro de las fichas puede dar lugar a dificultades posteriores, tanto en los adultos como en los niños: al principio es fácil olvidar con qué color se juega. Por eso será interesante marcar al jugador con un trozo de cinta adhesiva, blanca y negra, que haga recordar inmediatamente el propio color. Esta medida no es necesaria cuando aumenta la familiaridad con las fichas y la capacidad de juego.

El niño debe poseer además el concepto de inclusión, para poder "aprisionar" las fichas correctamente, término con el que se describe la situación basel del juego, en donde una o más fichas de un color están encerradas entre otras dos, en línea recta, del color contrario, como indican las instrucciones; con frecuencia se incurre en errores de apresamiento, sobre todo

con las fichas colocadas en los ángulos externos del tablero, que no se pueden atacar desde ningún punto. Además es necesario que el niño tenga la percepción de la cruz y de la cruz de San Andrés; con un sólo movimiento se pueden aprisionar muchas fichas en muchas direcciones. En un primer momento debemos dejar que los niños puedan tener un dedo sobre la ficha que acaban de poner, para permitirles controlar lo que puede ocurrir en todas las direcciones.

El gesto de colocar las fichas sobre el tablero debe ser cuidadoso y preciso; existe el peligro de mover las fichas ya colocadas y luego resulta muy difícil volver a encontrar su posición exacta (en la última edición del *Othello* este problema se ha eliminado al hacer el tablero con un material que impide que las fichas se muevan).

Como en otros juegos de competición se exige al niño que establezca estrategias para defenderse y ganar, estrategias que en este caso deben revisarse y corregirse continuamente y con rapidez. El niño debe tener un proyecto en la cabeza, debe hacer un continuo juego de hipótesis y comprobaciones, competencia que no es muy fácil, aunque posible, en niños de esta edad, que no se puede dar por supuesta y que no se da necesariamente en igual medida en todos ellos. También se le exige que sepa elegir y aceptar un determinado movimiento en lugar de otro de efecto momentáneo más seguro pero menos ventajoso en el desarrollo del juego, sin dejarse seducir por las apariencias y distanciando en el tiempo la satisfacción del deseo.

Como última consideración (aunque no en importancia), debemos señalar que hay que ayudar al niño para que aumente su capacidad de aceptación de posibles derrotas, propias de todos los juegos de competición, aceptando así algo no gratificante sin vivir esa derrota como una ofensa personal; esto no es fácil, porque los mecanismos que entran en juego son muchos y varían de un niño a otro según sus características, sus sentimientos, las relaciones existentes entre las dos partes, y también porque la derrota es personal y no de grupo, no compartida con otros.

Cómo se juega

Simplificación del juego.—Se pueden hacer algunas simplificaciones que no alteran demasiado las características del juego y permiten una aproximación gradual, con la posibilidad de que los niños que no hayan adquirido completamente los conceptos de línea y diagonal puedan también jugar. Una primera simplificación posible sería reducir el número de casillas del tablero de 64 a 36, eliminando el marco externo. El espacio de juego así reducido es más perceptible y fácil de dominar por el niño, y a la vez se reduce el tiempo de su desarrollo, que cuando es más prolongado exige un esfuerzo y dedicación importante. También pueden establecerse movimientos que no aprisionen líneas largas, sino filas que contengan una o dos fichas contrarias. Luego se podrá observar que es lo que podrá hacer el niño cuando sea más experto en el juego, haciendo mayores las líneas y permitiéndole hacer prisioneras más fichas del contrario... Más adelante se podrá introducir el apresamiento en diagonal. Cuando el niño ya haya adquirido el concepto de transversalidad también será válida la regla anterior: se aprisiona primero en diagonales cortas y después más largas.

Preparación del juego

Antes de presentar el *Othello* a los niños se consideró oportuno que jugaran con él los adultos, para entender sus reglas y su complejidad, y así intentar prever las dificultades que ellos iban a encontrar y definir el desarrollo metodológico.

El juego se prueba y explica a cada niño, por ello es necesario tener previsto el tiempo en que será factible organizarlo y buscar la forma en que el juego sea accesible a todos.

Descubrimos que después de habérselo enseñado sólo a seis niños, tres niños y tres niñas, utilizando algunos momentos del día en los que no hay una actividad organizada, como la entrada a clase, el descanso del mediodía o la salida, ellos eran capaces de enseñárselo a los demás, sustituyendo al profesor y aumentando notablemente el número de niños capacitados. Puede ser conveniente prestar el juego al niño para que lo utilice en casa con su familia, por todas las implicaciones de tipo emotivo, afectivo, pedagógico y didáctico que puede tener esta iniciativa; además, tle esta forma, hay otro tiempo y lugar en los que el niño puede aprender y entrenarse, y el que ya es capaz de jugar bien puede sorprender a sus padres y hermanos con una habilidad que valorarán positivamente.

Con frecuencia se tiende a infravalorar o ignorar la capacidad de los niños, manteniéndoles alejados de juegos como el *Othello,* pero también de otros, como las popularísimas cartas, presentes en todas las casas, que favorecen el razonamiento lógico, estimulando su desarrollo y consolidación.

La forma más correcta de iniciar a los niños en el juego es no presentárselo en toda su complejidad, sino en una forma simplificada, e ir ampliándolo poco a poco, cuando los niños se vayan familiarizando con él. Esto no es una regla fija, sino sólo un procedimiento que permite al profesor que ninguno de los niños de la clase quede excluido del juego. Es sorprendente observar cómo los niños buscan compañe y cómo un juego de mesa, que exige una relación de tú a tú, puede consolidar el proceso de socialización,

> **Cómo explica el juego Alberto (6 años)**
>
> Tienes que empezar así, con las fichas puestas como éstas (e indica la situación de partida). Después debes hacer prisioneras a las otras fichas, y lo haces así: si pones una ficha blanca y al otro lado no hay otra blanca, no puedes volver la negra; pero en cambio si pones la blanca aquí, puedes volver la negra. Si la distancia es mayor: aquí hay una negra y en el fondo otra (e indica casillas opuestas en los lados del tablero) yen medio todas son blancas, las vuelves todas, y pasan a ser tuyas.
>
>
>
> Si en una esquina hay una negra y en la otra, las vuelves todas, vuelves ésta, ésta... (señalando con el dedo la diagonal que va de una esquina a la opuesta). Las esquinas son los sitios mejores, porque nadie te hace prisionero, a veces no todos estos puestos (los del tercer cuadrado) son movimientos de Icoyote. La diagonal es como patinar, vas de una esquina a la otra. Gana el que tiene más fichas de su color.

que encuentra así formas cualitativamente mejores de autoafirmación, en lugar del estereotipado juego libre. Los distintos niveles de juego entre los niños no plantearon grandes conflictos o problemas en la dinámica de las relaciones; el resultado es que los niños saben elegirse y emparejarse con una buena dosis de conocimiento personal y capacidad de juicio general, teniendo presentes los propios niveles y los de sus amigos. A veces el que domina el juego en toda su complejidad, utilizando todas sus reglas, es elegido para enseñar a otros, para dirimir discusiones, para aclarar y resolver dudas, es decir, para intervenciones que en juegos parecidos se piden al adulto. Es fácil oír frases como ésta: "¿Cuando termines de jugar me enseñas las jugadas del *Othello?*"

El *Othello* es un juego que permite la existencia de un público atento que apoye a uno u otro jugador.

El tiempo en que se desarrolla una partida puede varias de 15 a 30 minutos, exigiendo un notable esfuerzo de concentración e interés. Una vez que los niños dominan el esquema de juego, lo utilizan libremente, en los momentos de la jornada que no están organizados por el adulto.

Transcurridos dos meses desde el momento en que se presentó el juego, el interés de los niños no disminuyó, y casi todos habían alcanzado un buen nivel de habilidad. Después de un primer momento de curiosidad generalizada, que se produjo también en las familias, ya que los niños llevaban el juego a casa, y dado que pequeños grupos, a la entrada y salida de clase, intentaban jugar, el *Othello* se convirtió en una práctica cotidiana, y pasó a ser el juego preferido de la clase y, probablemente, de las familias. Para algunos es una referencia fija a la entrada en clase, una forma de comenzar la jornada, y también una oportunidad para hacer descansar al padre haciéndole jugar una partida.

Para los alumnos representa una alternativa divertida de los juegos didácticos, y para el profesor una posibilidad de relación de juego con el niño gratificante y agradable para ambos. Además le ofrece una ocasión para observar cómo ponen en juego sus conquistas y habilidades.

Como a menudo ocurre cuando se va a mirar con lente de aumento un juego que se ha dejado consumir en la vanalidad de lo cotidiano, hemos comprobado un hecho sorprendente e inesperado en la dinámica de aproximación. Algunos niños rechazaron la intervención del adulto; en la apropiación de la técnica del juego un grupo de niños que habían tenido una presencia anónima en situaciones escolares parecidas y los niveles de concentración más bajos del grupo, mostraron una competencia, habilidad y unos esquemas mentales insospechados y que nunca habían mostrado, desbordando las expectativas del adulto. Podemos formular algunas hipótesis para explicarlo: el *Othello* es un juego libre, y como tal tiene unas exigencias distintas y complementarias de las que se requieren en la actividad normal. No es necesario un especial nivel de verbalización, cosa que claramente selecciona en otras ocasiones.

No hay un grupo con el que medirse necesariamente, estableciéndose la relación de uno en uno, además existe la posibilidad de elegir *con quién, cómo* y *cuándo* hacerlo, y para algunos niños, los más inseguros, esto es

© Ediciones Morata, S. L.

muy importante, porque pueden controlar sus propios tiempos y ritmos. Para concluir, queremos subrayar la necesidad de que el adulto reconquiste el llamado juego libre; la capacidad de jugarlo, estudiarlo, analizarlo y determinar todas sus implicaciones de tipo psicológico e intelectual, para áasí entender y valorar al máximo las conquistas específicas de cada niño.

Balance de la experiencia

El adulto presentó y explico el juego, estuvo presente durante toda la experiencia, y fue bien aceptado por todos los niños de la clase de 5 años.

A través de la observación se establecieron en la clase cinco niveles de comportamiento que coexistían sin problemas ni fricciones, teniendo en cuenta el grado de habilidad, conocimiento y aplicación de las reglas y la capacidad de adoptar estrategias y formular hipótesis de juego.

La primera aproximación al *Othello* fue libre, los niños colocaban las fichas en el tablero siguiendo un orden de proximidad, construyendo idealmente una espiral. No se preocuparon de conocer las reglas enseguida, sino que inventaron algunas que daban la posibilidad de jugar una partida. Al principio se dividían de forma aproximada las fichas, que colocaban por turno en el tablero, de una en una; la victoria era para el primero que se quedaba sin ellas.

En este primer momento a menudo se abandonaba el juego a media partida, para volver a empezar de nuevo. Pero ninguno de los niños se quedó en es1e primer nivel: todos, en mayor o menor medida, pidieron al adulto que les explicara el juego y tuvieron en cuenta sus consejos. En el desarrollo posterior se observaron distintos tipos de comportamiento, que podemos resumir en cuatro niveles.

Primer nivel. En este estadio se encontraban ocho niños. El que juega se preocupa de comprender y aplicar la regla fundamental y peculiar del juego, es decir, la de hacer el puente para apresar al menos a una ficha enemiga. Sin embargo se demostró que, en este nivel, los niños no se preocupan de establecer un método ni una estrategia para ganar. Lo que les interesa ante todo es encontrar una ficha para apresarla, sea en línea horizontal o vertical. No tienen en cuenta los movimientos del otro, ni la posibilidad más ventajosa, parecen jugar "singularmente" y fijan su mirada sólo sobre las fichas de su color. No controlan ni corrigen errores de apresamiento, aunque se lo indique el adversario. Al final no se detienen a contar las fichas, ya menudo interrumpen la partida, quedando ambos satisfechos. En este nivel lo que se busca es una pequeña satisfacción personal derivada de

las pequeñas victorias obtenidas, cada vez, durante el desarrollo del juego.

Segundo nivel. Es el más generalizado y, en él, se encontraban doce alumnos. Los niños de este grupo tienden a apresar el mayor número posible de fichas en cada movimiento, sea en línea horizontal o vertical, y empiezan a hacerlo también en línea oblicua. Lo que caracteriza a este nivel es el gusto por dar la vuelta al mayor número posible de fichas. Surge ya el placer de la competición, incluso en niños que todavía no han desarrollado unos objetivos amplios y no aspiran a la victoria final, satisfechos con los movimientos de gran efecto obtenidos en el curso de la partida. En algunos después del movimiento de efecto surge la frustración de la derrota, la angustia de sentirse de repente al descubierto y arrojados de una posición que creían segura y garantizada. Ésta es la situación ideal, la que PIAGET define como "equilibrio"; de hecho el niño se ve obligado a hacer un movimiento de ataque: es el comienzo de una estrategia.

Tercer nivel. En este nivel se encontraban ocho niños. Existe, en el que juega, la posibilidad de conquistar y defender algunas posiciones que, aunque hacen sentirse seguro al jugador, no son determinantes ni demasiado importantes para una victoria final, aunque estos enroques no se hagan sin pensar sino siguiendo una hipótesis de juego.

La asunción de un método, si bien es cierto que es un logro importante en niños de esta edad, también tiene riesgos. Los niños que utilizan un método, de hecho, muestran una rígida capacidad de actuación en el tablero formada por movimientos estereotipados y habituales determinados por la táctica de juego, ofreciendo al adversario la oportunidad de atacar y vencer, una vez conocida su forma de juego. Los niños de este grupo cuentan las fichas al final de la partida, y los que todavía no saben contar recurren al golpe de ojo o a la correspondencia pieza por pieza. Desean la victoriaí y asimilan mal la derrota; se controlan mutuamente y con frecuencia surgen discusiones por los movimientos o la interpretación de las reglas. Se observan diversas tácticas para distraer al adversario y para apoyarse en los amigos presentes entre el público.

© Ediciones Morata, S. L.

Cuarto nivel. Sólo dos niños, que han demostrado su habilidad también en otros campos, llegaron a este nivel, teniendo no sólo un método sino también una estrategia para ganar, débil todavía pero con el mérito de estar enfrentándose y poniendo constantemente en cuestión al adversario. Los dos niños de este nivel no tienen esquemas fijos de juego o movimientos rituales, no se sienten atraídos de forma mágica por ninguna posición (como ocurría, por el contrario, en el nivel anterior); ajustan, corrigen, sorprenden, saben elegir posiciones de efecto seguro aunque menos ventajosas, y pequeños movimientos pero que son determinantes para el resultado final de la partida. Demuestran una atención y concentración prolongadas en el tiempo, capacidad de interpretación de los movimientos del otro para poder ajustar los suyos; y, concluyendo, una mayor capacidad de previsión a largo plazo. Retan al adulto sin sentirse inferiores y se muestran seguros en sus posibilidades de victoria.

CAPÍTULO
16

La inteligencia se despierta usándola

"El salto de longitud": una experiencia de investigación de niños y adultos cuidadosamente registrada y documentada

Nos produce una gran satisfacción conocer la noticia, llegada del Congreso de Filadelfia de la Sociedad Piagetiana de EE.UU., de que una de las que nosotros llamamos experiencias *sonda* (en las que se suman el trabajo de los niños y los adultos) ha sido propuesta como tema de discusión por Carolyn EDWARDS, Leila GANDINI y George FORMAN, tres amigos de gran autoridad científica y cultural que conocieron y se interesaron por este trabajo durante su estancia en Reggio Emilia, y del que pidieron documentación escrita y diapositivas.

Queremos expresarles nuestro agradecimiento a Ellen WINNER y Petar PUFALL y a los cuatro niños, Estefanía, Silvia, Augusto y Lorenzo, de edades comprendidas entre los 5 y 6 años, que junto con las profesoras Laura Ru-

---

Los elementos más importantes y significativos se seleccionaron de entre 400 fotografías. La documentación original se narró a través de 105 diapositivas (acompañadas de comentario) de las que en este artículo sólo recogemos una mlnima parte. La narración sólo está esbozada.

La documentación se recogió en laescuela infantil municipal "Diana" de Reggio Emilia.

Escuela: ideas y proyectos [*Bambini*, junio de 1987]

Fotografía. Los cuatro protagonistas: Lorenzo, Augusto, Estefania y Silvia

bizzi, Paola Caliari y Vea Vecchi, que aportaron la documentación fotográfica, fueron los protagonistas de la *sonda*.

En estas notas no vaya entrar en las valoraciones de la experiencia que aparecen en el artículo de Leila GANDINI. Con ellas únicamente pretendo ofrecer un poco más de información a los lectores.

La *sonda* lleva el título de "El salto de longitud" que, efectivamente, identifica de forma literal el tema propuesto al grupo de niños donde se les pedía, además, que se convirtieran en investigadores, creadores y organizadores de una competición de salto de longitud, actividad que conocen poco los pequeños y de la que no tienen experiencia directa. Se trataba de una operación amplia y compleja, en la que la celebración real de la competición final sería sólo el último acto, que podría realizarse únicamente si todo el recorrido informativo, investigador, elaborador descubría y de-

Figura 2. Primeras discusiones. Primer problema: el salto de longitud no es para niños, es para chicos de 18 años. Los niños de 5 años pueden hacerse daño. Lo resuelve Silvia: entonces tendremos que tener un poco de alcohol.

Figura 3. Los niños han consultado revistas deportivas, se dispone a diseñar el plano del campo de competición y las condiciones que debe reunir.

terminaba las connotaciones lógico-estructurales (técnicas, reguladoras, simbólicas, éticas, organizativas etc.) de la propia competición.

Los cuatro niños trabajaron siempre en grupo durante 28 sesiones, cada una de una duración de entre 30 y 90 minutos, durante el período marzo/abril. Magnetofón, registro manual, máquina fotográfica, acompañaron su trabajo. Una sola profesora tenía la tarea de introducirse entre los niños, para, sin dar lugar a intervencionesguía, revisar los planteamientos y los resultados alcanzados por éstos en su investigación y reflexión, ayudarles a poner a punto los dispositivos surgidos de las discusiones, respetando sus tiempos, ritmos, desviaciones, léxicos, métodos de clarificación, argumentaciones, discusiones y conflictos, hipótesis y progresivos ajustes. Al final de cada sesión las tres profesoras se reunían para resumir y, analizar los acontecimientos.

Apareció así una larga serie de obstáculos en los que no se había pensado antes y que debían superarse: con la selección y el uso de la información se tomaba conciencia de los problemas y de su racionalización y prioridades: con sucesivas adaptaciones de la mente y la inventiva, con recursos cuidadosos y representaciones visuales y con la formulación de reglas y normas compartidas.

Incluyendo el momento crucial e ineludible de la medida de los valores de las prestaciones deportivas (los verdaderos garantes de lo justo y verdadero) en la que los niños midieron en el campo de batalla todos sus recursos. Fue una labor de equipo con duros enfrentamientos siempre provechosos. Pensemos en la descomposición del trabajo: recogida de información, fases del salto (carrera, toque del pie, vuelo y aterrizaje), búsqueda de las reglas que observar, diseño y puesta a punto del terreno de competición, vestuario, alimentación, entrenamiento, formas de medir los saltos, definición de la organización, lanzamiento publicitario, inscripciones, división de los participantes por categorías, realización de las competiciones, jueces, premios, festejos. Todo un mundo para inventar y sólo en parte para reinventar.

Una vez dentro de la situación, los niños enseguida se mostraron constantes y tenaces siendo, con absoluto respeto de sus tiempos, ese plano, árbol o red de los que habla HAWKINS y que llevaron a superar cualquier estadialidad piagetiana preestablecida, cualquier perniciosa programación previa, confirmando que *la inteligencia se despierta usándola.* Tipos de inteligencia capaces de reflejarse en expresividad, sistemas de notación, representaciones concretas y formales lingüísticas e imaginativas, potenciadas por la colaboración de los lenguajes y las actividades de los niños. En este marco, el papel del profesor acabó siendo el de la presencia tranquilizadora que custodiaba y garantizaba las cosas conseguidas día a día.

© Ediciones Morata, S. L.

El tema exigiría mucho más. Pero quiero que quede reflejado así, con la misma curiosidad y el mismo interés con que se analizó en Filadelfia, en un congreso de tanta autoridad. Sólo quiero añadir que los procesos congnitivos o se insertan en la atmósfera cálida y acumulativa del tipo de situaciones que hemos descrito o corren el riesgo de convertirse en ejercicios fríos y antinaturales planteados y programados por relojes que no pertenecen a los niños.

(Loris MALAGUZZI)

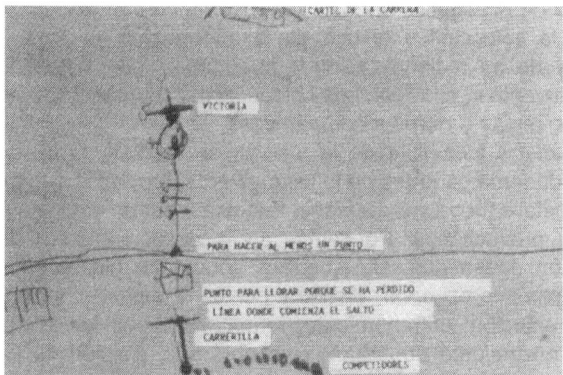

Fotografía 4 y 5: El plano de Augusto y el de Lorenzo. Augusto incluye en él el muro del llanto, Lorenzo insiste en dos gruesas colchonetas para el aterrizaje.

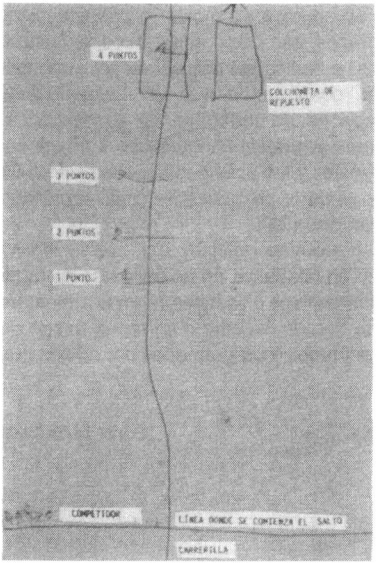

Figura 6: Ahora se puede intentar delimitar (primero con tiras de papel después, mucho mejor, con polvo de yeso) la zona del campo de competición.

Fotografía 7: De repente surge un tema importante. Lo plantea Augusto: yo creo que las chicas no pueden participar en esta competición porque es un deporte para hombres. Silvia reacciona: pero silas mujeres también practican el boxeo. La cuestión se planteará a la clase. Enseguida surgen diferencias entre los varones y las hembras, con resultados variados. La discusión bloquea el trabajo de los niños.

 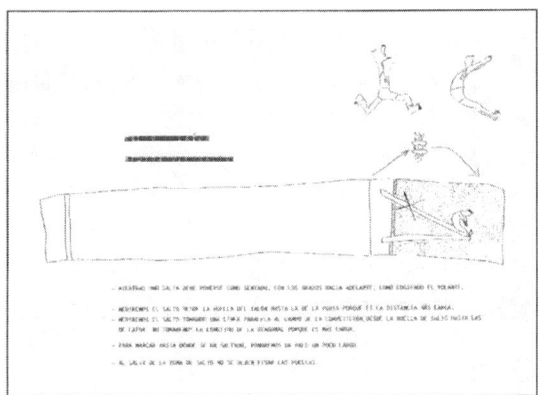

Fotografía 8: Salva la situación la realización de un trabajo de plástica. Las fases iniciales de la competición quedan por fin bien definidas: salida, recorrido, toque del pie (batida), salto y aterrizaje. Pero al precisarla forma de salida se vuelve a plantear el tema varones-hembras. Augusto intenta solucionarlo: a las niñas, como son menos fuertes, les dejaremos hacer un recorrido más largo. Stefania y Silvia contestan: así llegaremos más cansadas al toque de pie. Entonces Lorenzo da la vuelta a la propuesta de Augusto: a las niñas hay que darles menos recorrido. Estefania se mantiene firme: las mujeres deben salirde la misma línea de partida que los varones. Parece que se llega alacuerdo.

Fotografía 9: Las reglas de la competición van surgiendo poco a poco. Cuando están lisias sepasaa la representación gráfica que lo deja todo más claro, incluso a través de signos hechos a propósito.

© Ediciones Morata, S. L.

Fotografía 10: El proyecto se presenta a los compañeros de clase. Todavía hay alguna discusión pero hay acuerdo. El acuerdo es unánime a la propuesta "dentro de cuatro días" (y todas las mañanas) se inician los entrenamientos. Se correrá alrededor de la escuela y en los jardines públicos.

Fotografía 11: Una hora de footing todas las mañanas y ¡pobre del que separe! Augusto, Lorenzo, Estefanía y Silvia controlan la operación. Luego volverán a profundizar en las reglas, reglas para los mayores, para los medianos, para los pequeños. Las niñas harán una competición aparte.

Fotografía 12: ¿Y la buena alimentación del atleta? También este tema encuentra el consenso de todos. Una delegación va a hablar con Teresa, la concinera. ¡Desde mañana una dieta de filetes a la plancha, espinacas, agua!

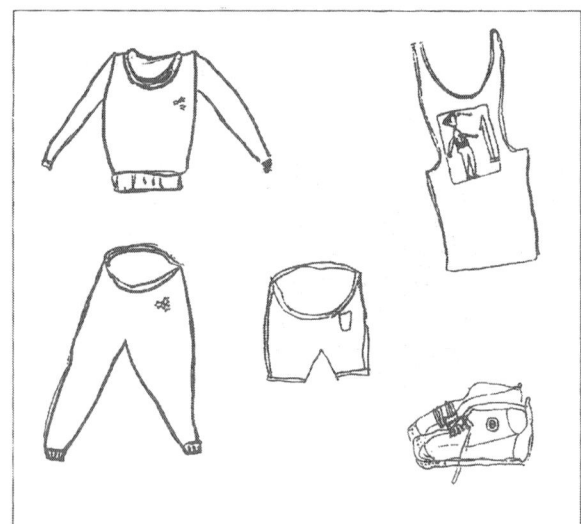

Fotografía 13: También el vestido es importante: Estefanía y Silvia diseñan las prendas de vestir que llevarán los niños el día de la competición

© Ediciones Morata, S. L.

Fotografía 14: Se fijan las reglas de inscripción.

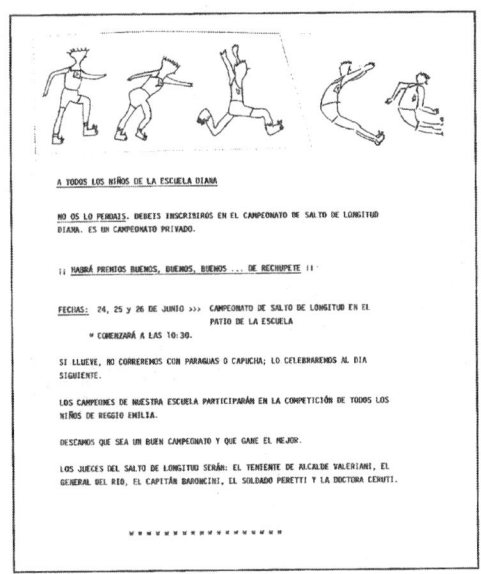

Figura 15: La publicidad también es necesaria. Todos los niños hacen carteles. Se pegarán los mejores. El campeonato de salto de longitud tiene su calendario. Tres días de pruebas y tres días de competición. Premios, previstos, de chocolate para los peores. Se pedirán al alcalde copas de oro y plata.

Fotografía 16: ¿Pero, cómo medir el salto de cada niño?, el problema se había planteado y estaba aparcado porque era difícil, pero no se podía esperar más. Era la prueba de fuego. Los niños simulan una situación de competición para empezar a razonar. Un trozo de cuerda cortado de un ovillo medirá la longitud de cada salto. Cada cuerda llevará una etiqueta con el nombre del niño correspondiente. Todas las cuerdas (así no se perderán) se pegarán en un panel.

Fotografía 17: ¿Cómo medir? Los niños prueban con una cinta métrica de diez metros. Se dan cuenta de que pueden decir cuáles el salto más largo, pero no son capaces de medirlo. Cuando intentan leer los números no conocen múltiplos ni submúltiplos. Será un problema dificilísimo.

Fotografía 18: El problema exige encontrar soluciones. Se actúa empíricamente, por ensayo y error, con aciertos y frustraciones, pero con una creciente obstinación.

© Ediciones Morata, S. L.

Fotografía 19: Los niños deben descubrir el valor de las medidas escritas en rojo, y también el significado de las marcas y de los números negros, ya que éstos podrán añadirse a los rojos. Después de descubrir un metro de albañil hacen equivalencias por el método de término a término, copian las medidas sobre el papel. Descubren los centímetros gracias a Augusto que había pedido ayuda a su padre. Finalmente ¡Aquí estamos!

Los niños resumen: para escribir las medidas, escribiremos con el color rojo los números rojos, que son los metros, y con el color negro los números negros, que son los centímetros. Todas las medidas se escriben en un cartel.

Miraremos primero los números rojos, que son los más importantes, y después los negros: gana el que tiene el número rojo más grande y el número negro mayor. Si dos tienen el mismo número rojo gana el que tiene el número negro mayor.

© Ediciones Morata, S. L.

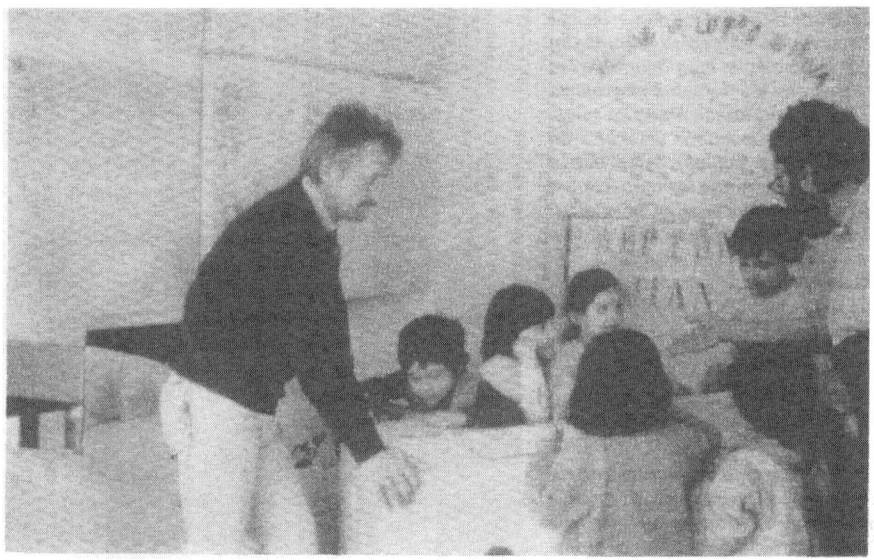

Fotografía 20: Casi todo está ya preparado. En el recibidor de la escuela se admiten las inscripciones. Los padres pagan 100 liras, tienen el resguardo y la contraseña para la competición.

Fotografía 21 : Después de las pruebas se celebrará la competición oficial. Participarán en ella todos los niños, mayores, pequeños, medianos, y también las niñas. Se distribuirán por categorías. El público de padres está garantizado. Mucho lío, mucha alegría. Habrá premios del alcalde para todos los participantes. Augusto hará el discurso de la entrega de premios. Lorenzo, Estefanía y Silvia desempeñarán la difícil función de jueces. Laura, la profesora, actuará de árbitro. Se hará una cena y una fiesta a la que estarán invitados todos los padres. Bea estará también haciendo fotografías.

© Ediciones Morata, S. L.

21A

21B

21C

21D

21E

Una reflexión desde los EE.UU.

Leila GANDINI:
La construcción infantil con medios simbólicos

Del 29 al 31 de mayo se ha celebrado en Filadelfia el XVI Simposium Nacional de la Sociedad Piaget. Este año el tema de la reunión, inaugurada por Barbel INHELDER, era: el desarrollo del pensamiento y el razonamiento. En esta ocasión se organizó una mesa redonda bajo el título de "La construcción infantil con medios simbólicos" *("Children constructing in symbolic media")*. La idea era presentar a debate algunos aspectos de la experiencia educativa de las escuelas infantiles de Reggio Emilia. Los participantes en la mesa redonda eran Carolyn EDWARDS y George FORMAN de la Escuela de Pedagogía de la Univevsidad de Massachusetts, Ellen WINNER del *Boston College* y del Proyecto Cero de Harvard, Peter PUFALL del Departamento de Psicología del *Smith College* y Leila GANDINI. Los tres primeros participantes habían visitado las escuelas de Reggio Emilia. Peter PUFALL, vicepresidente de la Sociedad Piaget es, además, un estudioso del desarrollo gráfico del niño, su papel en este caso era el de *"discussant"**.

El planteamiento del debate era el siguiente: el proceso a través del cual los niños construyen el conocimiento es una parte central de la teoría de PIAGET. Las implicaciones que tiene este proceso en la práctica educativa siguen siendo tema de interés para teóricos y educadores. Para profundizar en el tema en esta reunión se discutirá una aproximación constructivista en un caso concreto, en el que, en la intencionalidad educativa, un aspecto fundamental es la cosntrucción de conocimientos en la exploración, las transformaciones y expresiones de los niños mediante diversos medios simbólicos. El caso en cuestión es una experiencia longitudinal de educación de niños a lo largo de los seis años de un sistema escolar, el de Reggio Emilia en Italia. Entendemos por explorar la aproximación específicamente cons-

---

* *Discussant:* miembro de una mesa redonda que comenta y coordina las intervenciones. *(N. del R.)*

tructivista de este proyecto educativo; la importancia del constructivismo a través de medios simbólicos en situaciones educativas; los aspectos culturales, históricos y políticos que hacen posible el planteamiento contructivista en Reggio Emilia; la comparación con la educación en el arte de la primera infancia en la China comunista y, por último, los límites culturales de la exploración constructivista con medios simbólicos realizada por los niños.

Ellen WINNER no ha podido participar en el congreso, pero nos envió la comparación con la educación en China. A continuación incluyo algunas de las intervenciones que siguieron a mi introducción. Ésta consistía en una breve historia de las Escuelas Infantiles de Reggio Emilia y un recorrido, a través de diapositivas, por el ambiente de algunas escuelas de Reggio, en las que niños y ducadores implicados en un proyecto, en un espacio creado cuidadosamente, ayudaron a los participantes a "entrar" en el tema que queríamos discutir.

Carolyn EDWARDS: El constructivismo en educación

Voy a describir los factores culturales e históricos que han determinado la existencia en Reggio Emilia de un tipo de constructivismo diferente del que se ofrece en la educación escolar en los Estados Unidos.

El contructivismo en los Estados Unidos se basa en la psicología de Jean PIAGET, pero —quizá de forma inevitable cuando las ideas son importadas, o tal vez porque las implicaciones educativas de las obras de PIAGET exigen una importante labor de interpretación— incorporando gran parte de la filosofía educativa americana. No me refiero tanto a la influencia de John DEWEY, como a la tendencia cultural norteamericana a estimar al niño como individuo (como un explorador activo y autónomo) y también a considerar la solución científica de los problemas *(scientific problem solving)* como la parte más importante de la vida intelectual.

En cuanto a los educadores de Reggio Emilia, lo que me parece más interesante es que parten de distintas premisas (referidas al niño y al pensamiento) y en educación tienen tendencias diferentes a las nuestras, aunque no opuestas. Más que dos naves que se cruzan en la noche somos como dos naves que se adentran en las mismas aguas pero procedentes de distintos mares. En efecto, hay muchos aspectos interesantes en este compartir este mar abierto, llamado constructivismo, en el que los educadores nos encontramos navegando.

Ya hemos dicho que la investigación italiana sobre el desarrollo infantil ha sido muy activa en estos últimos años. Esta investigación tiene una base teórica que, en un sentido amplio, podríamos llamar constructivista, con influencia de la psicología de la *Gestalt,* de la tradición piagetiana, de la psicolingüística y de la HIP *(Human Information Processing),* de la etología humana y de la teoría de los sistemas. En ella se ha prestado especial atención a la construcción social de la personalidad y al desarrollo de la inteligencia y del lenguaje a través de la interacción social.

Pero las innovaciones en el campo de la filosofía y la pedagogía de la primera infancia se han realizado fuera de la esfera académica, ya que la pedagogía que se enseña en la Universidad es teórica y no hay tradición de escuelas-laboratorio, como entre nosotros, o una preparación de campo para los estudiantes.

En la región emiliana las instituciones preescolares arrancan de la idea de que el niño es esencialmente social, que es parte de la familia y de la comunidad. El niño pertenece a la escuela pública, en la que se produce una unidad de intereses entre la familia y la comunidad.

Este punto de vista presupone que el papel del profesor es muy distinto del que asume entre nosotros.

En relación con nosotros, en Reggio el papel de guía del profesor, considerado como "facilitador-estimulador de problemas", es más importante. En lugar de preparar el ambiente, de plantear los problemas para después retirarse, a menos que sea necesaria su ayuda, el profesor está más implicado, no como instructor, sino como una guía necesaria.

En realidad algunos psicólogos constructivistas americanos, como Kurt FISHER y otros, influidos por VIGOTSKY y por los psicólogos rusos, tienden a hablar de la construcción del conocimiento como *reinvención dirigida.*

También se ve al profesor como un agente de valores de la comunidad, que socializa al niño en colaboración con los padres.

Tradicionalmente, en la cultura italiana, era habitual que las madres compartieran la responsabilidad de educar y socializar al niño con otras mujeres de su familia y del vecindario. Se esperaba, además, que la comunidad controlara las prácticas educativas y participase en la vigilancia de aquellos que se portaban mal o se desviaban.

También debemos tener presentes los cambios políticos que determinaron la renovación de las instituciones infantiles en algunas ciudades italianas. Los años sesenta y setenta fueron períodos de fermentación política y transformación cultural; como resultado se produjeron enormes cambios en la sociedad italiana, en relación con los años de posguerra.

Los profesores de Reggio Emilia tienen un gran sentido de la responsabilidad en relación con su trabajo. La escuela y la educación se consideran elecciones valiosas y de interés social. Los docentes sienten que su trabajo mejora la sociedad; intentan comunicar conocimientos a los adultos y a los niños que en el futuro se convertirán en ciudadanos. En Reggio Emilia la política educativa infantil ha sido prioritaria en los últimos quince años, en la

© Ediciones Morata, S. L.

convicción de que es necesario dar a los niños, desde el primer año de la vida, posibilidades reales de ser educados para eliminar las diferencias entre los distintos niveles sociales y las situaciones de desequilibrio de las familias.

De esta forma, los ciudadanos de Reggio Emilia en lugar de temer la interferencia del Estado y del gobierno en la vida familiar, ven a las administraciones educativas empeñadas en ofrecer un futuro mejor a los niños. Los profesores a su vez, buscan la confianza de los padres documentando su trabajo con los alumnos, de forma que los padres sepan detalladamente lo que se está haciendo. Fotografías, comunicados, libros, reuniones con los padres, forman parte de este intento de mantener abierta la comunicación.

Las diapositivas ilustran este trabajo, son parte de él. Todo está documentado, la actividad de los profesores y de los alumnos: esto permite a los niños verse reflejados en lo que han hecho en la escuela. Esta documentación vincula la escuela a la casa y a la comunidad social más amplia.

Los profesores organizan la clase no como una colmena de espacios de aprendizaje autónomo, para una serie de individuos autónomamente activos (como nosotros tendemos a considerar a los niños), sino más bien como una estancia en donde la atención y el interés convergen en un actividad común. No todos los niños hacen lo mismo a la vez, pero la atención y la dirección adulta tienden a concentrarse en una actividad.

Se espera que los niños trabajen en unos proyectos comunes; el aprendizaje es una labor del grupo. La intención del adulto no es tener niños homogéneos o eliminar las diferencias individuales, y mucho menos potenciar la competitividad y el individualismo. En las aulas de Reggio Emilia se encuentran los resultados del grupo que trabaja unido o de muchos niños que actúan simultáneamente en productos paralelos. Estos resultados se pueden mostrar colectivamente en los espacios comunes y transmitirse mediante un importante mensaje estético (artístico), que no sólo tiene la finalidad de informar a las familias, sino también la de incrementar su sensibilidad estética.

Los niños en las escuelas de Reggio se mueven a través de un rico *currículum* de actividades organizadas en torno a temas que plantean una ampliación de los conocimientos, y la estimulación de procedimientos lógicos e imaginativos, a través de situaciones de media y larga duración.

Los profesores quieren que la construcción congnitiva se integre con la percepción estética y la expresión, en una forma que raramente se encuentra en la educación americana. De ello podríamos aprender mucho los educadores americanos. Aquí tendemos a pensar que la curiosidad del niño y la tendencia intelectiva están, como debe ser, dirigidas hacia la competencia en lo que PIAGET llamaba el mundo físico y las competencias lógico-matemáticas, es decir, el conocimiento que prepara para la ciencia, para la mate-

© Ediciones Morata, S. L.

mática y el saber tecnológico. Muchos educadores piagetianos en los Estados Unidos han aceptado una premisa falsa, según la cual la competencia representativa, en el campo valorado por los educadores italianos, sólo forma parte de lo que PIAGET llama conocimiento social, fragmentos de información recibidos pasivamente. Afortunadamente, gracias a la actual investigación sobre el desarrollo sociocognitivo, nos estamos alejando de esa tendencia errónea.

Ver y discutir el material procedente de Reggio Emilia nos puede ayudar a movernos con más rapidez para corregir ese error. Necesitamos desarrollar un modelo constructivista de educación que permita al niño participar en una toma de conoiencia cultural y estética además de científica y al ritmo del progreso tecnológico.

George FORMAN: Constructivismo en una experiencia educativa

Los profesores de Reggio Emilia demostraron su sabiduría al participar en un proyecto en el que los niños ya estaban interesados.

Además dejaron que los niños establecieran sus propias reglas para la competición, lo cual es un excelente ejemplo de constructivismo piagetiano: los niños, al inventar gradualmente sus propias reglas, comprenderán cómo funcionan éstas haciendo que el juego sea justo, no peligroso y permitiendo, a la vez, la celebración de la competición (Fotografía 9).

El uso de la representación como forma de comprender las relaciones

En las fotografías anteriores vemos cómo utilizan los niños el dibujo y los personajes en miniatura para controlar la funcionalidad de las reglas que han inventado. Los niños dibujaron el espacio del recorrido dividiéndolo con una línea de partida; es la línea en la que se iniciaría el salto, y más allá se encontraba la zona de llegada (aterrizaje). El dibujar esta representación hizo posible a los niños discutir el método para medir la longitud del salto. Descubrieron que la línea perpendicular era la única forma correcta de medida. La representación gráfica hizo más fácil este descubrimiento. El representar permitió a los niños reflejar las posibles modificaciones. Fijémonos en la importancia de la representación que, entre otras cosas, ayuda a los niños a descubrir alternativas, ya que tienen a mano una versión que puede ser modificada continuamente. Sin la representación, el niño debería tener en la mente demasiadas relaciones para poder reflejar y analizar las alternativas.

© Ediciones Morata, S. L.

Comentarios sobre la forma de representación utilizada (Fotografía 8)

La utilización de personajes en miniatura es especialmente eficaz para que los niños puedan reflejar su calidad personal de corredores y también en cuestiones espaciales relacionadas con la pista. Los personajes también suscitaron una discusión sobre la diferencia de capacidad de los corredores masculinos y femeninos. A veces es el medio representativo utilizado el que determina lo que se analizará.

Exploración concreta sobre el campo (Fotografía 6)

Los profesores animaron a los niños a pasar de la representación a la pista real. Allí comenzaron a descubrir una nueva serie de problemas. Por ejemplo, cómo trazar la pista; primero utilizaron tiras de papel, que solían volarse. En este proceso pusieron en relación sus objetivos, diseñados en el papel, con el mundo real. El hecho de haber dibujado previamente la pista les permitió ser más reflexivos. Habían establecido los objetivos generales sin pensar que la pista debería estar completamente trazada: así pasaron a usar otro método. Una vez más podemos apreciar las ventajas de que los niños hicieran primero unos planos utilizando un sistema de notación (el dibujo) que es más abstracto que la solución práctica ya probada.

Del método cualitativo al método cuantitativo (Fotografías 16 -19)

Una vez que los niños descubrieron la necesidad de medir la distancia desde la huella del salto perpendicular a la línea de toque del pie, tuvieron que descubrir la forma de comparar las diferencias de longitud entre los saltadores. La primera aproximación fue de tanteo y de tipo cualitativo: cortar un trozo de cuerda de la misma longitud que el salto de cada niño, para comparar la longitud de forma ordinal (según un orden de tamaño). Esta aproximación eliminaba la necesidad de cuantificar. Cuando ya habían saltado cinco o seis niños, el sistema comenzó a resultar un poco pesado y con más saltos empezó a provocar confusión. Pero haber pasado por esta experiencia cualitativa les proporcionó la experiencia necesaria para y apreciar las ventajas de la aproximación cuantitativa de asignar números a cada salto.

Como ocurre con frecuencia, un problema resuelto es un problema creado. ¿Cómo interpretar los números en la cinta métrica? Los números grandes representaban los metros, los pequeños los centímetros. Sin embargo varios niños dieron distintas medidas para un mismo salto. Una vez más los profesores mostraron su confianza en el uso de la representación. Los niños dibujaron sus metros. Al hacer esto no sólo comprobaron las diferencias de

medida y color en el metro original, también comenzaron a discutir a qué se deberían estas diferencias, qué significaban y si eran necesarias. De hecho, a través de la representación llegamos a la comparación y a la comprensión de inter-relaciones.

La importancia de las representaciones múltiples

Los niños ya sabían qué salto era el más largo, como queda indicado por el proceso de comparar los trozos de cuerda. Cuando los números del metro no confirmaban sus conclusiones, los niños dirigían su atención a las cifras del metro. Así se vieron envueltos en una discusión de alto nivel sobre un sistema de notaciones; no se trataba simplemente de una discusión sobre el hecho concreto de colocar el metro en el suelo y mantenerlo perpendicular. Me parece que esta situación es especialmente interesante: como había dos formas de representar la distancia saltada, se creó un conflicto constructivo sobre el propio sistema de notación.

Considerado en conjunto, se podría decir mucho más sobre el proyecto educativo de Reggio, que me parece muy estimulante. El salto de longitud debería convertirse en un ejemplo clásico de educación constructivista. Su punto central es la invención, la representación y la solución de problemas de grupo. He agradecido mucho la posibilidad que se me ha brindado de analizar este caso, porque a partir de ahora me será mucho más fácil hablar de constructivismo a otros educadores.

© Ediciones Morata, S. L.

Algunas notas de las conclusiones de Peter PUFALL

En esta representación he podido ver cómo la idea de constructivismo puede manifestarse a distintos niveles a través de una sola experiencia.

Primero: como experiencia concreta directa *(hands-on-experience)* en el significado sensomotor del término constructivismo.

Segundo: constructivismo que se manifiesta a través de una notable manipulación de representaciones y de una gran variedad de medios simbólicos por parte de los niños. Esto permite en la experiencia tener distintas perspectivas e intuiciones.

El tercer aspecto se refiere al constructivismo como conocimiento social. En los Estados Unidos el individuo construye el propio conocimiento personal, en Reggio se puede hablar de socio-constructivismo a través de la interacción con los iguales y con el profesor; éste pasa de la posición de líder a la de compartir con los niños las decisiones que tomar en cada nuevo aspecto problemático de la experiencia.

Estas diferencias nos abren la posibilidad de discutir o crear sobre este caso nuestro conocimiento.

CAPÍTULO 17

¿Quién es quién?
Un juego para niños experimentado con éxito con pequeños de 3 años

Por Gianna Immovilli, Teresa Morlllni, Nadia Agazzi
y Loredana Garofoll[1]

La inteligencia se despierta usándola en juegos y actividades inteligentes.

Premisas

El ¿Quién es quién? es un juego "inteligente" conocido y bastante difundido en nuestras escuelas, pero normalmente en las clases de niños de 5 y a veces también en las de 4 años.

Este juego estimula una inteligencia vivaz, mantiene alto el nivel de atención, no puede quedar constreñido entre esquemas y estrategias rígidamente codificadas y por ello repetitivas y previsibles a *priori*, estimula el pensamiento divergente.

---

[1] Profesoras de la Escuela municipal infantil "Gobetti" y "Allende" de Regglo Emllla.
El experimento fue seguido por las pedagogas Paola Caguari, Elena Giacoblni y Flilippni de la Coordinación Pedagógica.

Escuela: experiencias   *[Bambini,* mayo de 1989]

El ¿Quién es quién? es un juego que exige capacidad e intuición. Ambas se estimulan y consolidan mediante una serie de etapas de aproximación (propuestas de juego etc.).

Para jugar con posibilidad de éxito, es necesario integrar las referencias uno mismo, y las propias estrategias de pensamiento, con las del adversario. Es un posible desafío entre dos inteligencias.

Por ello, pensar proponérselo a niños de 3 años puede parecer ambicioso, poco respetuoso con las posibilidades y la capacidad que suelen atribuirse a !los pequeños de esta edad.

Entonces ¿por qué elegimos este juego estructurado para una investigación con niños de 3 años?, ¿qué queríamos demostrar con ello?

Ya hemos recordado que en el taller de hace dos años nos habíamos planteado como tema fundamental de los participantes la siguiente cuestión: bien, la informática ha entrado directamente en nuestras vidas (a veces de forma prepotente), ¿qué podríamos hacer para incorporarla a la cotidianeidad, aparte de la experiencia con el ordenador y, sobre todo, cómo acercar al niño de 3 años a la informática?

De hecho en estos años de profundización e investigación sobre el tema se ha descubierto que los niños saben asimilar señales y códigos con rapidez e inmediatez, y saben también utilizarlos de nuevo incluso en situaciones y contextos diferentes, están abiertos y disponibles a una gran variedad de lenguajes, desde los más ricos y articulados, como el lenguaje humano, a los lenguajes mecánicos, hechos de órdenes, palancas, pulsadores... o los lenguajes sintéticos cercanos al lenguaje de las máquinas (p. ej., el "sí" o "no" exigidos por el ¿Quién es quién? o por el ordenador), formulan teorías a través de hipótesis y recurren cada vez con mayor frecuencia a un pensamiento estructurado según un algoritmo.

Por tanto el problema debería reformularse. De hecho, parece que nuestros niños están mucho más cercanos al mundo de la informática que los adultos. Así pues, el problema no sería cómo acercar al niño a la informática, a los "prerrequisitos" de la informática, sino cómo podríamos los adultos leer con éxito las estrategias utilizadas, las intuiciones que ya preludian y que están dentro del mundo de la informática.

El ¿Quién es quién? es una propuesta posible, si la situamos en esta perspectiva.

© Ediciones Morata, S. L.

Descripción de la experiencia

La prueba se realizó con tres grupos de niños (formados por tres o cuatro niños y niñas) de las clases de 3 años de las escuelas infantiles municipales "Allende" y "Gobetti".

Los criterios de selección de los niños se referían a varias capacidades:

— capacidad de distinguir y denominar los colores primarios y complementarios;
— capacidad de reconocer y denominar las partes del rostro;
— capacidad de describir un rostro según sus características fundamentales;
— capacidad de establecer relaciones de analogías y diferencias en distintos contextos;
— capacidad de hacer clasificaciones según distintas características dentro de un mismo conjunto.

Tres profesores, después de haber determinado la metodología y los objetivos, observaron a tres grupos de niños diferentes en tres reuniones

El *¿Quién es quién? es un juego interesante para los niños, que les apasiona en cuanto adquieren un cierto dominio de las reglas.*

© Ediciones Morata, S. L.

(cada profesor siguió siempre el trabajo de un mismo grupo) durante un espacio de tiempo de alrededor de mes y medio.

Los profesores habían utilizado antes el juego para familiarizarse con las dinámicas exigidas y tratar de prever los comportamientos y estrategias que provocaría en los niños.

Descripción del juego

Vamos a presentar el material:

En el juego deben participar dos jugadores.

El juego está constituido por dos planos horizontales iguales en cuanto a estructura, pero de distintos colores.

En cada plano hay tres filas con 24 tarjetas, en total, que pueden estar en dos posiciones:

a. vertical: los personajes reproducidos en las tarjetas son visibles;
b. horizontal: los personajes no son visibles

Además hay un montón de cartas con las reproducciones de los personajes.

Para intervenir cada jugador extrae una carta del montón, sólo la ve él, y debe adivinar la que tiene su amigo a través de sucesivas exclusiones, centradas en las características de los personajes.

Siempre se juega a dos niveles, alternando el momento en que piden información y aquél en que ofrecen la información pedida por el contrincante.

También se alternan dos referencias:

a. el plano del juego;
b. la carta que el adversario no conoce.

Obviamente gana quien primero adivina el personaje.

Es un juego que requiere capacidad e intuición. Capacidad e intuición que no deben tener necesariamente a *priori* los niños, sino que deben ser estimuladas y consolidadas a través de una serie de "etapas de aproximación", es decir, de propuestas paralelas, juegos, y diversas actividades y materiales estructurados.

Veamos algunos ejemplos de actividades paralelas:

© Ediciones Morata, S. L.

a. el juego de las caras: lotería de mímica facial utilizado para centrarse en las características de los personajes;
b. juego del espejo;
c. juego de la cortina: el niño debe adivinar quién es el amigo escondido detrás de la cortina a través de unas preguntas, contestadas por los demás niños.

Estos juegos tienen la finalidad de ayudar al niño a determinar las características principales de una persona, fijándose especialmente en su rostro. Dependiendo de sus características estas actividades se harán en pequeño, mediano o gran grupo.

Primera aproximación al juego: descubrimiento del contenido de la caja

En la primera reunión guardamos el juego dentro de la caja, dejando que los niños descubrieran su contenido e hicieran las primeras propuestas. El adulto era plenamente consciente de la situación anómala a que puede dar lugar su comportamiento. Habitualmente, ante un nuevo juego de mesa que se ofrece a los niños, el adulto interviene enseñando las primeras reglas del juego y, normalmente, dirige el descubrimiento de las peculiaridades de dicho juego. Es un método económico, frecuente y eficaz. Pero nosotros habíamos quedado en que en esta parte el adulto sólo sería un agudo observador, que intenvendría exclusivamente si los niños lo pidieran y, en ese caso, para recoger, recordar y reverbalizar al grupo de niños las intuiciones fundamentales surgidas durante el descubrimiento del juego.

Los gestos exploratorios de los niños fueron varios: tocar y mover los planos, recorrer y mirar las cartas haciendo diversos sonidos y movimientos.

Al descubrir la posibilidad de tener las tarjetas en vertical, que aparece en la imagen de la caja, los niños se encontraron con un verdadero juego. Al contrario de lo que esperábamos, no pidieron explicaciones sobre el juego, e inventaron formas de utilización originales y autónomas. Todos los grupos encontraron una posibilidad de juego-lotería, aunque con diferentes estrategias.

Recordemos que el juego está pensado para dos jugadores: en los grupos formados por tres niños, el tercero tenía dificultad para determinar su papel. Sólo en un grupo el tercer niño impuso su propio papel de animador-director del juego, porque si quedaba excluido de él no sería protagonista

principal. Los niños sienten de pronto la necesidad de aclarar su posible papel en la interacción del juego.

En esta primerísima aproximación se hizo evidente una característica determinante del juego: los personajes de las tarjetas son iguales a los de las cartas V los niños los ponen en correspondencia biunívoca de dos en dos con la tarjeta carta.

"Hay muchas caras": - "Las hay azules y rosas, pero son iguales".

¿Pero por qué son iguales los personajes? Comienza el descubrimiento de rasgos característicos: "Éste es delgadito, éste es un gordo", "Estoy mirando a este abuelo, tiene una cara especial".

¿Cómo podemos jugar?

El juego se anima. Los niños establecen un criterio de uso, deciden cuándo se juega sólo con las caras negras, es decir, con las de pelo moreno. Surge la capacidad de los niños para tomar decisiones ante un juego que parece complejo, determinando papeles y alternancias de juego.

Dice Carlotta "Se juega de dos en dos porque hay dos tarjetas, después de Marco me toca a mí. Porque cuando Marco ha bajado todas las caras me toca a mí". Y Andrea subraya: "Yo creo que se debe jugar sólo con las caras negras, sólo hay que tener las caras negras" (es decir, las figuras con el pelo moreno).

El descubrimiento de la forma de utilización da lugar a que los niños se fijen más en las características de los personajes. Entonces se hace necesario establecer un criterio común para definir las que debe concretarse mediante una terminología compartida. El adulto se plantea entonces la puesta en juego de los aspectos peculiares de los personajes.

Comenzamos haciendo una primera clasificación por el color del cabello (pelirrojo, rubio, blanco...) y después ampliamos el campo a otras partes del cuerpo (p, ej., la boca rosa, roja, grande, triste, alegre...).

Se hace precisa la utilización de un lenguaje ajustado y sintético, necesidad que surge de la complejidad y ambigÿedad de algunas figuras. La utilización de un lenguaje preciso compartido por los jugadores tiene una cierta analogía con una peculiaridad del lenguaje de los ordenadores: la esencialidad. El lenguaje de la máquina, sin embargo, es artificial y no nace del interés y la adaptación de los niños al lenguaje verbal, sino que está determinado por los constructores de la máquina y el niño deberá aprenderlo.

Los niños dominan bien el lenguaje verbal y por ello es posible que intenten utilizar y perfeccionar un lenguaje esencial, claro, creado para el juego del ¿Quién es quién?

Estrategias para las preguntas

Después de hacer algunos ensayos durante un tiempo relativamente breve y siguiendo las reglas de uso establecidas por los propios niños, el adulto interviene para proponer las reglas convencionales del juego, que se pueden sintetizar en las siguientes:

- sólo pueden intervenir dos jugadores;
- cada jugador debe elegir una carta del montón;
- el contrincante no debe saber qué carta es;
- hay que determinar quién comienza el juego;
- las preguntas las hacen por turno los dos jugadores;
- la carta secreta debe ser la referencia para responder al adversario, pero hay que olvidarse de ella para hacer las propias preguntas;
- cuando un jugador da la respuesta, no debe intervenir en su propio plano de juego;
- al final hay un solo vencedor que es el que adivina primero la carta secreta del contrincante.

En esta fase se complica el rol del adulto, que ya no es sólo un observador, sino que tiene una intervención más activa, atento siempre a recoger las sugerencias de los niños.

Al principio, a pesar de darse una aparente comprensión de las reglas convencionales, los niños no se arriesgan a hacer una pregunta para empezar el juego, y piden ayuda al adulto: "¿qué pregunto para empezar?"

El contexto es demasiado amplio para poder dominarlo, y no se atreven a establecer las claves que les permitan comenzar el juego. El adulto propone: "Pregunta, por ejemplo ¿tu figura tiene el pelo blanco?"

Andrea responde "No, no tiene el pelo blanco".

El adulto señala "Entonces Carlota, ¿qué tarjeta debemos bajar?" La intervención del profesor tiende a ampliar y dar más importancia a las respuestas; la del adulto tiende a favorecer la elaboración de unas estrategias de juego mediante la determinación de las preguntas que se van a hacer o en la ejecución de la acción consiguiente a la respuesta recibida.

Ante las dificultades del juego los niños hacen tanteos con estrategias establecidas según sus propias capacidades y el grado de dificultad de las distintas fases del juego (p. ej., el niño pregunta de distinta forma si tiene delante todas las tarjetas o si sólo tiene unas pocas). Vamos a revisar ahora algunas de las estrategias utilizadas por los niños:

— petición de ayuda al adulto en las dificultades para comprender los criterios de determinación y definición de los personajes (ejemplo que acabamos de recordar);
— según los casos, intentos de adivinar; "no lo sé, pero puedo adivinarlo";
— la artimaña como salida: el niño intenta ver la carta del contrincante;
— imitación del esquema del adversario (p. ej., repetir la misma pregunta que el contrario);
— referencia a la propia carta (carta que debe adivinar el adversario) para determinar las preguntas y las características;
— exceso de particularidades con formulación de preguntas demasiado concretas, complicando el juego (p. ej., preguntan "¿tiene el pelo verde?, o "¿lleva flores en el pelo?" El adjetivo verde o la especificación del elemento "flores" hacen la pregunta excesivamente detallada).

El adulto propone al niño otras estrategias:

— cada niño tiene la posibilidad de esconder su propia carta para favorecer la concentración en la carta del adversario. De hecho los niños

© Ediciones Morata, S. L.

tienden a descentrarse en los distintos roles de *interrogador, informador e informado;*
— la posibilidad de señalar con el dedo la carta del contrincante, carta oculta para él. Aunque este gesto parece muy sencillo es eficaz porque ayuda al niño a centrar su atención en la carta del adversario.

En cuanto al problema planteado por una pregunta excesivamente concreta (p. ej., mujer con el pelo verde o con flores en el pelo) se dan dos situaciones:

a. si a la pregunta "¿tiene el pelo verde?", la respuesta es "sí" el niño ha tenido suerte y gana de un solo golpe, pero es evidente que es una probabilidad que difícilmente se da, y seguir esta estrategia, de hecho posible, alarga el desarrollo del juego. Por ello no es funcional ni económica para el adulto;
b. si la respuesta es "no", es decir, no tiene el pelo verde pero lo puede tener de otros colores, de hecho no modifica la situación y, en realidad, se ha desperdiciado una oportunidad.

Sin embargo los niños después de haber jugado varias veces normalmente no se rigen por el criterio de funcionalidad y eficacia. Juegan para adivinar, incluso haciendo preguntas pertinentes, pero no se plantean el problema de cuál puede ser la pregunta más eficaz. Se están acercando a la construcción del pensamiento matemático, pero aún no lo dominan.

Estrategias para las respuestas

Ahora se plantea el problema de la comprensión y reformulación de la información recibida. Información que puede ser afirmativa o negativa.

Por ejemplo, a la pregunta "¿es pelirroja?", la respuesta "no" significa que "no es pelirroja". Entonces hay que hacer una sola exclusión, lo cual facilita la comprensión de la acción que se debe realizar, y el niño baja las tarjetas con los personajes pelirrojos.

A la pregunta "¿tu figurita tiene el pelo blanco?", la respuesta afirmativa "sí" significa que la figura tiene el pelo blanco. El niño debe incluir una categoría, pero debe excluir otras que forman su conjunto complementario. Ésta es una situación compleja, incluso porque las categorías no están definidas a *priori* de forma precisa y deben establecerse cada vez en el contexto específico y contingente que se irá determinando a lo largo del juego (p. ej., la pregunta "¿tiene los ojos azules?", "no" me puede haber hecho bajar también tarjetas de pelirrojos).

Además, normalmente la frecuencia de respuestas negativas (no, no tiene...) es mayor que la de afirmativas (sí, sí tiene...). Por ello el niño establece con claridad el mecanismo vinculado a la negación y cuando tiene que modificarlo se desorienta ante la novedad de la respuesta, añadida a la complejidad que acabamos de señalar.

Por tanto el ¿Quién es quién? es complicado y sólo se puede utilizar con niños que estén en condiciones de:

— formular preguntas comprensibles y significativas, que respeten las reglas del juego. "¿tiene el pelo blanco?", y no "¿de qué color tiene el pelo?";
— cambiar su propio punto de vista asumiendo alternativamente distintas identidades para saber, dar información e interpretar la información recibida;
— comprender el significado del "no" e identificar a través de este concepto el conjunto complementario: de hecho es un "no" que impone una selección;
— hacer hipótesis y comprobarlas;
— tomar decisiones y respetar la alternancia;
— adecuarse a la particular formulación de las respuestas "sí" o "no", sin añadir ninguna información posterior;
— revisar de vez en cuando el contexto (plano de juego) que está en constante modificación;
— adecuar las propias estrategias al contexto específico y contingente que puede modificarse con cada pregunta.

Precisamente por ello es un juego interesante para los niños que se apasionan con él cuando adquieren un cierto dominio de las reglas.

A los 3 años la amistad parece ser un elemento determinante para establecer interacciones significativas entre los jugadores.

En conjunto parece evidente que los niños de 3 años tienen intuiciones fuertes y válidas, sobre las que parecen dudar: no siempre se arriesgan a volver sobre ellas o a mantenerlas para profundizar.

Pero es que, efectivamente, se les exige una operación muy compleja; determinar un problema, ponerse en situación teniendo presente la totalidad de la que extrapolar particulares significativos en relación con el todo y, a la vez, con cada una de las situaciones que se van determinando.

En esta última y compleja operación, prácticamente hemos dado una definición indirecta de algoritmo, entendido como posible modelo para resolver problemas mediante una sucesión ordenada no lineal de instrucciones, solución que tiene en cuenta posibles modificaciones.

La informática y el ordenador se encuentran dentro de esta estructura de pensamiento, el ¿Quién es quién? la pone en juego de una forma constructiva y agradable. También el lenguaje exigido, pero esto ya lo habíamos señalado con anterioridad, tiene analogías con el lenguaje informático, sobre todo en cuanto a la esencialidad.

El error puede tener dos valencias:

a. una muy penalizadora, si el niño baja conscientemente o sin darse cuenta una o más tarjetas indebidas. Decimos sin darse cuenta porque el material es tan inestable que con frecuencia los niños bajan una tarjeta sin considerar las demás. Es imposible ganar si por error se baja la tarjeta correspondiente a la carta del contrincante;
b. otra de retraso, si el niño hace una pregunta poco eficaz que, de hecho, no modifica su propia situación en cuanto a descubrir la carta del adversario.

Para concluir vamos a volver brevemente sobre el papel del adulto como observador, pero, sobre todo, como apoyo y como descubridor de pensamientos, de intuiciones y de descubrimientos que son de los niños. El tema real de todo el trabajo se centra en el niño, en su comportamiento y sus pensamientos, sus estrategias, su capacidad; el ¿Quién es quién? es un pretexto interesante.

CAPÍTULO

18

El descubrimiento del fascinante mundo de los signos

¿Cúando y cómo empiezan los niños a distinguir los signos de los números y las letras y a asimilar los primeros sistemas de notación? ¿Cómo se enfrentan a la pluralidad de significados de un mismo valor numérico? ¿Cómo suman y restan?[1]

Por Bárbara VECCHI y Mara DAVOLL

Planteamiento de la investigación

El planteamiento y desarrollo del trabajo que aquí presentamos, realizado en la escuela infantil municipal "Pablo Neruda" de Reggio Emilia, surgió

___

[1] Este trabajo fue presentado por las dos profesoras de la escuela infantil municipal "Pablo Neruda" al Congreso "Modelos y conjeturas teóricas y prácticas en la educación de los niños", celebrado en Regglo Emllla del 29 al 31 de mayo de 1985.

Escuela: ideas y proyectos　　　　[*Bambini,* septiembre de 1986]

de algunos momentos de estudio y reflexión durante el desarrollo de un seminario, y de la posterior puesta al día en la escuela. Luego se creó un grupo de estudio que contó con la colaboración y la competencia de un padre (físico y profesor de matemáticas) que contribuyó a ampliar el marco de referencia cultural con una serie de lecciones en las que se plantearon los siguientes temas: *"análisis de los términos y relaciones entre la lógica y la matemática y entre la matemática y la filosofía",* profundizándose en los *"conceptos de relación, de probabilidad y de número".*

La idea de este trabajo había surgido de problemas relacionados con el mundo de los números, del sistema de notación numérica, de los primeros procesos representativos y simbólicos.

Los signos y valores numéricos con los que nos encontramos cada día son muchos y varían de significado y de función (por ejemplo: 40 puede representar 40 objetos, pero también puede indicar peso, velocidad, precio, temperatura, número de la vivienda, etc.).

¿Cómo aprenden los niños la diversidad de los significados y valores de los símbolos numéricos?

¿Cuándo y cómo comienzan a distinguir los signos de los números de los signos de las letras, de dibujos, mapas, ilustraciones y otras formas gráficas? Y, por tanto, ¿cómo seleccionan y conceptualizan las características fundamentales de todos estos distintos sistemas representativos?

¿Qué dificultades encuentran y qué estrategias de razonamiento ponen en juego los niños en el momento de la producción oral y escrita del número?, ¿cómo llegan a dominar las operaciones que pueden realizarse con el número?

La finalidad de este trabajo fue, fundamentalmente, conocer los procedimientos utilizados por los niños que permiten definir unos marcos de referencia sobre los que el adulto pueda crear una didáctica pertinente y válida.

Procedimiento de ejecución del trabajo

La investigación se realizó con 9 niños de una edad comprendida entre los 5;1 y los 6 años y con 7 niños de una edad comprendida entre los 4;1 y los 4;11 años, siguiendo un plan previamente programado y que se fue adecuando y comprobando durante su desarrollo.

El plan incluía un número de 17 sesiones con cada niño, en una relación individual con el adulto, efectuadas fuera del espacio de la clase. Instrumentos utilizados: grabadora, y papel blanco y lapiz negro en las pruebas en las que era necesaria la transcripción.

Estaban previstos:

— profundizaciones teóricas con un grupo de estudio formado por 4 profesores de la escuela, la pedagoga y -en su calidad de experto- el padre antes citado;
— momentos de colaboración del colectivo en torno a temas específicos y a los resultados del trabajo;
— la relación final del trabajo y su discusión con la comisión didáctica del consejo de administración de la escuela.

Resultados de la investigación

- Primero nos centramos en el símbolo del número y más concretamente en la producción verbal y escrita del número. En la primera pregunta, **Dime todos los números que sepas**, tuvimos un conjunto de respuestas variado que iba de 15 a 169 números (sin relación con la edad: la cantidad menor de números la dió un niño de 5;11 años y la mayor un niño de 5;1 años).

  — Todos los niños interpretaron y respondieron a la pregunta contando, partiendo del número 1 y avanzando en progresión (sólo uno de los niños preguntó: "¿*Puedo decir también los que no van en fila?*" y luego siguió tocando la centena, el millar, los millones).
  — El tono y el ritmo de la voz, la forma de contar era la de una cantilena (el mismo tono que utilizan los niños cuando recitan una retahíla) pero esto sólo ocurría hasta el 1 0-15 Ya veces hasta el 20. A partir de ahí los niños mostraban la necesidad de recurrir a reclamos mnemotécnicos, a mecanismos de re-evocación, a la búsqueda-invención de una regla que les permitiera continuar y, en general, se producían pausas al cambiar de decenas que eran los pasos clave en los que era necesario hacer un esfuerzo de "composición". Por ejemplo, un niño decía: "68-69 ... 6-7... *entonces 70-71-72*", etc.; o: "27,28,29 ... *30 un 3 y un 20*" (de hecho en la escritura el 30 se traducía por 3-2).

© Ediciones Morata, S. L.

- Intentamos profundizar en los mecanismos del contar a través de dos preguntas, agrupamos las respuestas de los niños a la primera **Intenta ahora explicar qué haces, cuando cuentas, para no equivocarte**, en tres categorías:

    1. Hay un orden, una regla inventada hace muchos años *por un señor o un grupo de señores* a la que nos debemos atener. Dice Filippo: *¡Hay una regla y la regla es así!, no es 4,6,5,7, sino que digo 1, luego 2, después 3, hago la cuenta con los dedos y no puedo decir el 10 después del 1, si no sería un lío y nadie entendería nada.*
    2. Hay un orden de progresión (casi de contacto) y por tanto de retroacción que nunca varía. Un niño, ayudándose con los dedos, dice: *Esto es el 1, luego el 2 que está junto al 1, después viene el 3 que está junto al 2 que viene después del 1,* y sigue así hasta el 10. Después del 10 dice que no sabe cuál es la regla y que sólo sabe contar de memoria.
    3. Pone de manifiesto el aspecto de la sonoridad de decir los números en fila. *"Bueno —dice Elena— yo no me equivoco porque los números están bien juntos con un poco de rima. ¿Lo oyes?"* y cuenta rapidísimo hasta el 30; *"no puedo decir 27,28,29, veintidiez, porque no están bien juntos, no es una palabra bonita, entonces digo: 30,31,etc."*

- La segunda pregunta de profundización, **"¿Cómo y cuándo has empezado a contar-escribir los números y quién te los ha enseñado?"**, intenta descubrir cuáles son las inferencias externas que han contribuido o determinado la adquisición de conocimientos. Casi la totalidad de los niños dijo que había aprendido de su padre (y después, otras figuras parentales nombradas con menor frecuencia eran la madre, el hermano mayor, los abuelos).

Sin embargo, casi todos añaden inmediatamente después que al principio han aprendido casi solos, dice Federica, *"Oía a las personas contar y así he aprendido. Primero sabía sólo hasta el 5 y luego, poco a poco, he aprendido todos los demás"* o, como añade Marta *"Yo veía tantos escritos... en las calles, por todas partes, los reconocía y luego aprendí a escribirlos y después aprendí a escribir todos los demás".* En las respuestas de los mnos se mezclan las enseñanzas directas y la indirectas (los elementos del ambiente y las enseñanzas de los adultos).

En consecuencia, el primer bloque de preguntas nos fue útil para profundizar en *el problema de la contextualización del número* es decir, de los números que se encuentrar en el entorno y de los significados que los niños les atribuyen. En las respuestas obtuvieron muy diversas situaciones e interpre-

© Ediciones Morata, S. L.

taciones: un elenco muy amplio que va de húmeros recurrentes (como el de la vivienda o el del teléfono) a números particulares vinculados a contextos insospechados para el adulto. Algunos de los objetos y lugares en donde los niños encontraron números son: las matrículas de los coches, los tranvías, las .. señales peatonales, los relojes, los calendarios, el dinero, el ordenador, las calculadoras, el televisor, las páginas de los libros, las etiquetas de los vestidos y los zapatos. También hay números -señalan los pequeños-escritos con tiza en el suelo y en los árboles; en los asientos; en los libros colocados en la librería.

Es un amplio elenco, sin embargo todos los niños tienen y dan una explicación del significado y la función de estos números: a veces las respuestas corresponden a las funciones reales, en otros casos son interpretaciones personales y subjetivas. En sus respuestas los niños tienden a subrayar las siguientes características y funciones:

- Funciones de orden: *"Mi papá tiene una librería con todos los libros puestos en fila: el1, luego el 2, el 3, el 4, y después el 5 ... son muchísimos, uno para cada libro":*
- Funciones de medida: por ejemplo, dice Andrea. *"Debajo de los zapatos hay números; yo tengo el 27; quiere decir que si cojo otro número no me quedará bien. Pero los números cambian porque los zapatos no crecen, cuando se me haga el pie mayor deberé coger un 28";* o Marta: *"En el calendario hay números, sirven para medir el tiempo, los días, los meses, los años. En el calendario están todos los números",* y los dice hasta el 30, *"que quiere decir que si hoyes por ejemplo el 3, han pasado tres días";* o peso corporal, dice Filipo *"Yo peso 21 ¿y tú?"*
- Como indicador de orientación: *"Mi casa es el número 8, calle Lolli número 8, porque si no se sabe el número aunque se sepa la calle no se sabe qué hacer, por ejemplo, así todos los que vengan a ver a mi abuelo no se equivocarán si saben el número exacto";* o: *"Hay números sobre las piedras de las carreteras: cuando estuvimos en Cardeña había muchas y nos decían por dónde teníamos que ir y cuántos kilómetros quedaban todavía para llegar a Caprese".* 0, como dice Andrea: *"Cada tranvía lleva su número. En el paseo Umberto I está el 4. Si cojo el 6 no voy al paseo Umberto 1, voy a otra parte; entonces se ponen números para saber a qué calle va cada autobús".*
- Como testimonio de propiedad: *"En las matrículas de los coches hay números; los ponen para poder reconocerlos, porque si hay dos coches iguales, el número de la matrícula dice cuál es el tuyo".*
- Como valor de cambio (el dinero).

© Ediciones Morata, S. L.

— Como elemento cuantificador. *"Yo tengo dos coches"*, *"Mi papá ha tenido tres accidentes"*, *"Yo tengo 5 años"*, etc.

Resumiendo, el número sirve para tener siempre informaciones justas y ciertas sobre cada una de las situaciones anteriormente enumeradas: *"Porque si tú lo sabes* y *dices el número exacto,* no te *puede equivocar"*.

Por tanto podríamos decir (y así lo confirma la investigación de SINCLAIR) que los niños reinventan o reconstruyen los sistemas simbólicos de la sociedad en la que viven, buscan modelos y reglas e intentan dar un sentido a lo que ven.

- En relación con el símbolo gráfico del número y con los sistemas de notación hay que hacer otras consideraciones.

La pregunta que se hacía a los niños era la siguiente: **escribe todos los números que sabes** (ver resultado nº 1), y éstos son los resultados:

— Todos los niños de 5 años escribieron sólo números. Sólo verbalmente se establecen analogías con las letras del alfabeto: *"El 3 se parece a la E"* (mientras que a los 4 años con bastante frecuencia se mezclan letras y números).

1

— Prácticamente, en todos los casos la escritura es horizontal, de izquierda a derecha; es lineal y continua, sin separación ni interrupciones entre un número y otro (y, por tanto, su lectura es difícil). Sólo un niño tenía una escritura vertical, de arriba abajo.
— El lenguaje verbal acompaña siempre a la escritura del número: en este sentido habíamos señalado una coincidencia y una relación abstracta entre lenguaje verbal y trascripción gráfica: el lenguaje tiene una función de control sobre la escritura, se trata de una constante función autodirectiva y autocorrectora en relación con lo escrito.

Podríamos decir que la relación de apoyo mutuo entre el lenguaje y el símbolo gráfico facilita la memorización y que el uso de los dos canales —que en cierto modo parece independiente— asegura una reconstrucción más fácil y mejor.

© Ediciones Morata, S. L.

— Otro problema que se puede intuir en la reproducción de los niños se refiere a los números en espejo e invertidos. Siete de los nueve niños son diestros de mano, ojo y pie; uno es diestro de mano y pie pero no de ojo; uno es diestro de mano y de ojo pero no de pie.

Si observamos diversos ejemplos de niños diestros veremos que un mismo número (por ejemplo el 3, el 2 o el 1) aparece unas veces bien orientado y otras invertido. Formulamos algunas hipótesis en relación con este problema y las primeras pistas nos las dieron los propios comentarios de los niños: *"Me ha salido del revés el 3"; "Qué bien me ha salido"; "El 6... ya está, se hace un redondelito y luego una patita que va para arriba".* Ayudándose con el lenguaje los niños intentan recordar y reconstruir la figura/el esquema del número. Un fragmento de GOMBRICH, tomado de *la imagen y el ojo* puede sugerir una de las posibles interpretaciones. "Aunque está claro —dice GOMBRICH— que el reconocimiento implica siempre el recuerdo, ello no nos debe llevar a confundirlo con otro aspecto de la memoria, es decir, la capacidad de reevocación".

Proponiendo un ejemplo muy sencillo se puede ilustrar fácilmente la diferencia entre reevocación y reconocimiento. Coged lápiz y papel e intentad dibujar algo de vuestro entorno familiar. También sin papel y lápiz podemos comprobar nuestra capacidad de reevocación haciéndonos cualquier pregunta sencilla, capaz, sin embargo, de ponernos en un aprieto. Por ejemplo (si pensamos en una vaca) podemos preguntarnos qué posición tienen los cuernos de la vaca en relación con las orejas (es muy posible que no sepamos la respuesta exacta).

Surge así una aparente pero importante paradoja: aún en los casos en los que tenemos dificultades en la reevocación (y son muchos) acabamos siempre por reconocer correctamente la imagen. Preguntémonos ahora: ¿no tienen que hacer los niños, en el caso de la notación numérica, una operación de reevocación?; y en el caso de los números invertidos o no invertidos

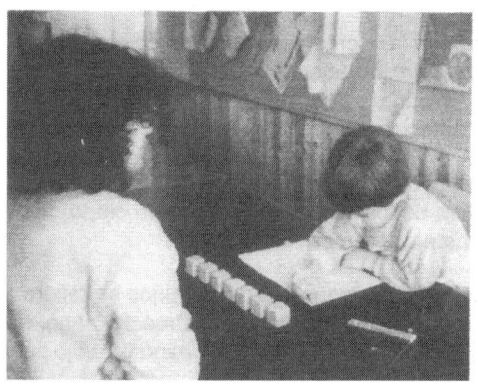

¿no tienen que hacer una operación de reconocimiento correcto-erróneo? Plateándonos, en este caso específico (pero también en la producción gráfica en general), el problema de la percepción y la exploración visual y del adiestramiento (en este caso, de la familiaridad con el símbolo).

— Hay otro tipo de número invertido, es el que se encuentra en números formados por más de una cifra. Casi todos los niños al escribir la decena invierten el orden de los dos números. Se plantea así el problema del valor posicional de las cifras. Al parecer, el dominio de este concepto exige la comprensión de la regla del valor y la posición que todavía no está suficientemente consolidada en los niños de esta edad. (También es muy evidente que los niños escriben de esta forma invertida siguiendo una regla muy sencilla que se desprende del sonido del número: por ejemplo, al decir 23,26,27 son 3,6 y 7 los números que más destacan en el contexto de la palabra y son ellos, por tanto, los que se empiezan a escribir para componer el número.)

- Como ejercicio final nos planteamos un **dictado de números** para comprobar y verificar los anteriores. Los resultados demostraron que:

  — No se modificaba el orden ni las formas personales de la escritura;
  — en cambio se modificaba notablemente el lenguaje verbal, que bajaba de tono y se expresaba de forma menos explícita. Se reducía a un movimiento de labios de los niños, pero el diálogo consigo mismo parecía contenido e interiorizado.

* * *

Pasamos ahora, rápidamente, al problema de la transcripción de una serie de objetos propuestos por el adulto, y al cálculo, que dividimos en tres partes, complicando en cada prueba la situación.

- En la primera parte ofrecimos a los niños una serie de siete cubos, un material homogéneo en cuanto a forma, color, dimensiones, funciones, y les pedimos; **Escribe en la hoja cuántos cubos hay**. Los resultados fueron los siguientes:

  — Todos los niños usaron cifras para transcribir la cantidad de los objetos. Los niños de 4 años mezclaron con las cifras letras del alfabeto, simbologías personales, garabatos, dibujos del objeto, en una correspondencia de término a término (tantos símbolos como objetos), los nueve niños de entre 5 a 6 años, aunque escribieron sólo cifras, utilizaron diversas estrategias: usaron sólo el símbolo del número (es decir, un sólo número que abstrae y sintetiza la cualidad física de los siete objetos); o pusieron el número y el objeto en una correspondencia de término a término.

© Ediciones Morata, S. L.

Son formas de registrar que incidirán después en las siguientes operaciones y en la transcripción de las propias operaciones.

- Con los mismos siete cubos planteamos **una suma (4+3) y una resta (7-3)** pidiendo al niño que escribiera los pasos de las operaciones.

  — Todos los niños resolvieron rápida y correctamente el problema (contando los objetos a distancia sólo con los ojos).
  — Siguieron dándose las dos actitudes anteriores de síntesis y correspondencia término a término; por tanto nos encontramos con distintas formas de transClripción de las operaciones.

  1. Suma unidad por unidad, una cada vez, hasta llegar al resultado final (1,2,3,4,5,6,7).
  2. Aparece sólo escrito el resultado (74).
  3. Aparece sólo uno de los términos (p. ej., 7) y luego el resultado (3), este caso es muy frecuente.
  4. Sólo en algunos casos la operación aparece escrita así (7+3): el primer sumando o el minuendo seguido del resultado; el segundo sumando o el sustraendo utilizados casi como contraprueba y escritos sólo al final.
  Por tanto el orden de escritura resultante es 7,10,3.

- En la tercera parte cambiamos el conjunto de los objetos con los que realizar las operaciones y aumentamos su número a diez: utilizamos objetos muy distintos entre sí (incluso perceptivamente) en cuanto a forma, color, dimensiones, función. También en esta prueba los niños resolvieron las operaciones propuestas **(10-6 y 7+3)** utilizando más tiempo y necesitanto contar cada objeto, bien de viva voz o tocándolos de uno en uno.

  — Sólo dos niños no resolvieron correctamente las operaciones: uno porque decía que el diccionario no era un objeto sino un libro y por tanto no lo incluyó en el conjunto ni en el cálculo; y el otro porque no tuvo en cuenta el clavo (que era el objeto perceptivamente menos relevante).
  — Las formas de solución y escritura de las operaciones eran semejantes a las anteriores. Sólo queremos comentar el caso de un niño que en las pruebas anteriores había tenido una escritura "término a término" y que en esta parte mezcló las dos formas: escribió primero el 10 arriba a la izquierda; restamos los seis objetos y el niño hizo una raya debajo y escribió 1,2,3,4,5,6, hizo la síntesis, y colocó la síntesis, el

6, junto al 10; por último escribió el resultado: el 4 (ver la ilustración 2).

- En todas las pruebas de cálculo los niños verbal izaron poquísimo, en general decían sólo los números escritos y el resultado de las operaciones. La última prueba, que se hizo dos días después, era **de cálculo mental**.

Les pedimos que recordaran los cubos, que ya no usamos, y les planteamos el problema. Las estrategias utilizadas para resolver las operaciones eran diversas:

— Unos se ayudaban de los dedos haciéndolo de forma evidente o casi escondiendo las manos debajo de la mesa y moviendo apenas la punta de los dedos.
— Algunos daban explicaciones del resultado: decía un niño: *"¿Sabes por qué sé cuántos son 3+4? Porque 3+3 son 6, y 4 es 1 más que 3, entonces son 7".*
— Otro respondió rápidamente a todas las operaciones y luego dijo. *"¿Sabes por qué lo sé?, tú has usado siempre tres números, si tú me dices dos yo digo el tercero y ése es el resultado".*
— Un último ejemplo es el de un niño que, después de haber resuelto la operación mental, pidió que le dejáramos escribirla, el ejemplo demuestra de forma muy evidente un tipo de problema con el que los niños se pueden encontrar (la operación era 4 + 3). El niño escribió 1,2,3,4 (el primer sumando) y luego escribió 3 (el segundo sumando). Contó los números 1,2,3,4,5 ... eran 5 números, al no salirle el resultado hizo una comprobación con los dedos y obtuvo 7. Volvió a contar los números uno a uno y le salían siempre 5, volvió a contar con los dedos y al final se rindió y escribió el resultado obtenido al contar con los dedos, 7, sin darse cuenta de dónde estaba el error.

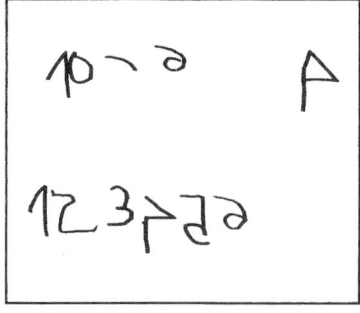

2

- En este momento ya habíamos introducido los signos + / − / =. Ahora el problema que se les planteaba era el siguiente: el adulto presentaba al niño —sucesivamente— **operaciones ya hechas en tarjetas: 1 + 1 = 2 y 2 − 1 =** y se pedía al niño que las leyera. Obtuvimos dos tipos de respuestas:

1. Los niños leyeron correctamente; algunos incluso dieron los resultados que no estaban escritos. Decían: *"Uno más uno igual a dos, dos menos uno igual a uno".*
2. Otros leían *"Uno, cruz, uno dos líneas"* y *"dos, línea, uno, dos líneas"* y en este caso no decían obviamente, el resultado.

Con este segundo grupo de niños intentamos profundizar en el problema preguntando: "¿no has oído decir, por ejemplo, 1 + 1 = 2 y 2 − 1 = 1? De estos símbolos ¿cuál usarías para el más y cuál para el menos?" Las elecciones de los niños en general coincidían con los símbolos apropiados.

- Después se les explicó la función de los símbolos + / − / = Y se les volvieron a plantear las operaciones iniciales, pidiéndoles que las resolvieran. En la fase siguiente se pidió a todos los niños que **plantearan operaciones** eligiendo entre una serie de tarjetas en las que iban escritos los números de 1 al 10 y los símbolos + / − / =.

Todos los niños necesitaron decir en voz alta los pasos de las operaciones según las iban construyendo, y mientras que con el uso de los símbolos del + y el − no hubo problemas, al llegar al símbolo = se registraron los siguientes tipos de dificultades: los niños componían correctamente la operación, pero al decirla en voz alta, al llegar al signo = se producía una especie de bloqueo que les impedía añadir el resultado y necesitaban volver a empezar, sustituyendo la palabra "igual" por "son". Deoran, por ejemplo, *"Uno más dos son tres";* sólo en este momento eran capaces de poner el resultado en la tarjeta (olvidándose a veces de poner el signo =).

- En la última fase del trabajo les propusimos un **dictado, no de números sueltos, sino de cantidades**: 3 caramelos, 3 casas, 3 trenes, 3 elefantes. A los niños se les comentaba: "Ahora voy a decir una serie de cosas y tú deberás escribir en la hoja algo que dé a entender cuántas son las cosas que yo he dicho".

La atribución del número a elementos de la realidad complicó el problema e hizo que los niños utilizasen cuatro sistemas distintos de transcripción:

1. La escritura. Un niño afirmaba "Lo escribo porque me resulta más fácil, porque siempre es lo mismo (ilustración nº **3**).

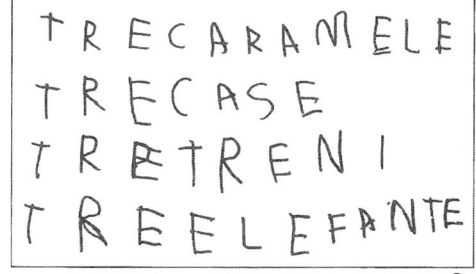

3

© Ediciones Morata, S. L.

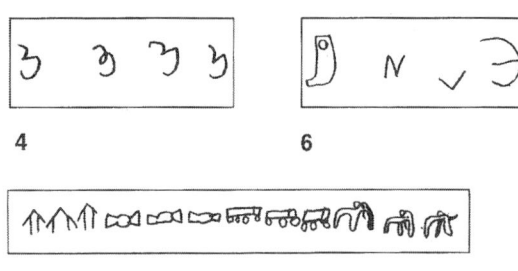

4 6

5

2. El número, sin añadir o especificar la cualidad de los elementos (ilustración nº **4**).
3. El dibujo, en el que se repite tres veces la imagen de cada elemento (ilustración nº **5**).
4. Invención de simbologías personales. Por ejemplo, Marta decía *"Tres caramelos"* y escribía 3, *"Esto es el techo de 5 la casa"*; después escribió la letra N, *"porque dentro de la palabra tren está la N; y ésta es la trompa. El 3 lo he escrito sólo una vez porque vale para todos"* (ilustración nº **6**).

- *A la pregunta* **¿Son más tres caramelos o tres elefantes?** registramos diversos criterios para la atribución del valor mayor-menor:

  1. Un criterio relacionado con la dimensión física de los elementos, por el cual tres elefantes son más que tres caramelos, porque *"son más altos y más grandes"* (la misma pregunta, hecha a los niños después de la escritura de los números en la primera parte del trabajo, había dado los mismos resultados; son mayores los números escritos con mayor dimensión).
  2. El criterio de Marta, que decía: *"Son más tres elefantes porque son más grandes y andan siempre en fila y además tienen un jefe y entonces son cuatro"*. Entonces ¿son más tres trenes o tres elefantes? *"Tres trenes, porque los trenes tienen vagones y compartimientos"*. ¿Y son más tres casas o tres trenes? *"Tres casas, porque las casas tienen dentro todas las cosas, muchas cosas"*;
  3. El criterio del grupo, que responde correctamente a la pregunta usando conceptos como: *"Tres y tres son siempre iguales; son lo mismo; entre tres y tres no hay diferencia"* (este grupo de niños había respondido correctamente también en la primera parte, determinando cuál era el número mayor y menor de los que habían dicho y escrito, y un número de orden: *"El primero es el más pequeño y el último es el más grande"*).

- En la última fase del trabajo intentamos profundizar en el concepto de *ordinalidad y cardinalidad* dado que en todas las pruebas anteriores aparecía como problema pero no nos habíamos enfrentado con él directamente.

© Ediciones Morata, S. L.

Las respuestas de los niños ponían de manifiesto que:

— Decir primero y decir uno es lo mismo, porque el uno es siempre el primer número, el dos siempre el segundo número, etc.
— La diferencia de uso es porque "primero, segundo, tercero, es contar como se cuenta en las competiciones, mientras que uno, dos, tres es contar normal, las cosas.
— No es lo mismo, porque: *"Tu dices: han llegado dos coches a la meta y lo que quieres decir es han llegado los dos; pero el que ha ganado se dice que ha llegado el primero, porque ha llegado antes que los demás, es el único que ha llegado antes, y el que ha llegado el segundo es el único que ha llegado el segundo"*, etcetera.

Conclusiones

Éste es, en síntesis, el trabajo que hemos realizado; las conclusiones no son fáciles de determinar y pensamos que sería interesante profundizar posteriormente en los problemas relacionados con los procesos de reinvención.

Sin embargo, resumiendo podemos decir que:

— Todos los niños tienen teorías y desarrollos lógico-evolutivos propios sobre los números;

© Ediciones Morata, S. L.

- ciertamente los niños extraen sus teorías y hacen sus inferencias a partir del ámbito físico y cultural, que es un elemento que incide de forma importante en la construcción de dichas teorías;
- el papel del adulto es muy importante no sólo porque sabe contestar a preguntas directas de los niños, sino también porque sabe escuchar, observar, funcionando como uno de los puentes entre el niño y la realidad y como sugeridor de situaciones probllemáticas y estimulantes (la escuela es uno de los elementos del contexto);
- las capacidades lógicas y de relación de los niños son potencialmente altas, pero! hay que trabajar sobre la información, hablar de lógica y de diversidad de lógicas en el sentido de relatividad, provisionalidad, temporalidad de la lógica; los niños tienen reglas que están sujetas al cambio conforme van adquiriendo nuevos conocimientos, y el adulto debe saber situarse dentro de ese cambio;
- en un problema específico, como el que hemos tratado, también las relaciones entre los distintos lenguajes y la calidad y cantidad de la experiencias concretas (aunque aparentemente alejadas, según los parámetros de cultura del adulto) son utilizadas y relacionadas por los niños;
- para terminar, el establecer un sistema de relaciones es lo que permite el razonamiento.

Por tanto, son las situaciones capaces de suscitar problemas y expectativas las que permiten avanzar, confirmando y reforzando las hipótesis anteriores.

© Ediciones Morata, S. L.

CAPÍTULO 19

Entre el seguro, el quizá y el imposible. El niño descubre la razón del probable

Los niños en situaciones problemáticas: cómo profundizan con la razón para interpretar y comprender

Por Daniela CHIOFFI y Antonella SPAGGIARI[1]

El porqué de la investigación

Saber si el niño más allá del **seguro** *(de lo que supone que es seguro),* **del quizá** *(de lo que supone que está fuera de las reglas y pertenece a una especie de hecho inexplicable)* **de lo imprevisible** *(de lo que supone que está más allá de lo posible y lo conocible), tienen posibilidades y capacidad par acercarse progresivamente al descubrimiento de una cuarta dimensión*

---

[1] Educadoras de la escuela infantil "8 Marzo" de Reggio Emilia.

Escuela: ideas y proyectos [*Bambini*, enero de 1987]

que es la del arte de prever, de percibir y captar el **posible**, lo que puede ocurrir y, sobre todo, **por qué puede ocurrir**, es una ouestión de gran interés.

La actualización de las reflexiones sobre el pensamiento y el razonamiento infantil es algo que se ha ido abandonando por considerarlos inabordables, a pesar de los datos y las intuiciones ofrecidas por los piagetianos ginebrinos y americanos, y sobre todo por la epistemología bruneriana, vigotskyana y ecológico constructiva, sin olvidar las aportaciones que pueden ofrecer los trabajos de DIENES y de algunos matemáticos italianos, de PESCARINI y D'AMORE.

La decisión de hacer una investigación en este campo forma parte de una estrategia de investigación propia de la experiencia reggiana.

Los resultados son lo que son, y exigen un nuevo trabajo y, sobre todo, la definición de unos desarrollos didácticos homogéneos, en los que se precise la imagen de los niños y de lo que pueden asimilar.

Este trabajo, preparado por Daniela CHIOFFI y Antonella SPAGGIARI con la oo/aboración de Sergio SPAGGIARI , se leyó, documentado con audiovisuales, en el Congreso Internacional sobre "Modelos e hipótesis teórico-prácticas en la educación de los niños" celebrado en Reggio Emilia los días 29, 30 y 31 de mayo de 1986.

* * *

Situaciones problemáticas

En la experiencia escolar tradicional con frecuencia la actividad matemática se resiente de una presentación didáctica que da mayor importancia a la "lógica de dos valores": una afirmación es verdadera o falsa, un elemento pertenece o no a un conjunto, el resultado de una operación es correcto o incorrecto, etc.

Esta forma de actuación sin duda induce a formas de pensamiento categóricas y poco flexibles.

Sin embargo la experiencia de la realidad es muy articulada y compleja y por ello, si la educación en general y la lógico-matemática en particular deben ofrecer al niño los instrumentos de pensamiento y acción para interpretar y enfrentarse de forma eficaz con los hechos de la vida, es indudable que es tarea de los educadores introducir en las actividades escolares, también en la escuela infantil, las primeras nociones de *probabilidad* y de *combinatoria*.

© Ediciones Morata, S. L.

De hecho estas nociones son las que permiten ayudar al niño cuando se encuentra en situaciones de incertidumbre en las que, entre la categoría del *imposible* y la categoría del *seguro* existen los distintos grados del posible, del más o menos probable, de lo incierto, de lo poco seguro, etc.

Estas primeras ideas elementales de la probabilidad conectan estrechamente con las elaboraciones mentales que el niño empieza a construirse en torno a las experiencias y a los fenómenos *casuales* en los que deben establecerse los conceptos de *fortuito* o *aleatorio* como partes constitutivas de lo real y del conocimiento.

La finalidad de la investigación llevada a cabo con los niños de la escuela "8 de Marzo" era recoger conocimientos y reflexiones sobre las formas y procedimientos utilizados por los niños para *hacer previsiones* o para *razonar* sobre los resultados más o menos difícilmente previsibles de los juegos que se les presentaron (lanzamiento de dados, extracción de bolas, juego de la ruleta).

Desarrollo de la investigación

Los juegos de previsión de la probabilidad se propusieron a 20 niños de 5/6 años, inscritos en las clases B y e de la escuela infantil "8 de Marzo". Las pruebas, que se presentaron como en la descripción analítica que incluimos a continuación, se desarrollaron según dos modalidades:

1. algunos niños participaron de forma individual en los juegos;
2. otros participaron en grupos de cuatro, en este caso, también las preguntas y el juego se vivieron directamente, de vez en cuando, por un solo niño, a los otros niños se les permitía asistir de forma participativa (podían ver, pre guntar, hablar, bromear, etc).

Todas las pruebas se plantearon en una sola sesión de 50/60 minutos de duración; cada niño debía hacer la misma prueba tres veces consecutivas. El orden de las pruebas (primero la extracción de bolas, luego el juego de la ruleta y por último el lanzamiento de dados) se respetó siempre, aunque era un orden convencional.

Todas las sesiones se desarrollaron en un lugar apartado y tranquilo y se realizaron por un adulto ayudado por un colega que anotaba en el cuaderno de registro las respuestas y los comportamientos de los niños.

© Ediciones Morata, S. L.

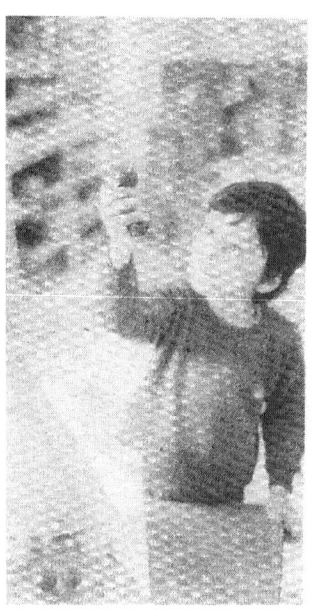

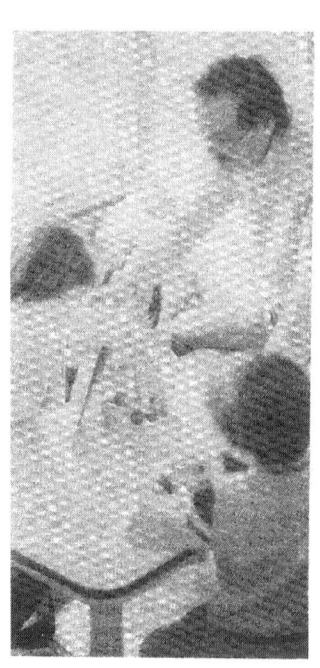

Descripción analítica de la investigación

Prueba 1.—Probabilidad en la extracción de bolas

1.1. El niño se encuentra ante una mesa en la que hay un recipiente de cristal transparente que contiene ocho bolas verdes y dos amarillas.

Se pide al niño que saque del recipiente una bola. Antes de que se acerque para cogerla se le oculta el recipiente tras una cartulina y a la vez se le pregunta.

"¿Podrías adivinar de qué color será la bola que va a salir?, ¿por qué piensas que será de ese color?"

Una vez extraída la bola se le dice: "¿Sabrías explicarme por qué ha salido la bola de este color?" En este caso la bola verde tiene 8 probabilidades sobre 10 de salir, y la amarilla sólo 2 probabilidades sobre 10.

1.2. Como en la prueba 1.1. Única variante: se pide al niño que saque dos bolas a la vez y adivine el color. índice de probabilidad de los resultados posibles A/A=1/45; V/A=16/45; V/V=28/45.

1.3. Como en la prueba 1.1. Única variante: el recipiente de vidrio contiene 6 *bolas amarillas* y 6 *bolas verdes*. índice de probabilidad de los resultados posibles: A=6/12; V=6/12.

1.4. Como en la prueba 1.3. Única variante: se pide al niño que saque dos bolas a la vez y que adivine los colores. índice de probabilidad de los resultados posibles: A/A=9/36; *VN=9/36;* V/A=18/36.

1.5. Como en la prueba 1.1. Única variante: el recipiente contiene 8 *bolas verdes*, 2 *bolas amarillas* y 1 *bola roja*. índice de probabilidad de los resultados posibles. V=8/11; A=2/11; R=1/11.

© Ediciones Morata, S. L.

1.6. Como en la prueba 1.5. Única variante: se pide al niño que saque dos bolas a la vez y adivine el color. índice de probabilidad de los resultados posibles: A/A=1/55; A/R=2/55; RN=8/55; AN=16/55; VN=28/55.

Prueba 2.—Ruleta de colores

Sobre un tocadiscos portátil se coloca un disco de cartón dividido en sectores de diferentes colores y dimensiones.

Junto al disco, sobre el tocadiscos, hay una flecha con la punta dirigida hacia el disco.

Después de hacer girar manualmente el disco, se pide al niño que adivine qué color se detendrá ante la punta de la flecha.

2.1. El disco está dividido de la forma siguiente: 3/4 rojo, 1/4 amarillo.

Se dice al niño: "¿Sabrías adivinar qué color se detendrá ante la flecha?, ¿por qué piensas que será ese color?"

Cuando el disco se ha detenido, se le pregunta: "¿Sabes explicarme por qué ha sido precisamente este color el que se ha detenido delante de la flecha?"

2.2. El disco está dividido de la siguiente forma:

1/4 amarillo, 1/4 rojo 1/4 amarillo, 174 rojo
Las mismas preguntas que en la prueba 2.1.

2.3. El disco está dividido de la siguiente forma: 11/36 marrón, 9/36 azul, 7/36 amarillo, 5/36 verde, 4/36 rojo. Las mismas preguntas que en la prueba 2.1.

Prueba 3.—Lanzamiento de dados

3.1. El niño tiene un dado de 6 caras de las cuales 4 están coloreadas de rojo y 2 de amarillo; se le pide que lance el dado después de decidir qué color ganará. Sucesivamente se le pregunta: "¿Por qué piensas que ganará ese color?" Cuando el dado se ha parado se le dice; "¿Sabrías explicarme por qué ha salido este color?"

3.2. Como en la prueba 3.1. Única variante: el dado tiene 3 caras rojas y tres caras amarillas.

3.3. Como en la prueba 3.1. Única variante: el dado tiene 4 caras rojas, 1 cara amarilla y una cara verde.

En la presentación de los datos recogidos nos pareció oportuno dividir las respuestas de los niños en tres niveles:

- Nivel I (alrededor de un 30% de los niños) eligen un color que no coincide con los distintos índices de probabilidad de los resultados posibles.
- Nivel II (alrededor de un 50% de los niños) eligen colores que coinciden con los distintos índices de probabilidad, pero, en un sentido estricto, no saben hacer pronósticos coherentes.
- Nivel III (alrededor de un 20% de los niños) eligen colores que coinciden con los distintos índices de probabilidad y justifican de forma adecuada su elección.

Dentro de cada nivel se hizo una división posterior de acuerdo con los siguientes puntos:

— análisis de la elección en su totalidad,
— análisis de las motivaciones de dicha elección,
— análisis de las explicaciones de los resultados.

Niveles de respuesta de los niños

Primer nivel

Las elecciones de los niños del primer nivel, generalmente los más pequeños, no coinciden con los distintos niveles de probabilidad.

Por tanto estas elecciones no tienen en cuenta las diferencias probabilísticas. Si a veces coincide la elección con el resultado más probable, esto ocurre de forma casual e intuitiva o, por simple imitación de un compañero o por seguir una sugerencia que se le ha hecho.

El comportamiento predominante en este primer nivel es *el de elegir el color que acaba de salir: de hecho estos niños tienden* a *confirmar el resultado vencedor.*

Otro tipo de comportamiento es el de basarse en el *criterio de alternancia de la elección* (antes dije amarillo, ahora digo rojo) o *en el criterio de la preferencia personal por un color* (porque me gusta más).

Cuando se pide a los niños que, en la extracción de dos bolas, predigan el color, las respuestas parecen estabilizarse en las siguientes elecciones: de forma totalmente CASUAL, o siguiendo la tendencia a elegir bolas del mismo color o de colores distintos.

En las previsiones realizadas cuando se trabajó con un grupo de cuatro niños, había un importante componente de imitación que condicionaba la elección, que con frecuencia se hacía *por contagio* o *repetición:* sobre todo se imitaban las elecciones de los compañeros del mismo sexo. Asistimos al despliegue de una verdadera "estrategia solidaria" entre los niños del mismo sexo: los chicos con los chicos y las chicas con las chicas.

- Las respuestas a la pregunta "¿Por qué has elegido este color?", a veces eran forzadas o banales "Bueno, porque sí, no lo sé", otras veces eran una simple repetición de la elección hecha por otros. Entre las motivaciones explicadas por los niños, podríamos hacer una síntesis de los siguientes criterios conductuales:

    a. la motivación citada más frecuentemente tenía en cuenta *la colocación espacial.* Los niños decían: "He dicho amarillo porque está en el centro, porque está más cerca, porque está allí, porque sé en qué parte está";
    b. la elección estaba motivada por una preferencia cromática personal. Dicen: "El verde me resulta simpático, el amarillo es el color más bonito, a las niñas les gusta el amarillo";
    c. también se dió, como ya hemos dicho, la elección para confirmar el color vencedor. Decían: "porque sale siempre el verde, porque ahora el disco se ha parado en el amarillo, porque antes ha sido así";
    d. Y aparecieron también criterios de elección por alternancia: "a veces hay que decir verde, antes ganó el amarillo y ahora digo rojo, porque también este color tiene un poquito de suerte".

- En la pregunta "¿Sabes explicarme por qué ha salido precisamente este color?", podríamos establecer varios tipos de respuesta:

    a. se da una difusa explicación basada en la disposición espacial. Decían en los resultados acertados: "Porque la bola estaba allí y yo la cogí, porque estaba puesta así, porque una estaba aquí y la otra allí", Y en los que fallaban: ·porque ésa no estaba cerca, porque la amarilla no estaba en su sitio, la verde estaba allí y yo he cogido ésta, porque donde he puesto la mano no estaba la roja";
    b. hay una tendencia de los niños a pensar que el mérito o "la culpa de los resultados deben atribuírselos a sí mismos". En los resultados acertados decían: "porque lo digo yo, porque me acordaba muy bien, porque he visto antes que aquí estaba el rojo, porque yo he elegido el

amarillo, porque me acuerdo de que alrededor del verde había aire, porque el disco ha girado con fuerza, porque he hecho que se detenga en el marrón; porque he tirado el dado muy bien, porque lo he tirado al suelo". En los resultados no acertados decían: "porque no me he acordado, porque me he equivocado, porque no lo he cogido bien, porque he hecho girar el disco demasiado fuerte, porque he tirado el dado flojito";

c. otra tendencia de los niños de este primer nivel es la de atribuir el mérito o "la culpa" de los resultados al color elegido, como si el propio color (o el objeto) tuviese un poder indefinido para determinar el resultado final. Por ello en este caso no eran los sujetos, sino los propios colores, los afortunados. Decían los niños: "porque el amarillo tiene suerte, porque el rojo está solo y por eso es el jefe de todos, porque el rojo tiene un poquito más de suerte, el verde tiene mucha suerte, ¡qué suerte tiene este verde!, el amarillo es mágico, el verde tiene un ruido raro, el rojo es malo, porque el marrón es un cochino, al azul me las pagará";

d. además había una serie de respuestas que podríamos catalogar como "explicaciones físico descriptivas" con las que el niño intenta explicar el resultado mediante la descripción de lo que realmente ha ocurrido ante sus ojos, sobre todo en el juego del disco y del dado. Dicen: "El disco era demasiado rápido, el disco se atascó y se paró allí, porque al principio giraba deprisa, luego deprisita, y después cada vez más despacio hasta que se detuvo en el marrón, porque se ha ido parando hasta llegar aquí; porque el dado ha caído en la esquina, porque lo he tirado contra la mesa, porque el dado ha caído antes sobre esta cara, después sobre ésta y al final sobre el rojo";

e. también aparecía un número considerable de ausencia de respuesta o de respuestas muy titubeantes; "no lo sé, bueno no sabría, pero, quizá". Además se metían los dedos en la boca, movían la cabeza, se retorcían el pelo, ¡intentaban y casi imploraban con la mirada que se les eximiera de dar la respuesta.

El titubeo y el apuro en las respuestas se han tenido en cuenta, porque preveíamos que, al poner a los niños en situaciones de incertidumbre, sería natural que se produjera una cierta desorientación e, incluso, la duda en las decisiones; pero el fenómeno apareció con unas dimensiones superiores a las previstas y, en cierto modo, con unas características insospechadas.

La ausencia de respuestas y la indecisión no se refería a la petición de que el niño tome una decisión de previsión, por eso no había indecisión cuando el niño tenía que elegir el color que preveía que saldría en el juego; el niño se encontraba incómodo e indeciso cuando debía justificar su elección y aún más cuando tenía que explicar el resultado. Pensamos que esto se debe a las características conductuales y de pensamiento de los niños de este primer nivel. Ellos parecen convencidos de que el resultado final del juego, sea cual sea, es producto y efecto de una causa muy concreta, creen, por tanto, que todo lo que ocurre está determinado por un factor bien definido. Es la falta de determinación de este factor lo que provoca el aturdimiento, en el niño, lo que da lugar a su desorientación, es el desconocimiento de la causa de la que el niño cree que depende el resultado.

Ésta es una hipótesis, quizá una de las muchas posibles, que creemos que se debe plantear. Un ejemplo característico de las actitudes que aparecieron en estos niños es el simpático comportamiento de Andrea.

Andrea, después de haber dudado entre la elección que confirmaba al color ganador y la elección por preferencia de colores, y después de dar una serie de confusas y embarazosas no-respuestas a la explicación de los resultados, en el juego de los dados logró elaborar "a la chita callando" una "estrategia ganadora". Decía que el color de la cara superior del dado que se tenía entre los dedos de la mano sería el qua se mantendría en la cara superior cuando el dado, una vez lanzado, se detuviera. Este descubrimiento fue genial para él y le dió una certeza absoluta que le permitió superar la inseguridad inicial; "ahora puedo elegir el color que quiera porque tengo una estrategia para ganar".

Segundo nivel

Los niños de este nivel advierten enseguida, en los distintos juegos, los mayores o menores índices de probabilidad de los resultados posibles. Las elecciones iniciales van dirigidas al color que más les gusta. Pero basta una sola elección errónea para hacerles cambiar su criterio de elección e inducirles a asumir el condicionamiento del color vencedor o la influencia contagiosa del grupo de amigos, sobre todo de los del mismo sexo. En la motivación posterior de los razonamientos sobre sus previsiones estos niños tienden a hacer enseguida una correcta valoración de los índices de probabilidad. Un dato que surge frecuentemente es esta comprensión inicial de las relaciones que proporcionan las partes coloreadas de los materiales de juego (bolas, discos, dados). Podemos decir que en estos niños la acción perceptiva y dinámica es discriminatoria y capaz, por ello, de establecer relaciones y partes, y no inherente y estática, como la de los niños del primer nivel.

Dicen, por ejemplo, porque hay más bolas verdes, porque son iguales, aunque sean menos pueden ganar igual, porque en el disco el marrón ocupa más espacio, porque es más grande, porque el rojo es pequeño y no se detendrá en él, porque en el dado hay más caras rojas, porque hay tres caras rojas y tres amarillas y no se puede decir quién ganará".

Esta capacidad de orientarse hacia índices de probabilidad más favorables no siempre está perfectamente adquirida y dominada, de hecho este tipo de respuestas aparecen mezcladas con otras inadecuadas típicas del nivel anterior: no desaparecen, sólo disminuyen las respuestas de confirmación del color anteriormente vencedor, de alternancia de los colores o de preferencia personal por un color. Todavía aparecen afirmaciones del tipo de: "porque antes ha ganado el amarillo, porque a mí me gusta el azul, amarillo porque no puede salir siempre el verde".

Al analizar las explicaciones del resultado ofrecidas por estos niños, el dato más sobresaliente es que, normalmente, no confirman las motivaciones de la eleCCión que han hecho, y tienden a modificar la respuesta encontrando unos argumentos y razones distintos a los que motivaron la elección inicial.

Prácticamente desaparecen las explicaciones que atribuyen la causa del éxito a razones de tipo físico-espacial y mientras disminuyen las atribuciones de mérito o culpa al color o al objeto, aumentan las respuestas que adjudican el mérito o culpa al sujetoniño. Dicen: "porque he estado atento, porque soy muy agudo, porque soy super-listo, si estoy atento no me equivoco, porque lo notaba, porque soy inteligente y estaba concentrado, porque tengo mucha suerte, has visto qué atento estaba".

Aparecen actitudes y palabras que prácticamente tienen la función de ritos propiciatorios, de gestos de hechicería o de amuletos; mientras gira el disco hacen los cuernos, como conjuro, o montan el dedo corazón sobre el índice. Se oye decir: "como no he dicho la palabra de orden debo hacer una magia; ya no me acuerdo de la estrategia de Andrea; lo he pedido; debo decir abracadabra".

También se pide ayuda a Jesús. Clara dice: "para ganar digo Jesús ayúdame, porque una vez que quería ver Pollon en la televisión, antes de apretar el mando a distancia dije Jesús haz que sea Pollon y era Pollon. Pero Pollon es un dibujo animado, no tiene nada que ver con las bolas".

En resumen, en este nivel intermedio se produce la tendencia a atribuirse a sí mismos o a una entidad superior sobrehumana la fuerza de determinar un efecto deseado, con independencia de las condiciones de probabilidad más o menos favorables.

Tercer nivel

Los niños hacen las previsiones más convenientes, las elecciones de colores más adecuadas según los mayores o menores índices de probabilidad. En resumen, hay un alto conocimiento de las condiciones más ventajo-

© Ediciones Morata, S. L.

sas y favorables. Las elecciones más probables se mantienen, como una discreta sucesión de "derrotas", ante las atractivas sugerencias de los campañeros.

Cuando los niños eligen el color menos favorable se muestran conscientes, de diversas formas, del riesgo que corren con ello.

En los casos de igual probabilidad en los resultados se da una alternancia casi sistemática en la elección del color (primero rojo, luego amarillo, porque son iguales).

Cuando tienen que deidir el color de las bolas que van a sacar, antes de hacerlo se detienen un momento a pesar, haciendo un complejo cálculo de probabUidades.

Por los gestos y los lenguajes que usan parecen haberse familiarizado con el concepto de accidental y fortuito.

Las frases que se repiten en las motivaciones de la elección y en las explicaciones de los resultados son las siguientes: "es más seguro que salga una bola verde, cuando hay las mismas no se puede saber cual vaya coger, es más fácil que salga el marrón, el rojo no debería fallar, pruebo, vuelvo a probar, lo intento, vaya ver si lo adivino, vamos a ver si sale, esperemos que salga, nos arriesgamos un poquito, no quiero arriesgarme más, quién sabe lo que saldrá, es la suerte, ha habido suerte, ha sido un fallo, un golpe de suerte (o de mala suerte), ¡qué suerte he tenido!, me ha ayudado la suerte.

Las palabras reflejan la presencia de un juicio de probabilidad consciente y adecuado acompañado del conocimiento de que el resultado normalmente no se puede prever con certeza absoluta y que está sujeto a hechos aleatorios y casuales.

Por tanto no nos puede extrañar que en las explicaciones de los resultados obtenidos, los niños tiendan a asignar la responsabilidad de éstos a la mítica diosa Fortuna más que al índice de probabilidad. No es de extrañar que de su boca no salga la palabra probable y sí con mucha frecuencia las palabras suerte o mala suerte. No se trata sólo de una cuestión lingüística, sino más bien de una cuestión conceptual.

Unas breves consideraciones finales

En los nuevos programas de la escuela elemental está prevista, en el *curriculum* de estlildio matemático, la introducción de unas primeras nociones elementales de probabilidad y combinatoria a través de juegos y experiencias útiles para la formación de los conceptos de cierto, posible e imposible. Por otra parte, la progresiva presencia, en todbs los campos de la sociedad y de la vida, de una realidad probabilística nos impone a los trabajadores de la escuela infantil la necesidad de tener en cuenta este nuevo sector de la matemática. De hecho se podría plantear como una expe-

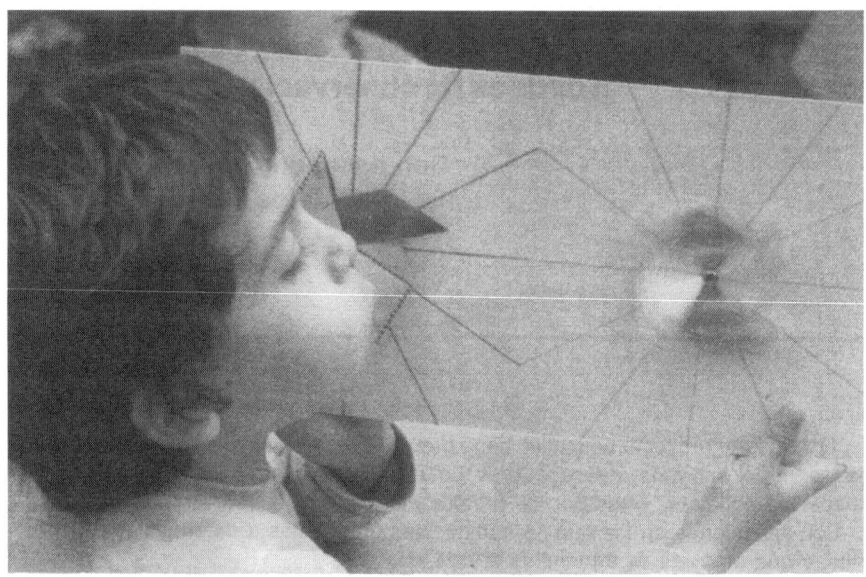

riencia formativa el permitir que los niños de entre 3 y 6 años se enfrentaran con situaciones vitales en las que predominen las condiciones de incertidumbre. En estas circunstancias los niños se ven en la necesidad de desarrollar unas estrategias eficaces y coherentes de previsión y decisión.

En las pruebas que hemos analizado se ha visto cómo un comportamiento coherente e informado en situaciones caracterizadas por la incertidumbre y la accidentalidad no es algo que se adquiere fácilmente y en breve tiempo. Sin embargo hemos comprobado que los niños, incluso los más pequeños, aun no sabiéndose construir unas claves de lectura racionales para las situaciones no previsibles con certeza, generalmente tienden a manifestar una propensión inicial a descubrir, en el ámbito del hecho fortuito, conexiones y correlaciones que no siempre son desechables; conexiones y correlaciones que a veces son de simple contigüidad espacial y temporal o de pura neeesidad físico-causal.

También la tendencia a considerar los acontecimientos aleatorios como manifestaciones de una intencionalidad humana o sobrehumana es un testimonio de la voluntad del niño de analizar estos hechos no como puramente accidentales o absolutamente imprevisibles, sino como sucesos que no escapan a determinadas leyes o reglas que influyen sobre ellos, que son las de la probabilidad.

También es interesante comprobar que es evidente en los niños una clara línea de evolución del concepto de suerte. Los más pequeños creen que es el color o el objeto el que es afortunado. Los que son un poco mayores

© Ediciones Morata, S. L.

piensan que es el sujeto-niño el afortunado. Por el contrario, los mayores piensan que la Fortuna existe como entidad autónoma.

En todos la suerte convive y se combina con la probabilidad y a veces la dominé..

Pero también en muchos adultos, junto al conocimiento de las leyes de la probabilidad y del concepto del hecho fortuito, aparece una fuerte tendencia a dar también otros significados a hechos y fenómenos que son del todo fortuitos.

De hecho hay muchos adultos que sienten la necesidad de recurrir a la suerte a la astrología, a las cartas, a los conjuros, a los sueños premonitorios para explicar los hechos y dudas que les interesan, intentando combinar la racionalidad con algunos rasgos de irracionalidad.

Aunque esto quizá sea un signo de los tiempos y todos deberíamos preguntarnos si, más allá de las apariencias, no hay en todo ello un poco de cordura moderna.

© Ediciones Morata, S. L.

CAPÍTULO 20

¿Ciencia o magia? Sondeos de observación e investigación

Con agua, una linterna y un espejo los niños inventan el arco iris

Por Marina Castagnetti[1]

1. Nuestro proyecto educativo tiene prevista la realización, a lo largo del curso, de una: serie de *sondeos investigadores* de situaciones, una veces sugeridas por la experiencia cotidiana, otras por los propios niños o por los profesores.

Son situaciones en las que se hacen unas propuestas a determinados grupos de niños, y que después se transmiten a toda la clase.

2. El primer objetivo de estos "sondeos" es ver cómo están los niños en la situación (o la situación en los niños), cómo se enfrentan con ella, con qué criterios actúan, con qué contribuciones personales. El segundo objetivo es ver hasta qué punto los comportamientos pueden ser transferidos y repeti-

[1] Profesora de la escuela infantil municipal "Diana" de Regglo Emllla.

Escuela: experiencias [*Bambini,* octubre de 1988]

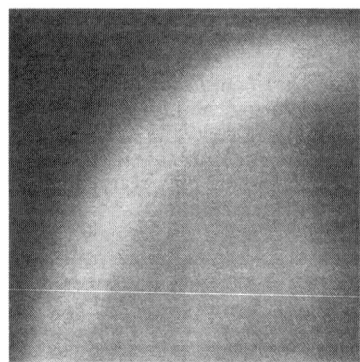

Representación gráfica de la experiencia hecha por Sivio (6;1).

dos, hasta qué punto se diferencian y en qué medida los adultos podemos obtener de todo ello nuevos elementos para reflexionar sobre nuestro trabajo y mejorarlo.

3. El objetivo de la experiencia que vamos a presentar era observar los comportamientos de los niños ante un pequeño pero atractivo experimento de física. Una situación totalmente imprevista, desconocida, fuera de toda posible información. Todo lo que en ella ocurra será objeto de reflexión.

Se trata de un experimento de física sobre la luz. La situación, mediante una pertinente acción combinatoria de los elementos podrá producir, por refracción, los colores del arco iris.

4. Lo que aquí presentamos es sólo el camino recorrido por un grupo de tres varones (Silvio 6;1; Alessandro 6;0 y Nicola 5;8). La experiencia se continuó después con un grupo de tres niñas y un grupo mixto, para determinar las analogías y diferencias entre los dos sexos en cuanto a estrategias, procedimientos en la construcción de teorías e interacciones de pensamiento.

La situación se presentaba de la siguiente forma: "Sobre la mesa hay: agua (dentro de una jarra), recipiente vacío y transparente, un espejo (rectangular) y una linterna: con ello podeis hacer un experimento uniendo todos estos elementos. Si los unís de una cierta forma ... podréis encontrar el arco iris, podréis hacer salir el arco iris".

Los niños se miran en silencio. Después se reúnen en torno a la mesa y a los cuatro elementos. "¿Tú que dices?," pregunta Alessandro a Nicola; Nicola mira a Silvio.

© Ediciones Morata, S. L.

> ¿Pero qué es un *experimento* para los niños?
>
> Hay cuatro respuestas interesantes: la primera expresa una transformación la segunda una relación, la tercera evoca una gran expectativa y la cuarta exalta el arte de la invención.
>
> Los niños son capaces de pensamientos adaptados a las situaciones, se dan cuenta de lo que va a ocurrir, sienten la necesidad de hacer previsiones y anticipaciones.
>
> A. *"Es una cosa que se transforma en otra cosa".*
>
> N. *"Poner muchas cosas mezcladas".*
>
> S. *"Da mucho miedo cuando uno tiene que hacer un experimento, para tener una idea, para hacerse una idea y tantísimas cosas".*
>
> N. *"Lo hacen los inventores de inventos estratégicos que son muy cuidadosos".*

Los ojos están fijos en la mesa y recorren los objetos, uno a uno. Se están planteando las posibles relaciones entre ellos. El primero que actúa es Alessandro. Levanta la jarra y echa agua en el recipiente.

"Creo que así está bien, el *agua* no pinta nada en la jarra". Los otros preguntan: "¿Y ahora?".

Previamente advertido dice: "Ahora tiene que estar oscuro".

Apagamos la luz, cerramos las ventanas. Nos quedamos en la oscuridad. La nueva situación no les intimida. Más bien refuerza la concentración de los niños." ¡Ahora viene lo bonito!" dice Silvio.

© Ediciones Morata, S. L.

Silvio coge la *linterna* y la enciende, también la coge Alessandro y juntos (a cuatro manos) la dirigen hacia el agua. Nicola en cambio, lleno de perplejidad, tiene en la mano el *espejo.* En este momento el *espejo* ocupa un lugar destacado frente a los otros objetos que ya han experimentado un paso, un cambio de estado: *el agua de la jarra* a *la vasija, la linterna de apagada a encendida.* Nicola expresa su incertidumbre comunicándosela al grupo:

"*¿Ahora qué hacemos con el espejo?"*

Los otros dos están demasiado interesados en el manejo de la linterna, cuya luz dirigen hacia el agua. El haz de luz no para de moverse.

5. ¿Y el *espejo?* Nicola intuye que quizá debe combinarse con la luz de la llinterna. Modifica su actitud acercándose a los otros dos con el espejo en la mano, de lado, fuera del recipiente.

La primera relación que han establecido es entre el *agua* y la *linterna,* la atención de Alessjandro y Silvio sigue centrada en estos dos elementos, continúan con la linterna dirigida hacia el agua, casi hasta sumergirla en ella.

Nicola sigue con su operación de aproximación del *espejo,* acercándolo directamente a la *linterna* y variando la posición del *espejo* en relación con la dirección del rayo de luz.

Entre Alessandro, Silvia y Nicola se produce en este momento un "tráfico de cuchicheos", no son palabras, sino movimientos de los objetos entre sí.

Nicola tiene ahora el *espejo* apoyado en el borde del recipiente, después lo introduce verticalmente en el *agua.*

Ha hecho un nuevo cambio. La luz sigue iluminando el *agua.*

De repente se produce un cambio: Silvia coge el *espejo* y lo sumerge oblicuamente en el agua y Nicola coge la *linterna.* En este cambio, en el que se modifican las partes, Alessandro observa atentamente lo que está sucediendo.

Desde el comienzo del experimento se ha ido produciendo una aproximación progresiva de los elementos, primero el agua y la luz, después ha entrado en la relación también el espejo, que ahora está dentro del recipiente.

Sin embargo Nicola afirma que *"¡No funciona!".*

La luz dentro del agua provoca un reflejo que los otros interpretan como la visión del arco iris. Están convencidos de que han llegado al arco iris, piensan que han alcanzado la victoria final... o quizá intentan creérselo aunque la evidencia lo desmiente.

6. Y es ahora, en el momento en que los niños piensan que el experimento ha concluido, cuando intervengo en la situación, proponiendo el juego del *"frío, templado, caliente",* que les deberá ayudar a dirigir sus movimientos y su pensamiento para acercarse a la solución.

© Ediciones Morata, S. L.

Se trata de una operación de apoyo, que ya estaba prevista en el caso de que fuera necesaria u oportuna la intervención directa del adulto.

El grupo acoge con placer la propuesta del juego.

Los niños notan que están en el camino correcto y relacionan sus movimientos con mis indicaciones de "frío... frío... templado". Nicola es quien dirige la acción. Se da cuenta de que en el techo se ven la luz y el agua reflejados por el; espejo y sigue mirando hacia arriba, dando indicaciones de movimiento a Silvio y Alessandro:

N. *"Frío ... frío ... he dicho frío, ahora ya no es frío ... frío ... templado... se ven un poquito las marcas ... se ven un poco las marcas ... no frío ... frro todavía ... no os alejéis ... ¡Ay!... caliente ... ¡Viva! ¡Hurra!"*

Por casualidad Alessandro y Silvia han colocado la *linterna* y el *espejo* de tal forma que se ve claramente el espectro de los colores de la luz sobre el techo ante la alegría de todos.

N. *¡La luz está coloreada, la luz está coloreada! Amarillo, azul, rojo.*

S. *¡El arco iris se ve fenomenal!*

A. *¡Así es como se hacen las películas! ¡Quién es aquel león negro!* Han alcanzado una meta que provoca sensaciones inmediatas, imágenes fuertes en el pensamiento de los niños.

Han visto el arco iris por primera vez, pero luego desaparece, basta un pequeño movimiento para hacer cambiar la posición exacta, así el juego continúa y Nicola sigue dando indicaciones para conseguir volver a verlo,

N. *"Templado, caliente... "* reforzado y apoyado por Silvio:

S. *"¡Caliente, ardiendo!" "¡Verde, amarillo, rojo!"*

7. Pero Nicola interrumpe el juego con una petición concreta:

N. *Dame un momento la linterna Alessandro.*

Falta descubrir la ley que garantice la repetición del fenómeno. Asistimos a un nuevo cambio de registro, Nicola quiere comprobar directamente cómo hay que colocar la linterna.

Los niños llegan a esta solución: el espejo *debe estar sin moverse en una posición inclinada dentro del agua* (debe estar inclinado de una determinada forma, deduciéndolo del éxito de la operación) y *debe moverse sólo la linterna hacia el espejo y el agua.*

Alessandro que ha pasado la linterna a Nicola dirige ahora el juego:

A. *Hazlo así Nicola, frío no se ve, haz así... no ... muévela un poquito, no, ponla como estaba antes, un momento. Quédate así, muévela apenas un poquito, ponla como antes... Nicola sigue así ¡bravo!"*

Nicola comprueba directamente la colocación de los elementos y se restablece el equilibrio entre las condiciones del rayo de luz en dirección al espejo en el agua, para hacer posible de nuevo el arco iris.

N. *Caliente, bien caliente ¡¡El arco iris, he hecho el arco iris!!*

Convencido el grupo de que es posible volverlo a ver, Alessandro empieza a analizar progresivamente las condiciones indispensables.

A. *Hay que meter el espejo dentro del agua y un poquito hacia arriba y la linterna hacia el agua y el espejo, y aparece el arco iris.*

Nicola mantiene:

N. *No lo mováis, si no desaparece.*

Alessandro sigue con gran atención los movimientos de Nicola, haciendo preguntas precisas y elaborando cada vez más exactamente las combinaciones reprodlilcibles.

A. *Vuelve a ponerlo como antes, así, la mitad dentro del agua y la otra mitad hacia arriba y luego la linterna va dirigida hacia dentro del agua y a la vez hacia el espejo, hay que dirigir la linterna hacia el centro de la parte del espejo que está dentro del agua.*

Si no nos movemos se ve bien, si nos movemos mucho desaparece en las sombras.

A. *Porque la linterna mientras tú la reflejas, tiene los colores, por eso si la reflejas puede mandarlos hacia arriba, es decir ya no en la linterna sino a otra parte, la ayuda el color que está dentro de la linterna.*

8. Se trata de la asunción de una teoría funcional, de una ley que tiene el poder de reproducir un fenómeno concreto: el de hacer aparecer "el arco iris".

S. *¡Qué colores!*

A. *El efecto del espejo sobre el agua hace una especie de arco iris.*

N. *También la gasolina o un poco de aceite del coche en un charco pueden formar el arco iris. ¿Verdad que lo forma?*

A. *Porque el efecto del arco iris con el agua hace un efecto, una especie de efecto que provoca los descubrimientos que se hacen con la luz.*

También con los rayos del sol si los recoges con un espejo se ve el arco iris, es una cosa que no se sabe cómo ocurre, pero que se puede hacer.

S. *Rojo, amarillo, azul.*

A. *Es una especie de cosa que nadie sabe cómo se hace ... una especie de magia que hace el espejo con el agua ...*

N. *Abracadabra.*

A. *Creo que lo dijiste tú, Marina, es una especie de magia lo que hace el espejo sobre la luz.*

© Ediciones Morata, S. L.

9. Alessandro define la relación entre el espejo y el agua como una especie de "efecto" que mueve el descubrimiento, es una progresión de términos que giran sobre sí mismos, en busca de la comprensión; a pesar de las indicaciones de los otros permanece una dimensión mágica, como la solución más económica y fácil dé adoptar, ante la complejidad del hecho.

También se puede tratar de una explicación mágica como equivalente de la ley científica, ya que ambos son absolutos, en el sentido de que tienen la capacidad de repetirse, si se repiten las partes. Es la capacidad replicativa de la magia y de la ley.

Nos encontramos en un terreno resbaladizo en el que las hipótesis y los pensamientos fluyen de forma circular, provocando giros, cambios porque Silvio plantea un último problema que resolver:

S. *La luz se refleja.*

N. *Se dice reflejo, es un reflejo.*

S. *¡Reflejo! Es una cosa que nadie ha visto, pero es el arco iris, porque el espejo por dentro tiene muchísimas partes, hace muchísimos colores...*

A. *Que transmiten la luz y forman el arco iris.*

Silvia comunica su hipótesis introduciendo un nuevo término en el léxico conjetural. Hay un intento de Alessandro de ampliar la hipótesis de Silvia, pero el núcleo central sigue siendo la luz.

A. *Pero cuando yo miro la luz no veo ningún color. La luz está hecha de energía solar.*

S. *De energía eléctrica.*

A. *¿Pero de dónde se saca la luz? No sé de dónde se saca.*

N. *Está hecha de energía eléctrica de hilos de hierro y de hilos electrónicos.*

A. *Electrónicos...*

¡No se entiende nada de lo que está pasando! Quizá es de energía solar y energía eléctrica.

De nuevo aparece el conjunto de los elementos como causa del cambio de estado:

S. *El agua se refleja en el espejo.*

A. *El agua hace un efecto con el espejo y con la lámpara y hacen una especie de mezcla en tres partes que hacen ver el arco iris.*

Una mezcla de espejo yagua y de la luz que los refleja, que da una especie de experimento, una fuerza de la luz que da el arco iris.

N. *Es mágica.*

A. *¡Bueno... mágica!... el espejo es normal, la vasija es normal, la linterna es normal, ¡dónde esta lo mágico! Es la fuerza de la gravedad.*

S. *Pero la fuerza de la gravedad está en el cielo.*

A. *Claro, porque la tiene en lo alto la luz.*

S. *La fuerza de la gravedad la hicieron hace tanto tiempo...*

© Ediciones Morata, S. L.

...Agua (en una jarra), un recipiente, un espejo, una linterna; podeis hacer un experimento uniendo estos elementos...".

A. *¡Puede ser una fuerza científica! Los colores están en la fuerza de la luz, del espejo, de la vasija y del agua, cuatro partes de la fuerza de la luz.*

10. Habreis observado que en un determinado momento Nicola intenta falsear las afirmaciones de Alessandro, pero su teoría está elaborada, su visión "científica" es verificable, tangible, puede rechazar la magia. A través de sus conjeturas ha pasado de la relación de las partes a la puesta en juego de cada uno de los elementos, a llevar a cabo un proceso de comprobación interna.

Durante la realización del experimento los niños entran en relación con la luz, los colores, adentrándose en él con estilos y estrategias conjeturales diversas, para conseguir al final una primera definición de su teoría.

Han actuado utilizando pruebas directas y comprobaciones, con intuiciones, asociaciones y relaciones complejas, estableciendo una relación de conocimiento entre lo que en apariencia es luz pero que en realidad es también color.

No es poco para unos niños. Ahora nos corresponde a nosotros reflexionar sobre ello.

CAPÍTULO 21

Los niños fabrican papel

Narración de una experiencia llevada a cabo en la escuela infantil municipal "XXV de abril" de Reggio Emilia

Por Giuliano Giullani[1]

Realizar esta experiencia no fue fácil. Se presentaron varias complicaciones, casi todas de tipo técnico, debidas en cierto modo a mi escaso conocimiento del tema, para suplirlo tuve que emprender una búsqueda de bibliografía no siempre fácil, dada la falta de textos específicos y de recetarios explicativos, el material más

Hipótesis gráfica sobre la fabricación del papel: "Son dos trabajadores que hacen una hoja de papel. Tienen el hilo, la aguja y la cola y luego lo juntan todo" (Cristina M.).

---

[1] Participaron en la realización de esta experiencia Giuliano Giuuani, Ana Squarza y Lidia Tasca, profesoras de la escuela infantil municipal de "Villa Celia" (Reggio Emilia).

Investig-acción [*Bambini*, diciembre de 1989]

"Síntesis de las distintas fase. del proceso de fabricación del papel, según una antiquísima técnica china".

interesante me llegó, con la experiencia ya iniciada, después de una petición por escrito a las fábricas de papel Miliani de Fabriano y a su ayuntamiento.

La complicación principal procedía precisamente de la técnica usada antiguamente en los procesos de producción, a los que vaya referirme aunque sea someramente: los trozos de material se seleccionaban dependiendo de la fibra de la que estaban compuestos (algodón, lino, cáñamo) y, una lavados y limpios se ponían a macerar, lu go este material, ya putrefacto, se desmenuzaba y reducía a una especie de pasta en unas artesas preparadas para ello, allí la batía una especie de mazo especial accionado hidráulicamente, utilizando unos mecanismos parecidos a los que se usan en los molinos de agua. La pasta así obtenida, totalmente desmenuzada y a la que se añadía cola (de origen animal o vegetal), se extraía manualmente con un cedazo del tamaño de la hoja que se quería obtener; el operario destinado a esta tarea (el "cogedor") esperaba un momento para permitir el goteo, y luego volcaba rápidamente el contenido del cedazo sobre un fieltro, colocaba encima otro fieltro y lo ponía sobre otra hoja, así hasta formar una pila.

Las fibras, mientras se evaporaba el agua contenida en ellas, sufrían un proceso físico-químico especial, llamado de "filtración" (o "fieltración"), por el que, al secarse, daban origen a esa especie de tejido que es, en definitiva, el papel. La pila, todavía húmeda, era prensada para comprimir las fibras y a continuación las hojas, separadas de los fieltros, se dejaban secar totalmente. A continuación recibían un último baño de cola de origen animal: esta operación, llamada encoladura, tenía como finalidad reducir la absorbencia de las tintas por el papel. Por tanto el proceso era largo y complejo, y la fase de desmenuzado de los materiales era imposible de reproducir en la escuela, por ello hubo que estudiar alternativas, más sencillas y rápidas, pero que al menos ofrecieran un resultado parecido al antiguo.

Después de varios intentos inútiles, puse a punto un método de desmenuzado en seco, sirviéndome de una vieja máquina de hacer pasta italiana en la que utilicé sólo la parte usada para hacer tallarines finos, para reducir a tiras finas el tejido (utilicé trozos de algodón blanco, pero también el lino da muy buen resultado), que después trituraba en un viejo molinillo eléctrico de café, obteniendo un desmenuzado casi completo, en forma de suave polvo de algodón.

A partir de ese momento pude volver al recorrido original y añadir el agua y la cola necesarias para continuar con el procedimiento.

En cuanto a los pasos que dieron los niños, se comenzó con una primera fase de información verbal, con un grupo de seis niños, basándome en una serie de preguntas que había preparado previamente para comprobar el tipo de conjeturas que se hacían los niños sobre el origen y la fabricación del papel.

La opinión general de los niños era que el papel lo hacen los hombres. En general sus respuestas tendían a eludir la pregunta. La mayoría hacía derivar el papel del papel, sin conseguir salir de ese círculo.

"Está hecho de hojas que hay en las máquinas que lo hacen" (Luca S.).

"Imprimen una hoja, luego la limpian con clarión y luego la venden" (Enrico M.).

La única conjetura en la que se planteó el paso de una materia a otra fue la de Federica:

"El papel se hace con arcilla".

Se produjo un giro interesante cuando una niña propuso rasgar una hoja para "verla por dentro". El papel se rasgó de forma sesgada, por lo que aun a simple vista se podían observar las fibras; son esos los hilos de lo que se habla en la conversación; *"Hay algunos hilos pegados a otros"* (Nicola G.).

He querido señalar el hecho porque en mi opinión el niño tiene una gran capacidad hipotética, pero finalmente prevalece en él el antiguo (y galileano) gesto de Santo Tomás, por el que prefiere "tocar con la mano las cosas y los argumentos".

En las fases siguientes ofrecimos a los niños la documentación de que disponíamos, con la que, mediante la reproducción de antiguas ilustraciones, era posible recomponer las fases más significativas de la antigua elaboración artesanal del papel (basada en el paso de los fragmentos de tejido a papel). El rol del adulto, naturalmente, era el de ofrecer a los niños toda la información posterior necesaria. De hecho los niños, después de hojear la documentación, de comentarla entre sí y compararla¡, quisieron que se les leyera un libro concreto, el más rico en ilustraciones, en el que se explicaban con detalle todas las fases de la elaboración.

Al final de la lectura invité a los niños a que, basándose en la información recibida, intentaran hacer ellos mismos papel, ofreciéndoles trozos de una vieja tela de algodón. Los niños contestaron que sería muy fácil, que había que mojar los trozos de tela y sin más el tejido se desmenuzaría y se despedazaría con facilidad. Una vez remojados los trozos comenzó una divertida y curiosa pantomima de tira y afloja para intentar desmenuzar por las buenas los trozos de tela: lo intentaron por las buenas y por las malas, pero al final allí estaban los trozos, fuertes y enteros como el que más ...

Los niños llegaron a la conclusión de que no era posible desmenuzarlos a mano y pidieron tijeras para cortarlos (siempre con los trozos mojados) incluso alguno, al ver el rallador que yo utilizo para la barbotina lo intentó también con él. Compflobaron que trabajar con la tela mojada era una tarea ímproba, y quisieron probar con trozos de tela secos, pero aún así éstos eran demasiado grandes.

En un determinado momento los niños, más cansados que desmoralizados, me dijeron, lisa y llanamente, que sabían muy bien que yo había obtenido hojas de papel a partir de retales, que en el libro había máquinas y que por tanto yo debía decirles cómo se hacía.

Al día siguiente cumplí mi promesa, aclarando que yo tampoco pude desmenuzar la tela mojada, por lo que les descubrí los instrumentos que había utilizado para hacerlo, precisando además que con nuestros medios no era posible seguir el antiguo sistema, pero que lo importante era llegar a un resultado aceptable. Los niños se divirtieron muchísimo al ver cómo instrumentos destinados a un uso concreto y conocido (la máquina para hacer pasta y el molinillo de café) podían tener otro uso.

El asombro más grande se produjo cuando levantaron la tapa del molinillo de café y se encontraron, inesperadamente, con un material completamente distinto del que acababan de introducir. He aquí algunos de los comentarios que nos hemos animado a transcribir: *"¡Oooh, parece algodón para las heridas"* (Federica G.);

"¡Es nieve, es blando como la nieve! ¡Qué suavidad!" (Arianna S.);

"¡Parece azúcar hilado, o palomitas de maíz, que son blancas y luego se les echa sal!" (Nicola G.);

"¡Es suave como la lana de las ovejas!" (Cristina M);

"También parece una flor como las que hay en el campo que parecen pajas y si las soplas vuelan" (Lucas D.);

Los niños fabrican papel

PROCEDIMIENTO ADOPTADO POR LOS NIÑOS DE LA ESCUELA INFANTIL MUNICIPAL

Fases de la elaboración:

Materiales necesarios:
— Trapos de algodón blanco o de color, bien limpios
— Máquina de hacer pasta italiana
— Un molinillo de café eléctrico viejo
— Recipientes de plástico o de otro material que sean suficientemente grandes
— Cedazos rectangulares
— Pequeña prensa de carpintero con dos o más asas
— Cola de empapelar

Cortar los retales en trozos no muy grandes (7x10 cm).

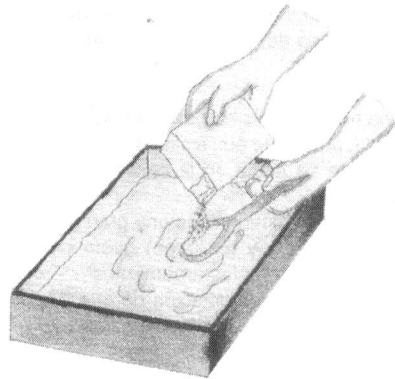

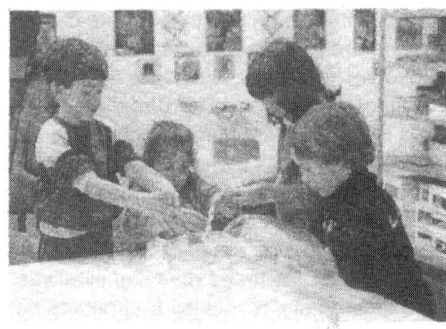

Echar poco a poco en el agua el algodón en rama, despacio para que no se hagan grumos y sin mezclarlo.

En un recipiente grande o en el fregadero disolver en agua tibia la cola en polvo (una cucharada por cada 2 1/2 -3 litros de agua) mezclándolo bien.

Extender una tela de algodón sobre el cedazo, poner encima una tablilla de aglomerado, después, con un rápido movimiento, dar la vuelta al contenido del cedazo sobre la tablilla, asegurándose de que se despegue por completo. Dejar secar cambiando la tela de vez en cuando.

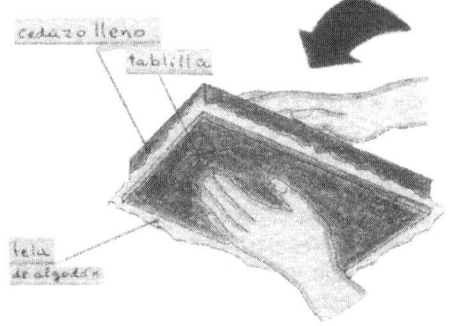

"XXV DE ABRIL" PARA FABRICAR PAPEL CON RETALES DE ALGODÓN

Pasarlos por la máquina de cortar pasta, utilizando el rulo para tallarines finos.

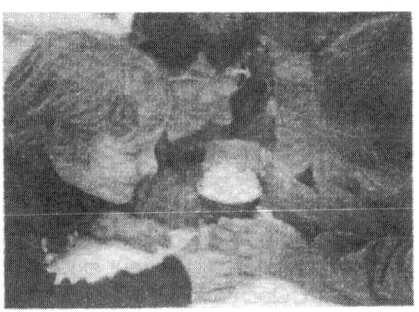

Moler las tiras obtenidas en el molinillo de café, hasta obtener un producto parecido al algodón en en rama.

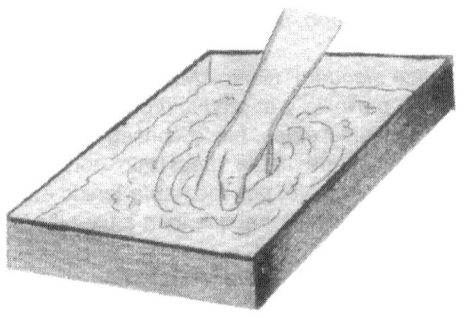

Pasados entre cinco a diez minutos mezclar cuidadosamente con las manos, para distribuir el polvo y la cola.

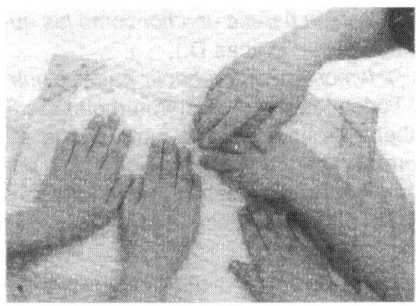

Se sumerge un cedazo en la pasta, intentando que el producto quede bien distribuido por toda la superficie del cedazo. Hay que recordar que cuanto mayor sea la cantidad de pasta mayor será también el espesor del papel. Sacar el cedazo y dejar que escurra.

Extender la hoja sobre una pieza de tela que la cubra por los dos lados, después prensarlo en la prensa o entre dos tablillas de prensa de carpintero. Se pueden hacer más capas intercalando entre una hoja y otra una tabla de madera.

© Ediciones Morata, S. L.

"¡Hemos intentado hacer papel y nos ha salido algodón!" (Enrico M.).

Todos los niños quisieron moler las tiras en el molinillo y el producto conseguido acababa en un recipiente junto al que se había obtenido antes, hasta conseguir una discreta cantidad suficiente para los cuatro cedazos que había preparado porque además el molinillo estaba sufriendo un claro recalentamiento; por ello había tenido el cuidado de preparar con anterioridad una buena parte del material que iban a usar los niños.

En un recipiente lleno hasta la mitad de agua tibia hice disolver a los niños unas cucharadas de cola en polvo para empapelar y unas cucharadas de almidón. Una encoladura tan fuerte estaba justificada porque había decidido, para simplificar el procedimiento, no ir encolando sucesivamente los folios obtenidos. En el mismo recipiente se añadía después una cierta cantidad de algodón triturado, se mezclaba bien y enseguida se procedía a llenar los cedazos.

Sin embargo también tuve que modificar esta operación en relación con la original porque es difícil coger la cantidad precisa de pasta y distribuirla bien y uniformemente en el cedazo, por lo que resolví la situación cogiendo la pasta del recipiente con una taza para distribuirla después, según las necesidades, en el cedazo.

Al principio intenté secar parcialmente la pasta en el cedazo, separándola luego con ayuda de un cortador pero después opté, como en la antigua receta, por volcar inmediatamente la pasta sobre una tablilla cubierta por una tela. Para evitar que durante el secado la hoja (puesto que contiene cola) se pegase a la tela, conviene darle la vuelta con frecuencia, cambiando cada vez la tela de apoyo; esta operación, más delicada, preferí hacerla sin los niños.

La hoja ya seca se colocaba entre dos lienzos limpios y era prensada por los niños en una vieja prensa manual, después podían utilizar el papel dibujando un tema elegido por ellos. Les ofrecí la posibilidad de utilizar diversas técnicas: tinta china, acuarela, témpera, plumillas de distintos tipos.

Quiero señalar que la hoja así manufacturada puede tener algunos in-

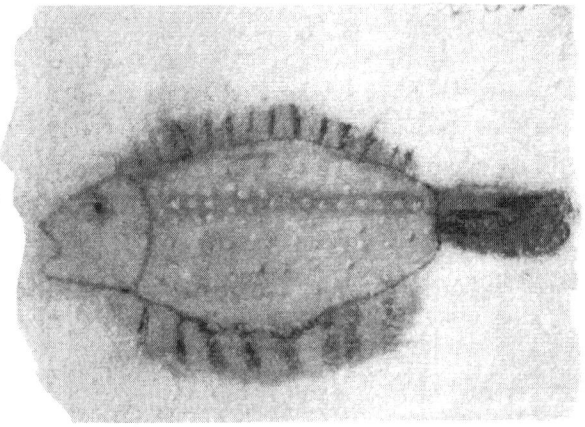

"Dibujo realizado con una técnica mixta: plumilla y acuarela con papel fabricado por los niños".

© Ediciones Morata, S. L.

convenientes: por ejemplo tiene mucha absorbencia, por lo que trabajar en ella es, en cierto modo, como hacerlo sobre papel secante, se presta poco al trabajo con lápiz y en cambio es excelente para el trabajo con plumilla y con témperas de pared.

CAPÍTULO

¿La voz de las palabras o las palabras de la voz?

Conjeturas y teorías de los niños sobre la "voz"

Por Antonia Ferrari[1]

El trabajo al que nos vamos a referir en este artículo parte de un proyecto más amplio, inserto en un contexto musical.

Con él tratábamos de entender, partiendo de la investigación verbal, qué valores y significados, qué identidad, peculiaridad, transformaciones, funciones ... atribuyen los niños al "instrumento voz".

Se trabaja de que los niños llegase a una definición del sustantivo "voz".

Desde el principio apareció la profunda relación, a veces sólo sugerida, implícita, y otras veces claramente explicitada, que tiene la voz con la palabra, con el acto de hablar.

Había una gran AMPLITUD en la forma en que los niños hablaban de la voz desde el principio.

No se contentaron con la idea que encontraron en el vocabulario, "sonido producido por la contracción de las cuerdas vocales", y la descartaron enseguida.

---
[1] Profesora de la escuela infantil municipal "Michelangelo" de Reggio Emilia.

Investig-acción [*Bambini*, 1990]

La voz no se configura sólo como instrumento que da aliento a la palabra, sino que se integra con ella hasta asumir una identidad.

Sabemos que las palabras son "equívocas, ambiguas, y que su sentido puede ser indeterminado y ampliable", y es con esta ambigüedad con la que juegan los niños, ampliando el sentido del significado voz hasta hacerlo fundirse con el significado palabra.

La investigación se realizó en pequeño grupo, siguiendo una serie de preguntas preparadas por el adulto y algunas surgidas durante el desarrollo de la discusión.

Nos gustaría hacer algunas precisiones, breves pero necesarias, sobre la forma de dialogar, con el grupo, el valor y significado de este conversar juntos, del enriquecimiento que aporta el hablar y comunicar con otros sobre un problema común a través de una discusión de grupo.

El lenguaje paralelo del que habla PIAGET atribuyéndolo a los niños, queda desmentido en las conversaciones de grupo: entre, dos, tres o más, sean espontáneas o dirigidas.

En su interacción comunicativa surge una continua disponibilidad para ponerse a conversar, preguntando y explicando.

Si escuchamos y sabemos escuchar a los niños encontraremos en ellos una gran capacidad para aceptar el punto de vista del otro, de debatir las opiniones propias con las de los demás, de negociar y mediar.

Los niños se enfrentan yafrontan el conflicto y la confrontación con tenacidad y determinación.

Y así el lenguaje encuentra su verdadero sentido en el hablar, dialogar, conversar, y es ahí donde se hace la palabra y donde se convierte en un acto de relación.

Tomando prestadas las palabras de Tullio DE MAURO podemos subrayar que: "La posibilidad-necesidad de debatir constantemente las opiniones propias con los demás y consigo mismo, es la matriz misma del pensamien-

to en sus formas más sofisticadas y racionales, es decir, del saber crítico y científico".

Buscar y definir las preguntas no constituyó una tarea fácil ni sencilla. Fue necesario un primer enfrentamiento con los niños para ajustar, cambiar, redefinir, sustituir algunas preguntas; en algunos momentos se sentía casi que la situación se convertía en algo paradójico, ya que se investigaba sobre la voz utilizándola.

Los núcleos y puntos en torno a los que intentamos articular las preguntas eran básicamente seis.

El primero se refería al *origen* de la propia voz como búsqueda del principio, del de dónde viene, en qué mecanismo se basa.

A la vez se les preguntaba por la *génesis* de la voz: de dónde nace, qué elementos la forman.

También se investigó sobre cuántas de las *funciones* que se atribuyen a la voz eran acreditadas por los niños: la voz que lee, la voz que consuela, la voz que grita, que llora, que ríe, que comunica ... Una voz que sirve para hablar, para expresar sentimientos, que tiene su propia universalidad y versatilidad de expresiones, modulaciones, variaciones.

© Ediciones Morata, S. L.

Una universalidad que no pertenece sólo a la especie humana sino también al mundo de los animales. ¿En qué grado es compartida esta universalidad por los niños?

Otra operación fue la de búsqueda y definición de una *identidad* de la voz, identidad que aparece en el timbre individual y que sirve con frecuencia para reconocer a una persona, reconocimiento que los niños hacen mucho más deprisa y del que saben valerse.

¿Hasta qué punto es posible para un niño jugar con los cambios de voz? ¿En qué medida está dispuesto a aceptar la transformación, a reconocer y aceptar la idea de una identidad que evoluciona y cambia sin experimentar el temor, el miedo a perder no sólo la identidad de la voz sino la propia identidad e integridad?

Por último, nos planteamos el problema de la *autodeterminación de la voz:* qué relación hay entre voluntad y emisión, qué independencia se reconoce a ambas, qué dominio tiene el niño de ello, que control de lo que le pertenece y lo que sale de él.

Vamos a analizar las conjeturas, las hipótesis, las ideas de los niños sobre la voz y, a la vez, las reflexiones que ello nos sugiere.

Origen de la voz

Respecto al tema del origen surgen dos tipos de problemática.

La primera la podemos definir como de "contenidos", y se refiere al patrimonio léxico personal. Para los niños la voz asume su identidad al existir a través de las palabras, y manifiesta enseguida su propio contenido comunicativo.

Voz y palabra evidencian su estrecha parentela, ambas no podrían existir ni expresar si no se confiaran, si no fueran mantenidas por la memoria.

Memoria que es conservadora, sugeridora, provocadora de la voz-palabra. Una memoria que no es la misma para todos, sino diferenciada, limitada, quizá selectiva.

A la pregunta ¿DE DÓNDE VIENE LA VOZ?, los niños responden:

E. "La voz viene de las palabras, porque si nosotros decimos palabras sale fuera la voz. Si hacemos ¡¡AAAHHH!! quiere decir que damos un grito".
M. "Es también la memoria".
E. "Que sirve para saber las palabras".
M. "Porque además en la memoria sale la voz".

© Ediciones Morata, S. L.

A. "Pero un albañil casi no sabe nada de todas las cosas sobre la voz, ni su mamá y papá".

M.T. "En cambio un doctor lo sabe todo".

A. "No saben todos los nombres de los peces, de los colegios, los nombres de los niños yeso..."

Otra conjetura que hacen los niños sobre el origen de la voz es de tipo fisiológico. Intentan determinar un lugar, un espacio de origen, una sede en la que colocar la voz y de la que hacerla brotar.

M.T. "La voz viene de la lengua".
M. "De la boca".
A. P. "De la barriga".
L. "De la garganta".
J. "De la garganta, sí, porque pasa el aire, ¿y entonces qué estamos haciendo?

Estamos hablando, y el aire sale fuera de la boca, sale del agujero y va fuera, y de allí es de donde nace".

Génesis de la voz

La pregunta era: ¿DE DÓNDE NACE LA VOZ?, en relación con su nacimiento, con su bautismo, se perfilan dos enunciados en las palabras de los niños.

Uno de ellos reconoce a la voz su propia existencia, su aparición desde el nacimiento del individuo, con el que comparte la evolución, siguiendo un crecimiento fisiológico natural.

A. "Nace cuando uno nace. Cuando nace el niño nace también la voz, un poco después".

M. T. "Cuando nacen los niños nace también la voz e intentan hablar".

E. "Si nosotros nacemos también crece la voz. Primero es baja y después es alta".

A la vez surge la hipótesis de que la voz es esencialmente hablar, y que las palabras necesariamente se tienen que adquirir, nuestro patrimonio lingüístico debe aumentar, casi subrayan que a través de las palabras se amplían los confines de nuestra ciudad, de nuestro mundo.

© Ediciones Morata, S. L.

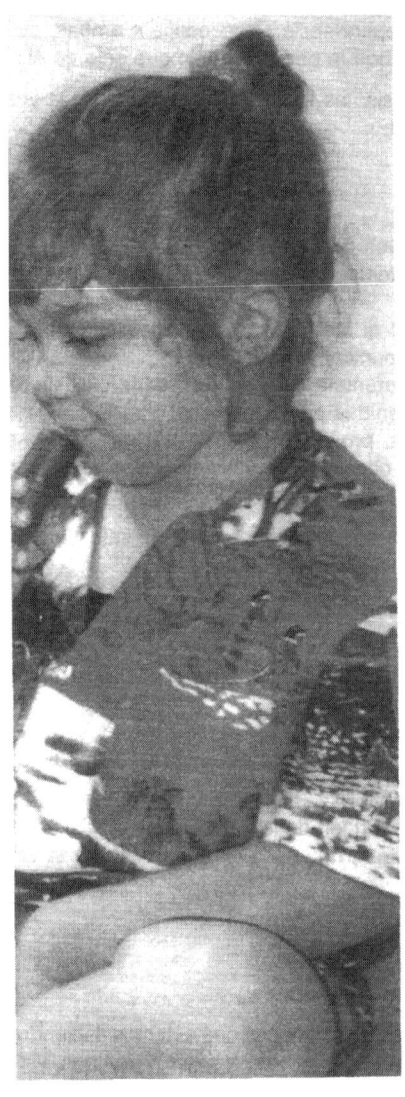

M. "Pero de pequeño no se sabe hablar"

E. "No se saben todas las palabras de este mundo, porque cuando yo era pequeña tampoco las sabía, y mi madre intentaba enseñármelas".

L. ¿Sabes que cosas sabe decir mi hermana? Caca, mamá, papá, Lucra, adiós".

J. "En resumen, ¡sabe decirlo todo!"

L. "No, y basta, no sabe decir nada más".

J. "¡Menos mal!"

L. "¡No es como para decir menos mal, porque tiene que aprender a decir otras cosas!"

Las palabras son un patrimonio que se recibe bien como regalo divino o siguiendo las leyes naturales del crecimiento.

O se convierte en un hecho cultural que atraviesa períodos de conquista y aprendizaje.

Se perfila en los niños una verdadera teoría de la enseñanza que engloba toda la complejidad del hecho comunicativo, que asigna valor a la transmisión cultural, donde siempre junto al niño se encuentra un adulto capaz de escuchar, esperar, asegurarse, ayudar. Capaz también de transmitir el gusto, el sentido y el significado de lo que se va aprendiendo.

También en este caso los niños dan una gran importancia a la memoria que conecta y conserva las palabras.

L.C. "Las enseña Dios".

J. "No, las otras personas, ¡también nosotros lo hacemos!"

L.C. "La voz la haces tú, la voz de niña la haces tú, Jessica, que eres una mujer".

J. "Los hombres y las mujeres enseñan".

L.C. "Sólo las mujeres, los hombre no enseñan a hablar, sólo las mujeres enseñan".

M.T. "Cuando éramos pequeños teníamos la lengua pequeña y no podíamos hablar. Las palabras están dentro de la lengua".

E. "Hay otra posibilidad: cuando uno va a la escuela aprende las palabras".

M.T. "¡Eh! No, en la escuela no aprendemos las palabras, es la lengua grande".

E. "Yo creo que Massimo me enseñaba las palabras, y papá y mamá me ayudaban a decirlas. Cuando era pequeña no me preocupaba de decir las palabras. Por ejemplo, si yo fuera pequeña vosotros continuaríais diciendo palabras aunque no las entendiera. Me diríais "pizarra", los niños primero tienen que entender las palabras, deben entender la memoria. Por ejemplo, yo ahora ya me sé de memoria esa "palabra".

M. "Si mi madre me quisiera hacer decir 'elástico' y yo no supiera me ayudaría a decirla".

E. "Por ejemplo, si quiere hacerme decir 'fucsia' y yo no sé, primero espera para ver si puedo hacerlo sola, después, si no lo hago, me ayuda. Me dice: "fu.. .fu" hasta que lo digo todo Y lo he aprendido de memoria. La memoria es una palabra que quiere decir que ya lo sabes.

M. "Que sabemos una palabra bien y que la recordamos para siempre".

E. "Antes de hablar los niños tienen un poco de miedo a hablar, como Giustina, que le da miedo que la demos vueltas, pero queremos enseñarla".

Éste es el uso y la función que los niños asignan a la voz.

La voz tiene un papel léxico-comunicativo: de hecho afirman que sirve esencialmente para hablar, pero también le otorgan toda la rica y compleja competencia de la relación social y de la amistad: los niños atribuyen a la voz un papel social, dando una gran importancia al hablar libre con el que se conoce y se hace amigos.

Pero la voz sirve también para negar la comunicación: paradójicamente en este caso nos servimos de palabras para negar la palabra: de hecho para negarme a la comunicación tengo que hablar.

Sirve también para callar, como resultado de una opción personal que implica un estado objetivo de inmovilidad, de éxtasis, pero también de ausencia.

La voz también explica una importante función perturbadora, de disgusto.

© Ediciones Morata, S. L.

¿Por qué tenemos voz?

M.T. "Para hablar con todos nuestros amigos o con las personas que conocemos".

A. "A los que no conocemos no les decimos nada".

M.T. "Si no tuviéramos voz, corazón y cerebro seríamos estatuas. Sirve para hablar".

E. "Sirve también par decir no y para estar callados, cuando estamos callados la voz no está, sólo si abrimos la boca, si la movemos".

M. "Sirve también para gritar".

E. "Los niños pequeños cuando lloran también tienen voz: tienen chillidos aunque no lo saben".

M.T. "Mis amigos pueden molestar con su voz".

¿De quién es la voz?

¿De quién es la voz?, ¿a quién se reconoce la titularidad para utilizarla?

Para los niños la voz es prerrogativa esencialmente de. la especie humana. Sin embargo establecen algunas categorías privativas: los mudos y los niños pequeños, que tienen un vocabulario restringido.

Sigue presente la acepción extensiva que los niños atribuyen a lo voz: binomio vozpalabra, instrumento y contenido unidos.

¿Todos tienen voz?

A.P. "Todos menos Giustina".

J. "Giustina dice sólo 'Gen'".

A.P. "Y también 'mío', sabe decir 'mío'".

J. "¡Bueno!, no todos tienen voz, porque algunos son mudos".

L.C. "¿Tú crees que Federica es muda?, es pequeña, no sabe hablar".

A.P. "Lo que creo es que es pequeña".

J. "Los sordos no tienen voz".

A.P. "Si que la tienen lo que pasa es que no oyen lo que dicen".

© Ediciones Morata, S. L.

No todos reconocen el carácter de voz al sonido producido por los animales. Para algunos sí puede serlo, de hecho "hacen 'kikirikí' y yo lo repito". Para Massimo hay una congruencia entre el sonido de los animales y la voz: los sonidos que emiten tienen la misma cualidad que las palabras.

Por el contrario Elisa niega dignidad y calidad de voz a los sonidos de los animales, porque la voz es sustancialmente palabra, es emisión compleja de significados, mensajes, informaciones. No se puede confundir con el sonido de los animales. De hecho el sonido que emiten los animales es restrictivo, centrado en un único significado que es la satisfacción del hambre.

¿También los animales tienen voz?

A. "No".

M. "Sí, las gallinas hacen 'cococó'".

M. . "Tienen sonidos".

E. "La jirafa y la cebra son mudas, no tienen sonidos. La voz es decir palabras. El león y la leona se entienden, tienen su sonido. Por ejemplo ¿el caballo dice 'mamá'? No, hace 'clo, clo, clo', ¿oyes el sonido?"

M. "Pero eso es el ruido de los cascos, hacen 'HIIII'".

E. "Los caballos no tienen palabras, emiten su sonido".

A. "A los animales sólo les sirve para decir cuándo tienen hambre. Sirve sólo para eso".

Por tanto hay una diferencia sustancial de funciones y valores entre el lenguaje humano y el animal, por lo que, para llegar a un mínimo de comprensión entre ambos, hay que entablar una fuerte amistad.

¿Pero entienden nuestras palabras?

E. "No porque tienen un sonido".

M.T. "Pero un caballo negro ha entendido mis palabras".

E. "Cuando los animales se hacen amigos de las personas se entienden un poco".

M.T. "¡Bueno! El caballo negro entendió, entendió que yo era el hijo de mi papá, y papá me hizo acariciar al caballo. ¡Eh!, y cuando hablé me entendió".

© Ediciones Morata, S. L.

Identidad de la voz

Volvamos ahora a la rica y compleja problemática sobre la palabra que se plantearon los niños, par ver cómo hablan de sus peculiaridades, de sus características de timbre, tono, control...

Los niños aceptan la idea de que la voz está sujeta a cambios y variaciones.

Vemos que enseguida establecen en la especie humana una diversidad que hace referencia al espacio: se hablan distintas lenguas dependiendo de la nacionalidad. Es una diversidad referida no tanto al timbre como al "contenido": al idioma.

Después, siguiendo una lógica rigurosa y reductiva llegan a admitir que hay también una diferencia individual, que pertenece a cada uno de nosotros, que es un timbre personal.

¿Todas las voces son iguales?

M. "No, tenemos la voz distinta".
A. "Porque uno es un francés, otro un italiano, otro un americano..."
L.C. "Es igual para todos".
J. "No, no es igual, porque unos la tienen distinta de otros".
A.P. "Vamos a ver Luca. imi voz es como la de Jessica? Vamos, Jessica, habla".
J. "¿Y según tú, yo cómo tengo la voz".
A.P. "¿Y yo cómo la tengo según tú?"
L.C. "Distinta".
A.P. "¡Ves cómo la tenemos distinta!"
L.C. "No la tenemos todos igual".
A.P. "Las mujeres tienen voz de mujer y los hombres de hombre".
L.C. "Mira qué voz tengo yo: es voz de hombre, la tenemos los dos".
J. "Pero no es igual que la suya".
A.P. "No es igual que la mía".
J."Entonces no es igual para todos..."
L.C. "Es igual para uno".

Además la voz puede sufrir variaciones que dependen del tiempo, un tiempo que para los niños está muy lejano.

© Ediciones Morata, S. L.

¿Nuestra voz será siempre igual?

A. "Sí, no puede cambiar un poquito haciéndose cada día más bonita. No, se queda como es".
M. "Sí, es siempre igual, Pero cuando me haga vieja me cambiará".
M.T. "Y después se muere".
A.P. "Porque a nadie le cambia la voz. Pero cuando seamos mayores, mayores como viejecitos, sí".
J. "Sí, es verdad, se vuelve un poco más bajita".

¿Hasta qué punto son capaces los niños de producir ellos mismos cambios y variaciones que no estén relacionados con factores independientes como un resfriado o una enfermedad?

La voz parece ser para el niño un objeto con una identidad muy fuerte, es un instrumento de identificación y conocimiento.

Para cambiar la voz hay que recurrir al disfraz o a la máscara: salir de la propia identidad como la hace un payaso.

O también como un acto de voluntad muy fuerte.

¿Podemos cambiar nuestra voz?

L.C. "Yo no la cambio nunca".
J. "¿Nunca?"
L.C. "Nunca".
J. "Yo a veces hablo mal porque tengo catarro en la garganta".
L.C. "Cuando se está resfriado no se habla, se tiene una voz rara. La voz de todos cambia sólo con el resfriado".
L. "Los payasos tienen una voz poco rara".
M. "Los payasos tienen una voz normal, como nosotros".
L. "¿Y por qué?"
M. "Hablan así porque están disfrazados".
J. "Los mayores puedeh cambiar la voz".
A. "No, sólo cuando son muy viejos".
L. "Yo sí, así... *(canturrea)*".
J. "Yo no la sé cambiar".
L. "Yo sí, hablo con voz suave".

E. "Podemos, por ejemplo: yo cambiaría la voz así: 'eeeee', ¿dónde está mi voz? Mirad, ésta no es la mía, es otra: ¡¡¡UUHHUUHH!!!"

M.T. "Es el lobo malo que nos come a todos".

E. "Mira, ahora hablo como antes, es siempre la misma voz. Si la quiero cambiar la cambio cuando quiero".

Autodeterminación de la voz

Los niños declaran que tienen un control completo sobre la emisión de la voz. Denuncian a la vez indebidas interferencias del adulto, reivindicando una vez más una voluntad autónoma de elección para comunicarse o no.

Aparece también que la itencionalidad de la comunicación proporciona el contenido de lo que se debe decir y estructura el tono de la voz.

¿Hay alguien o algo que mande a la voz?

M.T. "Nosotros".

A. "Cuando queremos hablar movemos la boca como lo estamos haciendo ahora".

M. "También manda el cerebro".

E. "Sí, porque es el cerebro el que hace que se mueva".

M. "Dentro de nuestro cuerpo manda siempre el cerebro, porque piensa lo que dice. La voz sale cuando lo quiere el cerebro".

J. "Yo digo que es la voz la que manda al cerebro".

L. "Yo he dicho que el cerebro manda a la voz".

E. "Si queremos hablar nosotros mandamos a la voz. Pero si mi madre no quiere que hable y dice que me calle, nosotros no hablamos, pero no es justo si queremos hablar".

M. "¡Claro! Sí, porque si no luego no nos acordamos".

E. "El cuerpo puede mandar a la voz, por ejemplo, si yo ahora estoy enfadada, y no cambio de idea, pienso, pienso en el cerebro, porque es él el que me hace pensar, y digo cosas malas al que me ha hecho enfadar. Y Laura también lo hace".

© Ediciones Morata, S. L.

¿Puede salir sin que nosotros lo queramos?

A. "No, no sale".
J. "Si estamos callados..."
M.T. "La voz se va"
A.P. "Sale cuando quiero".
L.C. "Porque si yo digo basta, la voz va a su puesto, porque si sale es que todavía estoy durmiendo".
J. "Si duermes la voz está dormida".
L.C. "¡Ya!"

¿Se ven las voces?

J. "No, porque los ojos están aquí, y las voces aquí (señala la garganta)".
M. "Si hago así *(bizquea los ojos)* sólo me veo la nariz".
J. "Tú ves la voz de Lucía".
M. "Veo cuando habla".
J. "La de la radio sí".
M. "No, sólo la oigo, veo la caja pero no la voz".

© Ediciones Morata, S. L.

CAPÍTULO 23

La "fiesta" en la esperanza y el deseo de los niños

En palabras de los niños: "es algo bonito que se hace pocas veces

Realizado por los profesores de las escuelas municipales de Reggio Emilia[1]

Premisas

El saber que las fiestas en la escuela garantizan el protagonismo conjunto de padres, trabajadores y niños a la vez, nos ha llevado a investigar con los adultos y los niños. Hicimos una lista de preguntas comunes para las cinco escuelas implicadas en este trabajo.

El cuestionario se pasó a niños de 3, 4, Y 5 años en el mes de marzo. En esa fecha todos los niños ya habían tenido oportunidad de participar en alguna fiesta dentro de su escuela (p. ej., castañada o fiesta de las uvas, Navidad, carnaval, cumpleaños ...).

---

1 ALLENDE, FRANCHETTI, GOBETTI, PRAMPOLLNI y "XXV de Abril".

Investig-acción [*Bambini,* 1990]

Las respuestas ofrecen sensaciones, emociones y recuerdos vivos, intensos tanto en las experiencias vividas recientemente en la escuela como en las compartidas en otros lugares con las familias.

En el mundo de los niños, hecho de curiosidad, de deseos, de magia, de realidad, de amistad, de afectos, de informaciones no siempre controladas por los adultos y de otros muchos aspectos, las fiestas son importantes, son esperadas, son vividas con placer. Esto es lo que parece surgir de la investigación con niños realizada en cinco escuelas interesadas en la reflexión sobre este tema.

La palabra fiesta enseguida atrae la atención. También los niños de 3 años tienen mucho que decir sobre ella y mantienen animados debates, que se basan, sobre todo, en sus propias vivencias (el cumpleaños, la Navidad, el carnaval). Los niños de 4 y 5 años se atreven a más y pasan también a lo vivido por sus familiares en el tejido cultural externo (cuando los padres están en casa sin trabajar el sábado y el domingo, cuando las tiendas están cerradas, y también el cumpleaños, la Navidad ... se entienden no sólo como signos, sino también como acontecimientos). La fiesta es algo excepcional, muy esperado, es un acontecimiento de grandes proporciones y también de pequeñas dimensiones, y tiene algo de precioso. Es algo que rompe con los habituales esquemas de referencia de lo coti diano y a la vez se llena de elementos agradables que también pueden pertenecer a la vida diaria: los amigos, la comida (Coca-cola, patatas fritas ...), la música, el espectáculo, una excursión ... Algunos niños la definen así: "Es una cosa donde uno se divierte y hay cosas bonitas", "es una alegría", "es algo bonito que se hace pocas veces, ¡Porque el cumpleaños no es siempre!, "en una fiesta todos se ríen, además si eres simpático puedes encontrar amigos", "es donde los niños se divierten jugando, donde hay muchos niños y también muchos padres". También hay otras definiciones relacionadas con las vivencias de los adultos, que les hacen sentirse mayores "¡es beber whisky!", "se bebe champám", "es vestirse bien", "es cuando hay regalos", "es limpiar la casa porque viene gente, porque se tienen invitados" ... En las definiciones se recurre también a las transgresiones de las reglas "es gastarse bromas", "es quitarle los juegos a tu hermana", "tirarse las tartas a la cara y desordenar", o "sudar mucho y luego dormirse en el coche".

© Ediciones Morata, S. L.

FIESTA EN LA CIUDAD
GIACOMO
AÑOS: 5,6

Podríamos continuar con una larga serie de citas, todas ellas más vivas, simpáticas y eficaces que cualquier definición formulada por los adultos. Si las clasificamos por categorías surgen dos en especial: a. ESTAR JUNTOS (con los padres, los amigos, los profesores), b. PASARLO BIEN Y DIVERTIRSE ("la fiesta es para una persona contenta", "...estamos todos contentos porque si no ¿qué fiesta es esa?). Un grupo de cuatro niños de 3 años de la Allende llegó a esta conclusión: "Jugar todos, luego ir a la cama, todos a la misma cama ... se canta ¡¡¡DA DA DA!!!".

¿Atraves de qué cosas entienden los niños que se va acercando una fiesta? Alguno casi se asombra por la trivialidad de la pregunta. Parece obvio, la expectativa se siente ... "de vez en cuando se debe hacer una fiesta, ¡porque si no, no nos acordamos bien!" Nosotros nos preguntamos ¿de qué no se acuerdan?, ¿de los regalos? Otros explican con mucha paciencia "Los meses están hechos de días, se cuentan los días y luego se hace fiesta", o de forma más expeditiva se nos recuerda "Tengo calendario". Algunos se centran en lo vivido en la escuela, en las transformaciones del ambiente ..." "¡cuando se cambia la clase y la ponemos más bonita!", "¡mi escuela se pone preciosísima!", "¡cuando en clase están todos los juegos ordenados!" Algunos recuerdan las palabras de los profesores "lo dijo la maestra, hablamos de ello y luego llegó la fiesta, pero nosotros ya lo sabíamos". No están ausentes del análisis de los niños los mensajes convencionales (Feliz Navidad, felicidades ...) en las invitaciones que a menudo ellos mismos hacen y

© Ediciones Morata, S. L.

reciben. Las llamadas telefónicas o el telediario se recuerdan también como señales de que va a haber una fiesta. Un niño de 3 años, muy satisfecho, subraya "¡¡¡Lo entiendo por el cerebro!!!"

Entre las situaciones de fiesta más citadas predominan la Navidad y el cumpleaños, con independencia de la edad de los niños entrevistados. La fiesta de Navidad llega precedida de un largo trabajo didáctico y de programación con los niños, canciones, textos libres, preparación de regalos sorpresa para los padres, etc., ... además la escuela cambia, la TV da una amplia batida publicitaria, la ciudad se transforma y durante la fiesta todos los niños reciben regalos. Además es la fiesta que más implica al grupo de niños de la clase, que los ve como protagonistas vivos y atentos con los padres y el personal de la escuela.

El cumpleaños es una fiesta de gran satisfacción, uno se hace mayor, por eso se hace una fiesta, alguno de los niños Sé emociona visiblemente, tal es la fuerza del prrotagonismo individual. Es una ocasión para pasarlo bien con los demás, hay fotos, regalos. Y no falta un traje "nuevo" para estar guapo y gustarse y también para gustar a los otros, debemos subrayar que es una forma de socializarse consigo mismo y con los demás.

La exclusión de las fiestas hiere los sentimientos de los niños "si no estás invitado, te sientes mal" y la supresión de la posibilidad de una fiesta genera desilusión "si no hay fiesta me aburro".

También los agentes atmosféricos o las estaciones, la luz o la oscuridad están presentes en la imagen de la fiesta. La nieve se asocia a la Navidad, la tarde es un buen momento para hacer una fiesta.

El sol, el verano, el mar evocan la idea de calor, de vacaciones, de fiesta. Pero "¡también una tormenta puede ser una fiesta!" replica un amigo.

Las respuestas a la pregunta de por qué se celebran fiestas reflejan todo el universo social del niño. Las fiestas se hacen sobre todo por estas personas: "YO", "por alguien que está contento", por todos, por papá, mamá, los niños, los mayores, la escuela, por los amigos, por los ancianos ("los viejos están siempre de fiesta se van juntos y no trabajan nunca"), los ricos, los señores y las señoras, y "el dueño de la misa", quizá asociado a la idea del domingo.

Algunos subrayan que hay fiestas para los niños, para los borrachos y para los mayores, además "hay más fiestas para los mayores y los niños se quedan con la abuela, con una tía o con su hermana".

La escuela ofrece a los niños el privilegio de muchas fiestas en las que alumnos y adultos están juntos, y los niños lo agradecen.

Uno solo expresó su desasosiego ante la fiesta de fin de curso, cuando la escuela está abierta a todo el mundo y hay un gran flujo de gente "a mí no me gustan las fiestas en las que hay barullo, como la que hubo en el patio, porque no encontraba a un amigo. En carnaval hubo barullo, pero no lo noté y encontré a mis amigos". Estas palabras dieron en el blanco y nos hicieron reflexionar. A menudo nosotros cuando preparamos las fiestas con los padres nos preocupamos de que todo esté previsto en el plano de organización, de espectáculos, y preparamos juegos para los niños, sorpresas ... Nos preocupamos menos de prever la excitación, el movimiento propio de los momentos de fiesta, y los cambios de decoración y de los espacios pueden desorientar a los niños y crear en su entorno una situación que les puede resultar difícil.

Algunos niños al hablar de las fiestas de su escuela se refieren de forma explícita a celebraciones de la clase y subrayan el placer de estar con sus amigos y con los padres. Pero también aprecian la fiesta de la escuela, de todas las clases, porque suele ser más espectacular. En la muestra de nuestra investigación no hay niños de escuelas que tengan cuatro clases; quizá si fuera así surgirían otras reflexiones.

Cuando preguntamos a los niños cómo desearían que fuese una fiesta y qué cosas les gustaría que hubiese en ella, repiten los elementos que ya habían caracterizado sus fiestas: muchos amigos, sorpresas, vestidos bonitos, p. ej: "zapatos rojos brillantes", diversión, "muchas cosas para comer..."

Hay quien va más allá y piensa en fuegos artificiales, una excursión en bici, un baño en la piscina, o quien vuelve a un juego muy querido, pero con frecuencia fuente de discusión, "jugar con la arena". Una niña quería una fiesta "grande como una ballena" y seguía diciendo "la quiero feliz ... de todos los colores ... "

En conjunto, de nuestra investigación surge un cuadro de ricas imágenes de vivencias de los niños. Las escuelas presentes en la investigación están situadas en distintas zonas de la ciudad, unas más cercanas a la periferia y otras al centro; su población infantil es muy diferenciada, la tipología de las fiestas que aparece reflejada en las respuestas de los niños responde a la trama cultural en que se insertan (fiestas abiertas a todos en algunas, fiestas sólo de la escuela en otras, predominio de las celebraciones de clase en otras).

Las imágenes, los pensamientos, las ideas de los niños respecto a las fiestas no parecen reflejar grandes diferencias. Entonces ¿cuál es la peculiaridad, la cualidad de la fiesta para los niños? Podríamos preguntarnos, ¿son las mismas para los adultos?

Parece perfilarse la idea de la fiesta como interrupción de la rutina, como transgresión, como conjunto de signos, gestos, símbolos, de palabras que la preceden, la caracterizan y ayudan a fijarla en el recuerdo, como forma de sentirse y de comunicar, como posibilidad de pasarlo bien con los demás. Estos aspectos son válidos tanto para los adultos como para los niños, al margen del tipo concreto de las fiestas celebradas en nuestra instituciones.

© Ediciones Morata, S. L.

Parece menos importante el alcance del evento que provoca la fiesta. Cualquier día puede ser un día de fiesta para los niños y quizá esto deba ser leído e interpretado teniendo presente el contexto cultural en el que viven hoy nuestros niños, pero también pueda servirnos para replantearnos nuestra forma de trabajar en la escuela.

CAPÍTULO 24

Lo que cuesta confeccionar un cartel para invitar a hacer una marcha por la ciudad

Una prueba difícil para los niños de la escuela "XXV de Abril" de Reggio Emilia

Por Carla GHERPELLI y Antonella TADDEI[1]

La propuesta, que consistía en hacer un cartel, nace en el contexto de la iniciativa CIUDADVERDE, en la que estuvo implicada toda la escuela. Dicha iniciativa, organizada por el UISP* contando con el asesoramiento de las escuelas infantiles y maternales de Reggio Emilia, estaba incluida en un conjunto de carreras pedestres Ciudadverde realizado en varias ciudades italia-

---
[1] De la escuela infaltil municipal "XXV deAbril", Clase C.
* *Unione Italiana Sport pertutti.* Es una sección de ARCI: *Asocíacíone Ricreativa Culturale (N. del R.)*

Investig-acción [*Bambini,* 1990]

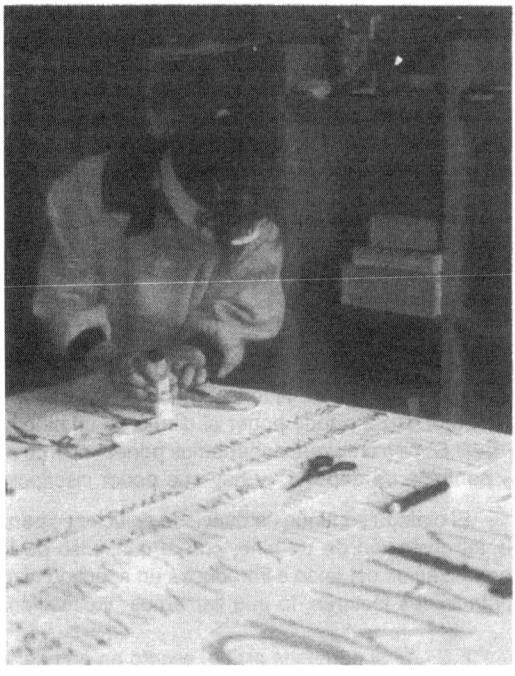

Las primeras fases de aproximación al problema consistie ron en hacerel proyecto de cartel.

nas, europeas y extraeuropeas con el fin de sensibilizar las conciencias de todos en torno a temas de calidad de vida ciudadana y a la necesidad de espacios verdes y servicios para la infancia y la familia. Ciudadverdeí 89 pretendía impulsar el desarrollo de una cultura y una política capaces de crear nuevas formas de solidaridad y alianza entre el hombre y la naturaleza. Por ello las escuelas maternales e infantiles de Reggio Emilia decidieron recordar sus 25 años de existencia promoviendo la iniciativa Ciudadverde: una marcha ecológica de niños, padres y ciudadanos por las calles, plazas y parques de la ciudad.

A los niños se les informó de la manifestación mediante la lectura del material (cartel y octavilla) expuesto dentro de la escuela. La actividad se realizó en un ambiente de expectativa e implicación que atrajo la atención y el interés de los niños.

En la propuesta esencialmente se les pedía que hiciesen una comunicación escrita que reuniese los mismos requisitos del cartel: un mensaje autónomo eficaz e inmediato.

El trabajo de los niños se articuló en tres fases.

La primera fase, de *aproximación al problema,* se realizó mediante una investigación congnitiva con toda la clase, formada por niños en edades comprendidas entre lo 5 y 6 años.

La segunda fase, de *proyecto del cartel,* fue realizada por cinco niños, de los cuales dos escribían de forma autónoma y tres copiaban.

La tercera fase, de *elaboración definitiva,* fue compartida también por otros niños, sobre todo mediante aportaciones gráficas.

El tema se propuso mediante una provocación: "SI QUEREMOS INVITAR A LA GENTE DEL BARRIO A LA MARCHA CIUDADVERDE ¿QUÉ PODEMOS HACER?"

© Ediciones Morata, S. L.

Los niños encontraron en el MENSAJE ESCRITO una solución pertinente a esta pregunta, pero reconocían que los mensajes escritos no siempre son eficaces y fácilmente practicables, y vieron en el cartel una buena alternativa.

Para descubrir el conocimiento de los niños sobre la identidad del cartel y sobre sus funciones les hicimos dos preguntas: ¿QUÉ ES UN CARTEL? "¿PARA QUÉ SIRVE?"

En la conversación, los niños lo describían como objeto, definiendo sus dimensiones, su contenido y su colocación.

La dimensión se planteaba como una característica peculiar y determinante para la eficacia del mensaje. Dieron sentido a la estructura del cartel como referencia particular a lo gráfico y la palabra, concretando las funciones de los títulos y subUtulos: las palabras grandes se referirían a la información más importante, las pequeñas servirían para entender las grandes en una relación de complementariedad. Demostraron haber entendido que un mensaje informativo, para ser eficaz, deber ser completo y explícito. Además de una función informativa, los niños descubrieron que un cartel puede tener también otra función, la publicitaria, que para ser eficaz debe ser persuasiva, seductora y atrayente. Seleccionaron también otros instrumentos de información (p. ej., televisión y periódicos), más útiles y adecuados para otros contextos.

En la segunda fase, la del PROYECTO, a través de una pregunta del adulto: "¿QUÉ DEBEMOS PONER EN EL CARTEL?", los niños durante su conversación, llegaron a ver claros sus objetivos:

F.S. "Es importante que entiendan que deben venir con nosotros a hacer la marcha; esto es importante para la naturaleza, para los animales y las plantas, Ciudadverde quie1re decir que queremos una ciudad limpia, una ciudad verde, ¡tenemos 10 años para salvar el planeta tierra!"

M.P. "Es importante que en el cartel se entienda lo que vamos a hacer, vamos a hacer una marcha. Si ponemos un dibujo, la gente entenderá lo que vamos a hacer, ivamos a defender la naturaleza!"

Los niños determinaron los contenidos y las formas más adecuadas y eficaces para hacer el trabajo, se refirieron a las imágenes (dibujos, fotografías) y a la escritura y, discutiendo entre sí, se pusieron de acuerdo sobre los elementos más significativos que se iban a utilizar:

A.B. "Escribiremos: ¡ES la fiesta de los niños! ¡Y plantamos un árbol!"

M.P. "¡No es la fiesta de los niños de Celia, es la fiesta de Ciudadverde!" "Vamos a hacer una marcha, entonces deberíamos poner dibujos de niños haciendo marcha".

M.M. "¡Se puede poner el dibujo de un niño con pectoral y camiseta!"

© Ediciones Morata, S. L.

P.S. "Yo creo que deberíamos poner una foto de un corredor con camiseta, pectoral y pantalón de deporte, ¡Y hay que poner inscripciones!"

El diálogo continúa en busca de soluciones para la composición del cartel, pero será la intrevención de un niño, con el consenso de los demás, la que dará un giro a la organización del texto e introducirá un segundo nivel de información, necesaria para los potenciales lectores, lo que llamamos "instrucciónes de uso":

F.S. "Y si ponemos arriba, escrito en grande: "ALTO, QUÉDATE DONDE ESTÁS, LEE ESTE CARTEL", y luego, más grande todavía, "DEFENDAMOS LA NATURALEZA", aliado dibujamos árboles y luego ponemos las instrucciones, p. ej., "la camiseta, el pectoral..."

Se inició así un intercambio entre los niños que identificaron todas las informaciones útiles para conseguir un mensaje eficaz y completo:

V.S. "Alto, necesitamos el día, quizá el 10".
M.P. "No, el 9".
M.M. "¡El domingo que viene!"
A.B. "¡Así no lo van a entender!, ¡falta el día del domingo!"
P.S. "¡Falta la fecha!, ¡el número del día, el nombre del mes y el número del año!"
V.S. "Y después ponemos 'Cuando hayáis leído esto, venid todos a inscribiros a la escuela, ¡traed el dinero!¡ "

© Ediciones Morata, S. L.

M.P. "3.000 liras por persona".

M.M. "Y podemos poner también '¡Al final de la marcha habrá una sorpresa!'"

Los niños establecieron un método de trabajo que preveía la elaboración de un borrador para utilizarlo en la redacción definitiva del cartel:

F.S. "Ahora yo soy el secretario y vaya preparar un borrador del cartel que quiere decir que luego tenemos que copiar esta hoja pequeña ¡el cartel grande debe copiar esta hoja pequeña!"

La formulación definitiva del texto fue escrita por el adulto mientras los niños la elaboraban verbalmente y luego transcrita por los niños mediante copia o dictado del profesor.

El texto era: "Alto quédate donde estás lee este cartel. Defendamos los naturaleza. Venid todos con nosotros, la escuela 'XXV de Abril', a Ciudadverde a hacer una marcha por Reggio Emilia, por los jardines públicos, que empezará en el árbol n.º 16, a las 9,30 h. del día 2 de Abril del año 1989. Cuando lo hayáis leído venid todos a la escuela a inscribiros, traed el dinero: 3.000 liras por persona, ¡habrá una sorpresa al final de la marcha!"

Los niños empezaron a hacer el cartel pero, como en el borrador, encontraron una dificultad, que era la de no ser capaces de formular un pensamiento anticipatorio y previsor. Proceden por momentos contingentes yuxtapuestos, su pensamiento no tiene presente a la vez la parte (palabras, frases) y el todo y se va ajustando según van trabajando. Por problemas de espacio los niños se vieron obligados a manipular el texto por partes, acortándolo sin modificar el significado. Pasaban del discurso indirecto, utilizado en la fase de proyecto, al discurso directo, respetando los criterios de composición establecidos con anterioridad, escribían sobre tiras de papel porque tenían dos preocupaciones, la del error y la de no tener espacio suficiente. Dentro del grupo se dividieron las tareas respetando

Haciendo el cartel; texto, símbolos, colores.

las competencias y las preferencias de cada uno y poniéndose a disposición de los demás, sobre todo en la parte escrita.

Los alumnos de este pequeño grupo fueron capaces de escribir autónomamente o mediante copia, pero, para nosotros los adultos, el aspecto más interesante de esta breve experiencia fue la intencionalidad con la que se entregaron los niños a un uso del lenguaje que se sitúa entre la oralidad y la escritura, y las competencias demostradas por éstos en la elaboración y organización del texto.

© Ediciones Morata, S. L.